企业会计信息化发展研究

李俊 著

天津出版传媒集团

天津科学技术出版社

图书在版编目（CIP）数据

企业会计信息化发展研究 / 李俊著. -- 天津：天津科学技术出版社, 2023.11
ISBN 978-7-5742-1665-5

Ⅰ . ①企… Ⅱ . ①李… Ⅲ . ①企业管理 – 会计信息 – 研究 Ⅳ . ①F275.2-39

中国国家版本馆CIP数据核字(2023)第208456号

企业会计信息化发展研究
QIYE KUAIJI XINXIHUA FAZHAN YANJIU

责任编辑：吴文博

责任印制：兰　毅

出　　版：天津出版传媒集团
　　　　　天津科学技术出版社

地　　址：天津市西康路35号

邮　　编：300051

电　　话：（022）23332399

网　　址：www.tjkjcbs.com.cn

发　　行：新华书店经销

印　　刷：河北万卷印刷有限公司

开本 710×1000　1/16　印张 14.75　字数　230 000
2023年11月第1版第1次印刷

定价：88.00元

前　言

在当今信息技术飞速发展的时代背景下，企业会计信息化已逐渐成为学界和业界共同关注的重点研究课题。它不只是一个独立的技术议题，更是一个多层次、多维度的复杂系统工程。

企业会计信息化与技术的革新紧密相连。从最初的电子化处理到现今的云计算、大数据分析，技术的演进正在不断推动企业会计向更高效、更智能的方向发展。这种革新不仅涉及硬件和软件的更新，更体现在技术如何与企业战略、组织架构和工作流程等相结合，形成一体化的解决方案。在数字化的推动下，会计的基本概念、计量方法、报告形式等都发生了前所未有的改变。信息化不仅增强了会计信息的及时性、准确性和透明度，还为决策者提供了更丰富的分析工具和视角。传统的会计工作方式正在被自动化、标准化和集成化的新模式所取代。这种转变不仅提高了工作效率，减少了错误，还促进了企业间的协同和一体化，有助于企业更好地适应不断变化的市场环境。在信息化浪潮下，企业对会计人才的要求也发生了根本性变化，不再局限于传统会计知识和技能，现代会计人才还需具备跨学科的思维能力、信息技术的运用能力以及持续学习和创新的精神。

《企业会计信息化发展研究》一书因此应运而生，其目的不仅是对上述问题进行全面、系统的研究，更是为了揭示企业会计信息化进程中的关键环节和核心问题，为企业和学者们提供实践指导和理论参考。本专著试图在理论与实践之间架起桥梁，不仅关注现实问题的解决，也追求理论的深入与拓展。通过深入挖掘企业会计信息化的各个方面，力求为读者呈现一个全方位、多层次的研究视角，以促进企业会计信息化的健康、有序和可持续发展。

本专著首先围绕企业会计信息化的概述展开，通过对企业会计的相关认知，解读企业会计信息化的概念与特征，强调其重要性，并回顾企业会计信息化的发展历程。这一章节为读者奠定了坚实的基础，让人们能更好地理解企业会计信息化的本质和演变。接着，本书分析了企业会计信息化的技术基础。从企业会计信息化的网络基础开始，进一步讨论了企业会计信息化的新兴技术以及数据管理和信息安全技术，确保企业的核心资产得到有效保护。这一部分将会指引企业打造符合自身需求的技术体系。第三章则聚焦于会计信息系统的建设与应用，特别强调了会计信息系统的需求分析、系统运行环境构建以及具体的应用场景。第四章深入研究了会计信息处理工具与方法的创新，从RPA的自动化处理到会计档案的电子化，再到会计报表的可视化，展示了会计信息处理的前沿趋势。第五章分析了信息化环境下企业会计流程与模式变革，探索了财务共享、云平台服务模式等新型会计模式，这些模式不仅代表了会计发展的新方向，也为企业提供了更为高效、灵活的会计服务方式。为了确保会计信息化的健康、稳定发展，第六章对其发展的保障体系进行了深入探讨，包括组织、人才和制度三个方面。最后，在未来展望部分，本书对企业会计从信息化到智能化的转型以及企业财会人员的转型做了简要的预测和分析。

　　总体而言，本专著试图构建一个完整的企业会计信息化体系，涵盖从基础理论到实践应用的各个方面。我深感企业会计信息化不仅是一个技术问题，更是一个涉及组织结构、管理哲学、人才培养和未来战略的复杂课题。通过本专著，我真诚地希望能对推动企业会计信息化的发展做出积极贡献，并期待着与读者们共同探索、共同进步。最后，对所有支持、鼓励和参与本专著写作的人表示衷心的感谢。

目 录

第一章 企业会计信息化概述

随着科技的快速发展，企业运营环境经历了巨大变革。传统的会计方式已不再满足现代企业管理的需要，会计信息化作为这一转变的核心，正在重塑企业会计的面貌。它不仅加快了会计信息的处理和传递，还为决策者提供了准确、及时的财务数据。本章旨在深入探讨企业会计信息化的脉络。首先介绍企业会计的基础知识，随后详细介绍了企业会计信息化的概念与特征，展现其与传统会计方式的差异，接着对企业会计信息化的发展进行了回顾，最后论述了企业会计信息化的重要性。

第一节　企业会计的相关认知

一、会计的定义和功能

（一）会计的定义

在中国古代西周时期，"会计"这一术语就已经出现。那时，随着生产力的不断发展，生产过程变得越来越复杂，奴隶主的收支也逐渐增多。因此，西周王朝建立了专门的官职来管理钱粮和赋税。其中，掌管王朝财政的官员被称为"大宰"，而负责计算和管理政事的官员被称为"司会"。

"司会"这一职位，主要负责王朝的整体计划和会计工作，可说是当时的会计部门的负责人。《周礼·天官》篇中详细记述了会计工作的方法："会计，以参互考日成，以月要考月成，以岁会考岁成。"在这里，"参互""月要"和"岁会"均为报告文书的形式，并已经初步担当了现代会计报表的功能。"参互"记录了十日内的事务，与现代的旬报相似；"月要"统计了一个月的事务，相当于现代的月报；"岁会"则总结了一年的事务，与现代的年报具有相同的功能。这一描述揭示了古代中国会计实践的先进性，展现了会计在管理国家财政、监督国库赋税方面的重要角色，也为现代会计学的发展奠定了基础。

所谓会计的定义，即如何科学表述会计这一概念。自 20 世纪 50 年代以来，人们对会计定义有了不同的认识，曾先后提出过以下几种代表性的主张。一是将会计视为管理经济的一种工具，强调其在经济活动中的功能性和操作性；二是将会计定义为反映和监督经济活动过程及其结果的一种方法，强调其在分析和评估方面的作用；三是将会计定义为用货币形式对经济业务事项进行记录和报告的一种应用技术；四是将会计定义为用货币形式记录、报告并解释经济业务事项及其结果的一门艺术；五是将会计定义为经济管理的重要组成部分，强调其在系统核算和监督经济活动中的角色；六是将会计定义为旨在提高单位的经济效益，加强经济管理而建立的一个以提供财务信息为主的经济信息系统；七是将会计定义为以认定受托责任为目的，以决策为手段，对一个实体的经济事项进行分类、记录、汇总、传达的控制系统。在我国，特别是信息系统论和管理活动论的影响较大，通常被认为是关于会计本质问题的两大基本观点和代表性主张。这一系列多样化的观点不仅反映了会计学科的复杂性，也为理解和解释会计现象提供了丰富的视角和理论基础。

1. 信息系统论

信息系统论的核心是将会计本质看作一个信息系统，这在西方国家，尤其是美国，已经得到了广泛的认同。事实上，这种对会计的理解在 20 世纪 60 年代和 70 年代期间，已经被美国会计学会和美国注册会计师协会的会计原则委员会在其发布的文告中所明确。进入 20 世纪 80 年代初，我国学者在接纳此观念的同时，更为详细地澄清了其含义。他们认为会计的核心目的是提高经济效益，增强经济管理，并在各个企业、事业机关中建立一个以财务信息为核心的经济信息系统。该观点进一步指出，会计的主要目标是为经济决策提供必要的会计信息，而处理的核心是与价值流动相关的全面信息。"会计不仅是一个系统，而且是一个信息系统，为了区别于其他类型的信息系统，可称之为会计信息系统"。因此，可以说，会计信息系统在整个企业管理系统中不仅是最大的，同时也是最普及的子系统。

2. 管理活动论

管理活动论是 20 世纪 70 年代末、80 年代初我国学者最早提出的。该观点认为，会计提供信息仅仅局限于手段，不是目的。会计的目的主要是借助这些手段参与经济管理，"会计"这一社会的现象属于管理的范畴，是人的一种管理性活动。会计的职能主要是通过会计工作者从事的多种形式的管理活动而实现的。进而会计是讲求经济效益的一种管理活动，是经济管理的重要组成部分。

会计的定义一直在不断演变和深化，而近年来的学术研究已揭示了不同观点之间的共同内涵和一致性。一些学者认为，虽然有的观点将会计视为一个经济信息系统，强调它作为经济管理系统的一部分，而有的观点则更倾向于研究会计作为一种经济管理活动，强调会计信息系统的存在和作用，但这些看似不同的理解并没有根本的冲突。

从这些观点出发，可以从我国目前会计相关规范的实际情况来概括会计的定义。会计可以被描述为一个经济信息系统，其中以货币为主要的计量单位，采用专门的方法和程序，对特定主体的经济活动进行完整、连续、系统的核算和监督。这一系统的主要目的是为信息使用者提供有用的会计信息，以满足其管理和决策的需求。这不仅体现了信息系统论的基本思想和主张，而且符合了会计作为经济管理的重要组成部分的实质。

简言之，会计可以被定义为一个以货币为主要计量单位的经济信息系统，它采用专门的方法和程序，对特定主体的经济活动进行连续、系统的核算和监督，其最终目的是提供有用的会计信息，以满足管理与决策的各种需要，从而成为经济管理体系中的重要部分。

（二）会计职能与会计信息

1. 会计职能

会计职能指的是会计在经济管理中所起到的作用，即会计是用来做什么的。具体来说，会计职能可以分为两大方面：基本职能与延伸职能。

（1）基本职能。会计的基本职能主要指会计的反映职能和监督职能。会计的反映职能，也称为核算职能，是通过货币计量的方式，进行记账、填凭证和编报表，全面、连续、系统地记录和核算经济活动的全过程。这种客观、准确地反映，有助于加强经营管理和提高经济效益，为理解生产过程的规律性和改进经济管理提供重要依据。可以说，会计核算是整个会计工作的基础环节。会计的监督职能涉及企业经济活动的全过程，包括劳动耗费和劳动成果的考核，以及确保经济活动的真实性、合法性和合理性。目的是促使各单位遵守财经法规，加强经济管理，合理使用资金，提高经济效益。会计监督可以细分为事前、事中和事后监督三个方面。

（2）延伸职能。会计的延伸职能主要指会计的分析职能、预测职能和决策职能。会计的分析职能是利用会计资料、统计资料和其他信息，从多方面研究经济活动过程和经济关系的变动。这一过程揭露了影响计划完成情况的因素，帮助找出问题原因，并提出解决方案。会计的预测职能是基于核算资料，对经济活动未来的趋势进行科学分析和推测。这有助于增强计划性和预见性，并能够预先采取措施进行防范。会计的决策职能依据会计所提供的反映、分析和预测信息，通过特定的决策分析方法，选择最佳方案以实现最佳经济效益和预期目标。这一职能使企业的生产经营活动更加精确和有目的。

2. 会计信息

（1）会计信息的产生。企业经营过程中涉及的各项经济活动，通过会计专家的精确分析，进一步进行确认、计量和报告等核算步骤，形成了具有价值的会计信息。这些会计信息助力使用者（如决策者）在多样化的经济环境中做出明确的决策，并采取相应的行动。随着这些行动的实施，新的经济活动得以产生，并进一步引发新一轮的会计分析和决策过程，从而构成一个不断循环的经济管理机制，如图1-1所示。

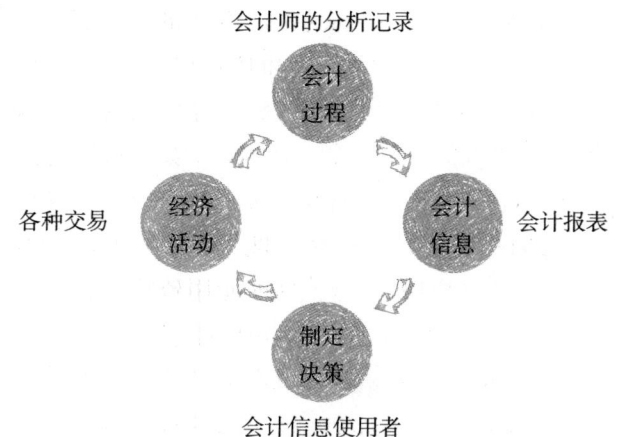

图1-1　会计信息生成和使用循环

虽然许多人把会计视为一项只有专业会计师才能胜任的复杂工作，实际上，每个人在日常生活中都与会计信息息息相关。会计信息不仅仅是一套高深的专业技能，而是人们用来评估和传递经济信息的通用工具。不管是在经营企业、进行投资，还是在平衡自己的收支，都在运用会计的原理和信息。因此，会计信息并不局限于专业人士，而是服务于广大的人群。

（2）会计信息的服务对象。会计信息的服务对象涵盖了企业内外部的各个方面，为经济决策和管理提供关键支持。会计被视为企业的商业语言，因为它通过全面揭示会计信息，连接了企业与各个相关方。它的主要任务是提供可用于决策的精确和及时的信息。会计信息的服务对象可以分为外部和内部使用者，这一分类也使会计分为了财务会计和管理会计两大领域。

外部信息使用者：包括投资人、债权人、政府部门和其他与企业有利益关系的团体。他们主要依赖会计信息来了解企业的运转状况、盈利能力、现金流量和合法纳税等，从而做出投资、贷款和监管等决策。

内部信息使用者：主要包括企业的管理者、员工和工会组织。对于管理者来说，会计信息是进行定价、成本控制和产品选择等决策的关键依据。员工和工会则可能关心企业的财务状况，以了解企业的稳定性和未来方向。

会计信息不仅仅停留在记录和报告的层面，它能流通至企业的各个方面，成为沟通的桥梁和决策的依据。通过一系列的确认、计量、记录和报告程序，会计连接了企业与其投资人、债权人、政府和员工等。会计信息的价值不仅在于记录和反映企业的财务状况，更在于促进经济决策和管理的有效进行。无论是内部管理决策还是外部投资决策，透明和准确的会计信息都是不可或缺的。

会计信息的服务对象广泛，从企业内部的管理者和员工到外部的投资者、债权人和政府部门等。会计不仅为企业的日常运作提供了必要的信息支持，还在更广泛的层面上促进了经济决策和社会资源的合理配置。其全面的作用显示了会计在现代商业环境中的核心地位。

（3）会计信息的主要功用。会计，作为一种特殊的信息系统，是为管理者和其他决策者量身打造的。尽管其结构可能显得烦琐和复杂，依赖于众多专家的技能和专业知识，但它的真正价值在于为各种决策者提供的关键信息。这些信息对于所有需要做出具有经济意义的判断和决策的人来说，都是极为宝贵的资源。它们能够为多种信息使用者提供依据，助力决策的准确性和效率。

在此基础上，将会计信息的功用大致划分为对内功用和对外功用。

①对内功用。会计信息对企业内部具有深远的意义。它为管理层提供了预测经济前景、参与经营决策的基础，同时也为他们提供了关于企业经营状况的清晰镜像。它帮助企业控制经济活动、评价经营业绩，并寻找提高企业经济效益的机会。具体而言，企业领导可以通过会计信息全面了解财务状况、经营成果和现金流量，从而做出明智的决策。例如，他们可以参考诸如毛利率、总资产收益率和净资产收益率等关键指标来评估企业的盈利能力和发展趋势。

②对外功用。将视角转向企业的外部，会计信息的重要性同样不容忽视。它为投资者和债权人提供了一个真实、透明的窗口，让他们可以深入了解企业的经济活动和经营状况。这为他们在进行投资决策或贷款决策时提供了坚实的基础。例如，银行可以通过审查流动比率、速动比率和资产负债率等关键指标，来评估企业的偿债能力，从而做出明智的贷款决策。另一方面，政府部门可以借助会计信息从宏观层面了解经济的运行状况，从而制定或调整相关的宏观经济政策。

二、企业会计的特点和作用

企业会计是企业组织内部用来记录、分类、总结、分析财务交易的过程。它遵循特定的会计原则和规则，以便准确反映企业的经济活动和财务状况。

（一）企业会计的特点

企业会计是一项复杂而关键的活动，它连接着商业战略、运营管理、财务分析和法规合规等众多方面。作为企业的心脏和灵魂，会计不仅仅是数字和报表，更是企业健康和成长的基础。正确理解企业会计的特性有助于提高企业的运营效率、优化决策过程、降低风险并增强可持续发展能力。企业会计的特点如图 1-2 所示。

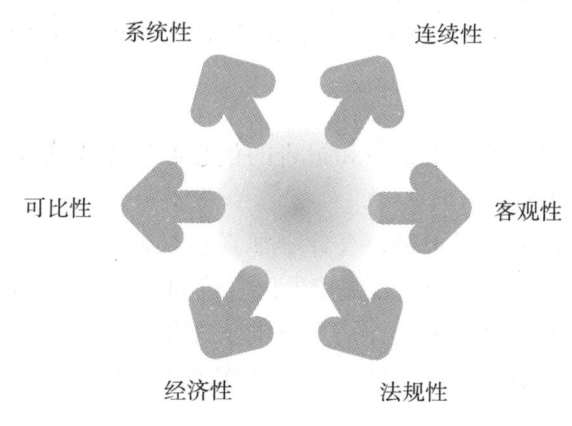

图 1-2　企业会计的特点

1. 系统性

企业会计的系统性表现在将繁杂的经济活动通过一套完整的体系进行整合和处理。这个体系包括会计科目体系、会计报表体系、会计核算体系等。

会计科目体系是按照企业的经济业务分类编排的一组科目和账户。它使得企业的每一笔交易都可以被准确记录和归类，从而提高了信息的可用性和可分析性。会计报表体系将会计科目中的数据汇总为一系列报表，如资产负债表、利润表等。这些报表为企业管理层和外部利益相关方提供了全面、准确的财务信息概览。会计核算体系包括了一系列规则、流程和方法，确保了会计信息的连续性和完整性。例如，它规定了交易如何被记录、审计和报告，从而使得信息流动更加流畅和高效。

通过将这三个部分整合在一起，企业会计的系统性有助于实现信息的统一、规范和高效处理，进一步支撑了企业的决策和运营。

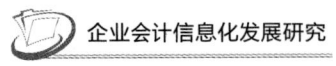

2.连续性

企业会计的连续性体现在对企业的财务活动进行持续不断的记录。无论是短期还是长期，都保持着连续的记录过程。

及时记录：连续性确保了企业的每一笔交易都被及时记录。这有助于捕捉企业的实时财务状况，为日常运营提供了支持。

长期追踪：连续性还意味着企业的财务信息被长期追踪和保存。这为企业的战略规划、风险管理和合规审计提供了宝贵的历史数据支持。

周期分析：企业会计的连续性使得企业可以进行各种周期分析，如季度、年度等。这对于评估企业绩效、预测未来趋势等方面具有重要价值。

3.客观性

企业会计的客观性要求记录和报告的信息必须客观真实，反映企业实际的经济活动，不能偏离事实。

真实反映：客观性要求企业会计必须真实反映企业的财务状况和运营成果。任何夸大或低估都可能导致决策失误，进而危及企业的健康发展。

增强信任：客观真实的会计信息有助于建立企业信誉，增强内外部利益相关方的信任。这对于吸引投资、建立合作关系、提高市场声誉等方面具有积极作用。

防范风险：客观性还为企业防范法规风险和道德风险提供了重要支撑。符合事实的会计记录和报告有助于避免法律纠纷和社会责任问题。

4.法规性

企业会计的法规性体现在必须遵循国家的会计法规、会计准则和相关政策规定。

合法合规：企业会计不仅要符合通用会计准则，还要遵循当地的法律和法规。这确保了企业的合法运营，减少了与政府和监管机构的冲突风险。

保护权益：合规的会计还有助于保护股东、债权人和其他利益相关方的权益。通过公开透明的报告，企业可以展示其责任和信誉，建立与外部利益相关方的良好关系。

社会责任：遵循法规也是企业承担社会责任的体现。符合法规的会计实践有助于促进公平竞争，保护消费者权益，维护市场秩序等。

5. 经济性

企业会计的经济性不仅要考虑记录的准确性和完整性，还要考虑到成本效益的平衡。

提高效率：通过合理的会计体系和流程，企业可以更有效地利用人力和资源。例如，自动化的会计软件可以减少人工错误，提高数据处理速度，从而降低成本。

优化资源分配：经济性还体现在通过会计信息优化资源分配。通过准确的成本分析和预算控制，企业可以将资源集中在最有价值的领域，从而提高投资回报。

降低浪费：合理的会计实践还有助于减少不必要的成本和浪费。例如，通过跟踪和分析费用支出，企业可以发现并消除不必要的支出，从而实现节约。

6. 可比性

企业会计的可比性意味着不同企业或同一企业不同时期的财务信息具有可比性。

促进竞争分析：可比性使得投资者、管理者和其他利益相关方可以更容易地比较不同企业的财务表现。这对于竞争分析、投资决策等方面非常重要。

增强自我评估：企业也可以通过比较不同时期的财务信息来进行自我评估。这有助于识别趋势、发现问题、制定改进计划等。

支持公平交易：可比性还有助于支持市场上的公平交易。通过确保所有企业按照相同的规则报告财务信息，投资者和其他市场参与者可以在同一基础上进行决策，从而促进公平竞争。

企业会计的这六个特点共同构成了一套全面、精确、客观、合法、经济和可比的信息处理和管理体系。它们相互作用、相辅相成，为企业提供了有效的决策支持和运营管理工具。不仅有助于企业内部的高效运营，还有助于与外部利益相关方的沟通和合作。不论是大型跨国公司还是小型本地企业，这些特点都是其健康、稳定和可持续发展的基石。

（二）企业会计的作用

企业会计不仅是一门科学，而且是一种艺术。作为一种管理信息系统的核心组成部分，企业会计扮演着许多关键角色，以支持组织的核心目标和战略。通过精确、及时和完整地记录和报告财务信息，企业会计有助于增强决策制定的效率、确保合规、促进透明度、维护利益相关方权益，并推动企业的可持续发展。此外，企业会计还可以作为一个有效的内部控制工具，确保资源的合理使用和企业目标的实现。在一个日益全球化和竞争激烈的商业环境中，企业会计的作用日益凸显，对企业的长期成功具有根本性的影响。企业会计的作用如图1-3所示。

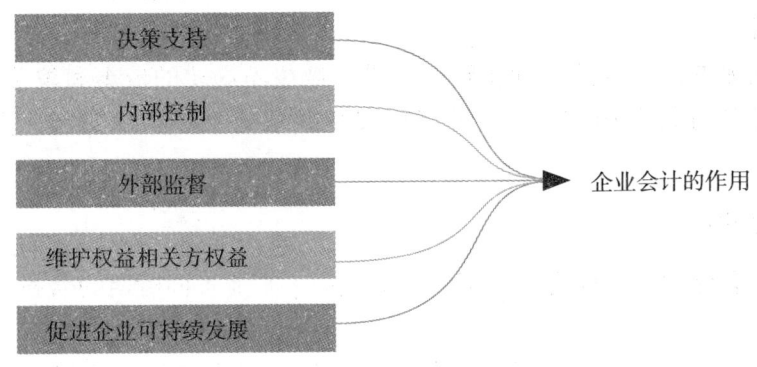

图1-3　企业会计的作用

1.决策支持

通过对会计数据的精确分析和解释，管理层可以更好地理解企业的财务状况和经营状况。例如，销售报告可以揭示最赚钱的产品或服务，资产负债表可以显示公司的负债情况，现金流量表可以反映企业的现金流动性等。此外，通过比较不同时间段的数据，管理层可以发现趋势和模式，有助于未来的预测和计划。这些信息不仅有助于公司内部的战略决策，也能对外部投资者和债权人进行沟通和协调。简言之，企业会计为公司的战略规划和日常运营提供了关键的决策支持，从而实现了更有效和高效的资源分配和利用。

2.内部控制

会计核算和审计在企业的内部控制体系中起到了关键作用。有效的内部控制不仅可以检测和预防可能的欺诈和错误，而且可以确保公司的运营符合相关法规和政策。例如，通过定期的审计和审查，可以确保公司的财务报告准确无误，避免了可能的误导和欺诈。此外，良好的内部控制还有助于防止资产被盗窃或滥用，保护公司的知识产权和敏感信息。最重要的是，内部控制可以确保资源的合理使用，推动公司目标的实现，提高整体运营效率和盈利能力。

3. 外部监管

企业会计作为外部监管的一个重要工具，起着桥梁和纽带的作用。政府部门、投资者、债权人等外部利益相关方都依赖企业的会计信息来了解企业的运营状况。例如，税务机关需要会计信息来确定企业的税务责任；投资者和债权人需要了解企业的盈利能力和偿债能力；监管机构需要确保企业符合行业规范和法规要求。透明和准确的会计信息可以增加市场的信任和信誉，促进市场的公平竞争。这也有助于防止企业欺诈和不当行为，维护整个社会和经济体系的稳定和健康发展。

4. 维护利益相关方权益

企业会计在维护股东、债权人和其他利益相关方权益方面扮演着关键角色。准确和及时的财务报告为利益相关方提供了企业经营状况的清晰视图，从而使他们能够做出明智的投资和信贷决策。例如，投资者可以通过审查利润表、资产负债表等来评估公司的盈利能力和财务健康状况。透明的会计信息还有助于增强市场对公司的信心，从而可能降低融资成本。此外，准确的会计信息还可确保股东对公司的决策有所了解，从而允许他们更有效地参与公司治理。这一切共同促进了企业与其利益相关方之间的信任和合作，有助于降低信息不对称造成的风险。

5. 促进企业可持续发展

企业会计是促进可持续发展的一个重要工具。通过合理的财务管理和规划，企业可以实现利润最大化，同时保护和增加资本。良好的会计实践有助于确保企业的现金流充足，债务水平可管理，投资获得合适的回报，从而维持公司的健康运营。可持续发展还涉及环境、社会和治理（ESG）方面的因素。许多公司现在正在集成这些因素到他们的报告中，以反映其对更广泛的利益相关方群体的责任。例如，企业可能会报告其碳足迹、员工福利计划或社区参与项目，从而展示其对可持续发展的承诺。这不仅有助于塑造公司形象，还能吸引那些重视可持续性的投资者和消费者。

三、企业会计与企业管理的关系

企业会计与企业管理是商业运作的两个核心方面，它们之间的关系密不可分且相互促进。一方面企业会计作为一种通过捕捉、记录和分析企业经济活动的体系，向管理层提供了关于财务状况、经营业绩、风险与合规性的详尽信息。这些信息不仅是企业战略规划、决策制定的基础，还为执行和控制提供了关键支持。另一方面，企业管理依赖于会计的数据支持，无论是在目标设定、资源分配，还是在风险控制、内外部沟通以及员工激励与评估方面。这种协同作用确保了企业的整体战略与日常运营能够有机融合，增强了企业的适应能力和竞争力。在复杂多变的商业环境中，企业会计与企业管理的密切结合显得尤为重要，共同构建了企业的稳定、高效与可持续发展的基础。这种交融关系反映了现代企业运营的复杂性和多维性，也揭示了有效管理与准确会计之间的内在联系。企业会计与企业管理的具体关系体现在以下几个方面，如图1-4所示。

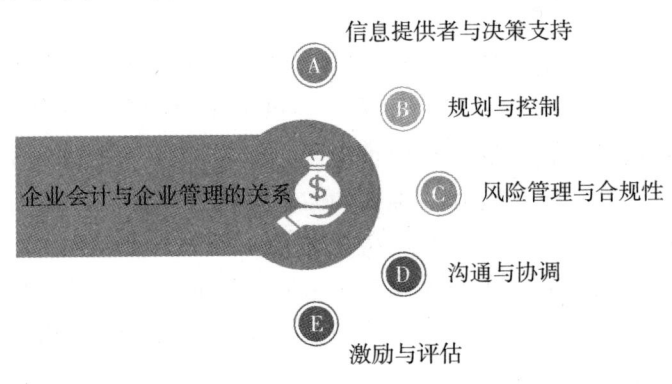

图1-4　企业会计与企业管理关系的具体体现

（一）信息提供者与决策支持

1.信息提供者

企业会计通过捕捉和记录企业的经济活动，以系统化的方式处理和汇总这些信息。这不仅包括了企业的资产、负债和股东权益的情况，还涉及了收入、费用、盈利等方面。所有这些财务信息共同构成了企业的财务状况和经营业绩的全貌，为企业管理层提供了详细、准确的参考数据。

2. 决策支持

企业管理层依赖于会计提供的这些信息，来分析公司的资金流动、成本结构、利润状况等关键方面。这些分析可以揭示企业的强项和弱项，从而支持更为合理和有效的战略和战术决策。例如，了解到具体产品线的成本和盈利情况，管理层可以优化产品组合，提高盈利能力。

（二）规划与控制

1. 规划

企业会计在战略规划过程中扮演着核心角色。通过分析历史财务数据和现有资源，企业会计为管理层提供了关于市场趋势、竞争态势、内部资源分配等方面的深入洞见。这有助于管理层确定合理的长期和短期目标和策略，并将它们与企业的整体愿景和使命相结合。

2. 控制

规划之后的下一步是执行和控制。企业会计通过设定预算，并与实际结果进行对比，不仅能够持续监测企业目标的执行情况，还可以及时发现偏差和问题。一旦出现与预期不符的情况，管理层可以迅速调整计划，确保企业目标的达成。这一过程确保了企业运作的灵活性和反应迅速性。

（三）风险管理与合规性

1. 风险管理

企业会计能够通过持续监测财务状况，为管理层提供风险预警。例如，分析流动资金状况可以提早发现流动性风险；通过分析债务结构和偿债能力，可以预见财务风险。这样的风险管理帮助企业管理层及时识别和评估潜在问题，制定有效的应对策略，确保企业的稳定运作。

2. 合规性

合规性是企业会计的另一个重要方面，涉及确保企业的财务活动和报告符合相关法律、法规和会计准则的要求。企业会计要求严格遵循各项法规，通过内部审计和控制确保准确性和透明度，从而避免因不合规操作而遭受法律制裁和声誉损失。

（四）沟通与协调

1. 内部沟通

企业会计通过提供准确、及时的财务报告，成为企业各部门间沟通的桥梁。通过共享财务信息，各部门可以更好地理解企业的整体战略和目标，以及自己的职责和期望。这促进了跨部门的协调和合作，提高了组织效率。

2. 外部沟通

对外部投资者、债权人、合作伙伴等利益相关方来说，企业会计提供的财务信息是评估企业健康状况的重要依据。这些信息的透明和准确有助于增加外部人士对企业的信任和信心，进一步促进外部资本的引入和合作关系的稳固。

（五）激励与评估

1. 激励机制

企业管理层可以根据会计信息，设置符合企业目标和员工期望的激励机制。通过将员工绩效与企业的财务目标关联，不仅增强了员工的工作积极性和效率，而且促进了个人目标与企业战略的一致性。

2. 绩效评估

企业会计还有助于对各部门和员工的绩效进行客观评估。通过分析各部门的收益和成本，管理层可以确保资源的合理分配和使用。这一评估过程有助于识别和奖励优秀绩效，同时也为改善不足提供依据。

第二节　企业会计信息化的概念与特征

一、企业会计信息化的概念

现代信息技术在与企业各领域及其各个层面的动态相互作用中，逐渐塑造了企业信息化过程，其中企业会计信息化成为一个关键环节。企业会计信息化代表了现代信息技术与会计学科的深度融合，是一个复杂且富有成效的现象。那么究竟什么是企业会计信息化呢？目前常见的对企业会计信息化含义的理解有以下几种。

（1）企业会计信息化就是利用现代信息技术（计算机、网络和通信等），对传统企业会计模式进行重构，并在重构的会计模式上通过深化开发和广泛利用会计信息资源，建立技术与会计高度融合的、开放的现代企业会计信息系统，以提高会计信息在优化资源配置中的有用性，促进经济发展和社会进步的过程。

（2）企业会计信息化应该体现信息环境下会计变革的要求，反映会计与技术的结合及其相互影响。

（3）企业会计信息化是结合现代信息技术对传统企业会计进行重整，并据以建立开放的企业会计信息系统。这种系统将全面运用现代信息技术，使业务处理高度自动化，信息高度共享，能够主动和实时报告会计信息。企业会计信息化使企业组织内人人都可能成为会计信息的处理者和使用者，并将通过网络系统接受企业组织外会计信息使用者的随时监督。传统以簿记为主的会计组织将可能消失。

（4）企业会计信息化是将会计信息作为管理信息资源，全面运用以计算机、网络和通信为主的信息技术对其进行获取、加工、传输、存储、应用等处理，为企业组织经营管理、控制决策和社会经济运行提供充足、实时的信息。

（5）企业会计信息化是在会计工作中广泛应用信息技术，开发信息资源，利用信息促进企业组织发展经济和提高经济效益，并向社会各方面提供多方位信息服务的过程。

以上是近年来会计界对会计信息化的各种认识和解释，这说明会计界对会计信息化理念的认可和赞同，同时也进行了积极而有成效的探索。

综合以上观点，笔者认为，企业会计信息化是全方位运用以计算机、网络和通信为主导的信息技术，对企业经营过程中产生的原始数据进行全面的处理。这些处理包括数据的获取、加工、传输、存储和分析等环节，最终为企业的经营管理、控制与决策提供及时而准确的信息。在这个过程中，会计信息化成为企业管理信息化的一个重要组成部分，与其他管理信息系统紧密相连，共同促进了企业信息化的全面发展。不同于传统手工会计体系，企业会计信息化应用现代信息技术，对传统体系进行了根本性的变革。这一变革的核心目的是建立以信息技术为特征的新型信息会计体系，以满足现代企业经营和管理的复杂需求。在这个体系中，信息技术不仅提供了高效、精确的数据处理能力，还促进了信息的共享和协同，强化了企业内外部的沟通和响应。

二、企业会计信息化的核心特征

企业会计信息化的核心特征主要体现在以下几方面，如图 1-5 所示。

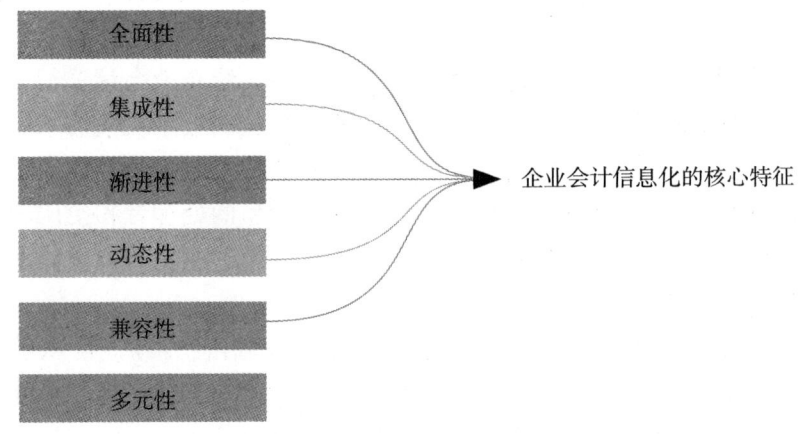

图 1-5　企业会计信息化的核心特征

（一）全面性

企业会计信息化的全面性是对整个会计业务流程的高度整合和深入应用。从最基础的日常事务，如凭证的录入、账簿的管理，到复杂的财务报告的编制，每一个步骤都与数字化技术紧密相连。在日常事务处理中，凭证的录入已不再是传统的手工录入方式，而是通过扫描、OCR 技术和自动化工具实现的，这大大减少了人工错误和提高了数据录入速度。同样，账簿的管理也经历了从纸质账本到电子化管理的转变，使得数据检索、整理和分析变得更为迅速和准确。当进入更为复杂的财务报告编制环节时，数字化技术的作用更是凸显。报告编制不仅需要整合大量的财务数据，还需要确保数据的准确性和一致性。现代的会计软件可以自动匹配、整合和验证这些数据，确保报告的完整性和准确性。而这些自动化的过程背后，是与数字化技术紧密相连的先进算法和数据库技术。这种从基础到高级，从简单到复杂的全方位数字化整合，展现了企业会计信息化的真正的全面性，也让企业在快节奏的商业环境中保持竞争力。

（二）集成性

企业会计信息化集成体现在三个层面：一是会计领域的信息集成，即企业财务会计与管理会计之间的信息整合。过去，由于技术和方法的局限性，两者往往独立运作，可能导致信息的重复或差异。现在，通过高效的信息技术，这两大会计领域的信息被集成在一起，解决了信息真实性与相关性之间的潜在矛盾，使得数据更加完整和准确。二是财务信息和业务信息的集成，即企业内部财务和业务的一体化。以往，财务信息和业务信息可能存在于不同的系统或数据库中，相互之间缺乏有效的连接。但现在，随着信息技术的发展，这两大信息流得以无缝链接，从而达到真正的融合。这种集成不仅提升了数据处理的效率，还为决策者提供了更全面、即时的业务和财务视图，帮助他们做出更加明智的决策。三是企业与外部利害关系人的信息集成，即企业内外部信息系统的集成。无论是与客户、供应商、银行还是税务、财政、审计等外部单位的交互，企业都需要确保信息流畅、准确。通过建立这种集成的信息网络，企业不仅能够更好地响应外部环境的变化，还能保证其内外部信息系统之间的高度协同。

信息集成的核心价值在于信息共享。所有与企业相关的原始数据，只需一次输入，就可以被多次利用，无论是在企业内部还是与外部利害关系人之间。这种方式大大减少了数据输入的工作量，确保了数据的一致性，同时也强化了数据的共享性，为企业的整体运营提供了强大的支持。

（三）渐进性

企业会计信息化不是一蹴而就的。它是一个分步骤、分阶段的渐进发展过程。

会计信息化的渐进性具体应分三个阶段实现。在初始阶段，信息技术主要用于支持传统的会计模式，这时的目标是建立一个核算型的会计信息系统。这样的系统侧重于将传统的会计核算流程转移到数字化平台上，使会计核算过程更为高效、准确。随着技术的进步和会计工作需求的变化，信息技术和传统会计模式开始相互适应，产生了互动。在这一阶段，为了更好地利用现代信息技术，传统会计模式在会计理论和方法上进行了一些局部调整。技术的应用范围也从单一的计算机逐渐扩展到网络，从核算扩展到管理，形成了管理型的会计信息系统。这种系统不仅支持会计核算，还支持会计管理的多个方面，使得会计不仅是一个记录和报告的工具，更是一个管理决策的工具。最终，随着信息技术的深入融入和快速发展，传统会计模式开始进行重构以适应现代的技术环境。这导致了现代会计信息系统的诞生，它整合了会计核算信息化、会计管理信息化和会计决策支持信息化。这种全面的信息化不仅提高了会计工作的效率和准确性，还为会计决策提供了更加全面、细致的数据支持。

（四）动态性

动态性，也称为实时性或同步性。会计信息化的动态性主要体现在三个层面：首先，会计数据的采集是动态的，这意味着无论数据来源于企业的外部还是内部，无论是来自局部或广域的环境，一旦数据产生，它们都会被迅速地存入相关的服务器中。这种即时的数据采集确保了所有的财务事项，无论大小，都会被准确和迅速地记录下来。这种实时的记录机制为企业提供了一个持续更新的数据流，为后续的分析和决策制定提供了关键的信息支持。其次，会计数据的处理也是实时的。在数据进入会计信息系统的瞬间，系统就会自动启动对应的处理模块，进行数据的分类、计算、汇总、更新和分析等操作。这种即时处理不仅大大加速了会计工作的效率，而且保证了信息能够动态地反映出企业的财务状况和经营结果。对于企业管理者来说，这意味着他们可以根据最新、最准确的数据来制定决策，而不是基于陈旧或过时的信息。最后，会计信息的发布、传输和利用也是动态的。这为会计信息的使用者，无论是内部的管理层还是外部的利益相关者，提供了随时随地访问和使用最新会计信息的能力。因此，他们可以根据这些及时的、动态的信息做出快速且有针对性的管理决策，从而增强企业的竞争优势和应对市场变化的能力。

（五）兼容性

由于我国企业各地区、各行业信息化发展水平严重不平衡，这导致了不同的会计信息系统和方法在同一时间内共存。对于任何一个组织，特别是大型的、跨地区的企业，确保不同系统之间的兼容性变得至关重要。没有兼容性，数据流和信息流就可能被阻断，导致企业内部的决策困难和效率低下。兼容性不仅仅意味着技术上的适应性，它更多地涉及会计政策、工作流程和管理制度的适应性。在实际操作中，既要考虑到传统的会计方法和流程，也要考虑到新的信息技术和方法。这种双重适应性，要求企业在进行会计信息化时，有足够的灵活性和创新能力。

（六）多元性

多元性则强调了会计信息化的多种形式和模式。在一个大的经济体系内，不同的行业、地区和企业，都可能有自己独特的会计信息化需求和挑战。例如，金融行业的会计信息化可能需要更高的安全性和实时性，而制造业则可能更关注生产和供应链的管理。因此，会计信息化不应该是一个单一、固定的模式，而应该是多种模式和方法的有机组合。

第三节　企业会计信息化发展回顾

一、会计信息化的发展阶段

会计的本质是一种经济管理活动，因此，会计信息化的进程是伴随着管理信息化及作为其载体的管理信息系统不断发展而逐步形成的。下面梳理会计信息化从起步到现代的四个主要发展阶段，揭示其背后的技术和管理思想演进如图 1-6 所示。

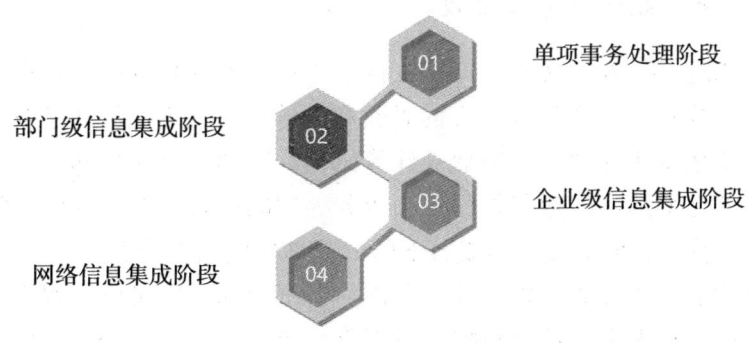

图 1-6　会计信息化的发展阶段

（一）单项事务处理阶段

单项事务处理阶段主要是计算机技术在会计和管理领域的初步尝试和探索。这一阶段的主要特点是单一、局部和重复性高的任务处理，没有形成完整的信息化系统，但为后续阶段的集成和高级应用奠定了基础。

20世纪50至60年代，随着数据处理技术和商用小型计算机的兴起，工商管理领域开始探索如何利用这些新技术进行效率化管理，为此，电子数据处理系统（EDP）成为这一时代的标志。计算机的应用水平虽然处于初级阶段，但随着DOS环境下的开发工具和小型桌面数据库系统（如dBase、Fox-BASE、FoxPro等）的推出，企业开始逐渐认识到计算机在数据处理中的巨大优势。在这个时期，计算机主要被视为一个工具，帮助企业替代部分手工劳动，处理一些简单、重复性高的任务。由于计算机的应用范围还较窄，大部分企业仅将其用于处理大量数据，如生产与销售记录、工资计算和库存统计。这种处理方式虽然简化了大量的手工操作，降低了劳动强度，但其核心目的仍然是为了提高劳动效率。因此，这一阶段的计算机应用更多地体现在满足单一部门或局部的计算和管理需求上。

EDP在这一时期可以说是管理信息系统的婴儿期，它虽然起到了一定的作用，但远未发挥其真正的潜能。尽管如此，它仍然为管理信息系统的后续发展奠定了坚实的基础。特别是，这一时期的EDP对于会计行业来说，更多的是模拟手工记账的方式，实际上还没有形成真正意义上的会计信息系统。但是，那些初步的、相互独立的会计核算程序在未来为会计信息化的进一步发展打下了基石。

（二）部门级信息集成阶段

进入20世纪70年代末，计算机技术在企业中的普及率逐渐提高。特别是Windows操作系统凭借其友好的界面和设计风格，迅速俘获了众多企业用户。随着越来越多的部门纷纷加入计算机化的行列，企业内部的电子数据处理需求也随之增加。但随着数据量和业务处理的增长，企业开始面临一个新的问题，那就是如何高效地集成各部门的计算机应用系统。

集成的需求主要源于以下几个方面：各部门的计算机应用程序在处理数据时，往往会有大量的重复数据，这不仅造成了数据的冗余，还可能导致数据处理的不一致性。为了提高数据处理的效率、减少错误并确保数据的准确性，企业开始寻求方法将这些孤立的系统进行整合。生产成本核算、工资核算、材料核算、销售核算及账务处理等具有直接或间接联系的部门级子系统间的连接，使得数据能够流动并被多个系统共享，从而达到更高级别的系统集成。在这个背景下，会计信息系统（AIS）开始崭露头角。

AIS 的主要任务是为企业提供准确、及时的财务信息。但值得注意的是，尽管 AIS 实现了部门级的数据集成，但其功能主要还是集中在会计核算上，只是为信息使用者提供财务信息，还未能够真正为管理层提供管理信息和决策支持。会计数据的来源大多是被动的，通常是依赖于相关业务部门提供的。数据的处理方式主要是事后统计分析，这种方式很难为企业提供事中控制。此外，由于数据采集的范围主要限制在对企业会计要素产生影响的经济事件上，这使得企业在供应链、生产、销售等方面的数据获取相对有限，导致事前预测几乎不可能实现。

简而言之，部门级信息集成阶段标志着企业从单一应用向多系统集成的转变，但由于技术和观念的限制，此时的 AIS 功能仍然比较有限，主要集中在财务会计核算上，尚未形成一个全面的、能够为管理和决策提供支持的信息系统。

（三）企业级信息集成阶段

进入 20 世纪 70 年代中后期，随着信息技术的飞速发展，企业信息系统的架构和模式发生了显著变化。基于二层 C/S 结构、三层结构模式或 B/S 结构的信息系统开始运行在 Intranet/Internet 的网络环境中，带来了更强大的可维护性和灵活性。尤为值得注意的是，大型关系数据库系统（如 Oracle、SQL-Server、Sybase 等）的广泛采纳，极大地提升了数据的安全性、系统的稳定性以及数据处理的能力。

在这一时期，以企业资源计划系统（ERP）为代表的企业级管理信息系统迅速发展。ERP 不仅仅是一个技术或软件，而是代表了一种全新的管理思想，旨在"打破企业的四壁"，通过信息技术将企业与供应商、客户等市场要素有效地整合起来。它的核心思想是在物料需求计划（MRP）和制造资源计划（MRP-II）的基础上，将信息集成的范围扩大到企业的整个供应链，包括企业的上游和下游。因此，ERP 的推广和应用不仅意味着技术的进步，更意味着企业管理的革新。ERP 环境下的企业不仅可以实现对内部各个部门的深度整合，还能够与外部的供应商和客户建立紧密的连接，形成一个完整的、互联互通的供应链网络。这种整合不仅仅是技术层面的，更是业务流程和管理流程的整合。通过 ERP，企业可以实现对人、财、物、信息等资源的综合有效管理与控制。

在这样的环境下，会计信息系统的角色也发生了深刻变革。传统上，会计的核心职责在于核算和监督，但在 ERP 环境下，会计的职责范围得到了显著扩展。会计信息系统的功能不仅涵盖了会计核算，还延伸到了支持企业战略管理、业务分析、供应链管理、集团财务管理等多个方面。它不再仅仅是满足外部利益相关者的信息需求，而是能够根据市场的实时变化，对企业的内外部环境进行详尽的分析。这使得企业有能力进行事前的预测，制定计划，执行并进行全过程的控制和分析，从而更好地应对市场的不确定性和复杂性。

（四）网络信息集成阶段

随着 20 世纪末互联网技术的突飞猛进，全球 IT 领域经历了深刻的变革，标志着网络信息集成阶段的到来。这一时期，互联网不仅为信息技术提供了前所未有的发展机会，也为经济和社会带来了巨大的影响。电子商务如雨后春笋般涌现，不仅彻底打破了国界、距离和时间的限制，而且对传统的商业模式带来了颠覆性的冲击。企业开始重新评估其组织架构、业务流程和经营渠道，以适应这一新的商业环境。

在此背景下，ERP 系统也开始融入更多互联网元素。基于互联网的企业资源计划系统（IERP）应运而生，它与传统的 ERP 系统的主要区别在于，IERP 更加强调网络资源的共享和全球化的信息集成。虽然 IERP 仍处于起步和摸索阶段，但随着信息技术的快速演进，人们对它寄予厚望。IERP 的目标是超越传统 ERP 系统的局限，将信息集成的范围扩展到全球各个角落。这意味着，不论在哪里，无论是客户、供应商、其他企业还是个人，都可以通过 Internet 直接访问企业的 ERP 系统。这种全球访问能力，使得与企业相关的各方都可以实时获取、共享和利用关键业务信息。针对不同的用户，IERP 系统还能提供定制的配置页面，确保用户能够轻松地找到和使用他们需要的信息。

更为重要的是，IERP 不仅仅是一个信息查询和共享的平台，它还能够实时地处理和集成从全球各地获取的信息。通过互联网技术，IERP 可以为企业提供自助服务功能，帮助企业快速地调整内部运营，如供应链管理、生产计划和销售策略等。这种实时的、全球化的信息集成和处理能力，使得企业能够更加敏捷地应对市场变化，更好地满足客户需求，从而获得更强大的竞争优势。

总的来说，网络信息集成阶段标志着企业信息系统从封闭、局部的集成向开放、全球化的集成转变。在这一阶段，互联网技术为企业提供了无限的可能性，使得企业能够更加灵活、高效地运营，并为全球化的商业环境做好准备。

二、我国企业会计信息化发展历程

我国企业会计信息化起步较晚，早期会计信息化也称作会计电算化，主要是将手工账务处理的过程进行电脑化操作，后来逐渐开发出专门的财务软件系统，模块职能化程度不断提高，有了决策与控制的支持系统，并发展到今天的集成系统。我国企业会计信息化大体可分为三个阶段：起步阶段、核算型发展阶段、管理型发展阶段，如图 1-7 所示。

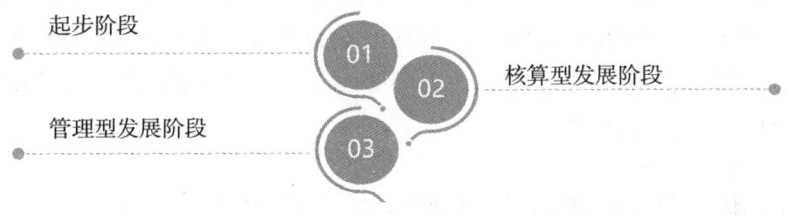

图 1-7 我国企业会计信息化发展历程

（一）起步阶段（20 世纪 70 年代末至 80 年代初）

会计信息化在我国最初呈现为会计电算化的形式，这一转变可以追溯到 1979 年至 1981 年财政部在长春第一汽车制造厂进行的尝试性项目。1981 年 8 月，随着该项目试点工作的完成，财务、会计、成本核算管理中应用电子计算机专题学术研讨会上正式提出了"会计电算化"这一称谓。这一阶段，会计理论领域开始关注计算机在会计核算中的潜在应用，逐渐构建了会计电算化的理论框架。同时，部分前沿企业也与高等教育机构和研究所展开合作，探索会计电算化的具体应用。但由于这一时期计算机技术在国内尚未广泛应用，同时面临着人才短缺和硬件设施不足的挑战，导致许多开发和应用工作难以取得预期的成果。因此，这一时期的会计电算化基本上局限于处理工资管理和简单的会计核算业务，开发水平相对较低，且存在大量重复开发的问题。

（二）核算型发展阶段（20世纪80年代中期至90年代中期）

经过一段时间的探索与摸索，我国在计算机技术应用于会计领域的实践中逐渐积累了经验。尤其是那些早期参与会计核算软件开发的专家和技术人员，他们在吸收国际发展经验和结合国内实际情况的基础上，明确指出会计电算化发展必须朝通用化方向努力。1988年，中国会计学会在吉林省召开了第一届会计电算化学术讨论会，而此次会议的核心议题便是探讨会计软件的通用化问题。紧接着，在1989年，财政部正式发布了《会计核算软件管理的几项规定（试行）》。这一文件标志着财政部首次对会计软件发布了官方指导性文件，并在其中明确规定了会计软件的十项标准。这一措施无疑为会计软件的规范化、通用化及其商品化提供了明确的方向，同时也为评审会计软件设置了标准。在此背景下，会计电算化逐渐走上了有组织、有计划的发展轨迹，许多专业公司也应运而生，专注于会计电算化软件的研发和推广。在这一发展阶段，会计电算化更多地局限于财务部门内部使用，主要表现为部门级别的核算型会计软件。

（三）管理型发展阶段（20世纪90年代后期）

进入20世纪90年代后期，信息技术飞速发展，我国会计电算化也随之迎来显著的功能升级和突破。从最初只包括简单的财务模块，软件已经演变为集账务、报表、应收应付、固定资产、采购管理、库存管理、存货核算、销售管理及成本管理等功能于一体的高度集成化模块。在这种模块化和集成化的框架下，借助系统管理与系统设置，各功能模块得以有机结合，形成了具有多层次、多渠道的业务模式。而这一整合不再仅限于财务部门，而是跨越了多个部门，成为真正的企业级会计应用系统。在功能上，也从原先的单一核算型向管理型转变，真正做到了面向企业生产经营的全过程管理，同时实现了财务与购销存业务的一体化，形成了以ERP系统为代表的管理软件。为满足不同规模的企业和不同行业的会计工作需求，管理信息系统也变得多样化、分层次。也就是说，软件开发者结合各个单位的特性和能力，研制出适应不同规模企业的会计核算和管理软件。随着互联网时代的到来，可以预见，我国会计信息化将在不久的将来走向全球网络化的大潮中，向 IERP 的新阶段迈进，进一步实现全球网络化、智能化的管理和运营。

三、现阶段我国企业会计信息化发展的成果

（一）会计信息化建设有序推进，夯实了会计转型升级基础

随着技术进步和管理理念的更新，各企业纷纷积极响应会计信息化建设的大潮。其中，部分企业更是取得了显著成果，成功实现了会计核算的集中处理与数据共享，这不仅优化了会计数据处理的效率，更使得会计工作从传统的核算型逐渐转向了现代管理型。这种转型对于企业意味着更高效、更透明、更及时的财务数据支持，帮助管理层进行决策。而随着信息技术的融合，单位的内部控制也逐渐被嵌入到信息系统之中，从而提高了内部控制的精确度和有效性。这不仅确保了会计信息的准确性和完整性，也为实施更为精准和有效的内部会计监督提供了坚实的基础，为整个企业的长远发展铺设了道路。

（二）业财融合程度逐步加强，提升了单位经营管理水平

随着会计信息系统在各单位的广泛推广和深入应用，单位会计核算工作得到了显著的效率提升和质量保障。更为关键的是，企业资源计划（ERP）的逐步普及为企业开启了全新的信息化管理之门。ERP 不仅为企业提供了一站式的业务管理解决方案，更进一步促进了会计信息系统与业务信息系统之间的深度融合。这种融合使得财务数据和业务流程得以高度协同，从而为单位提供了更加全面和及时的决策支持。通过整合资源、优化流程和加强数据分析，单位的服务管理效能得到显著提升，同时也大大加强了经营管理的综合能力，确保单位在复杂多变的市场环境中保持竞争力。

（三）新一代信息技术得到初步应用，推动了会计工作创新发展

随着科技的飞速进步，大数据、人工智能、移动互联、云计算、物联网和区块链等前沿技术在会计领域展现了巨大的潜力。这些技术不仅为会计工作提供了更为广阔的数据源、更加精确的数据分析手段以及更高效的数据处理方式，还为会计机构的组织形式和会计人员的工作职能带来了深刻的变

革。传统的记账、核算等基础工作逐渐被自动化工具所取代，会计人员的工作职能也从简单的数据录入和处理转向了数据分析、策略规划和决策支持。这一变革不仅提升了会计的地位，更为企业创造了更多的价值。

（四）电子会计资料逐步推广，促进了会计信息深度应用

随着技术进步和社会的数字化进程，电子会计资料的普及和应用成为一种趋势。企业会计准则通用分类标准作为会计的核心规范，持续经历修订和完善，特别在国资监管、保险监管等关键领域得到了有效的实施，这确保了电子化会计信息与传统会计准则之间的高度一致性。

对《会计档案管理办法》的修订以及电子会计凭证报销入账归档的相关规定的出台，都是为了适应和引导这一变革。电子会计资料不仅提供了更高的效率，更减少了纸质资料的存储空间和管理成本，同时还增强了资料的安全性和可追溯性。此外，电子格式的会计资料更便于数据分析、查询和共享，大大提高了会计信息的利用率和价值。

电子会计资料的推广也促进了会计信息的深度应用。在这样的背景下，会计不再仅仅是一个记录和报告的职能，而是成为决策支持的关键部分。数据可视化、实时分析和预测以及多维度的报表生成等功能都得益于电子会计资料的普及和深化应用，为企业管理层提供了更为精确和及时的决策依据。

四、现阶段我国企业会计信息化面临的形势与挑战

（一）经济社会数字化转型全面开启

随着大数据、人工智能等新技术的不断涌现和创新迭代速度的加快，经济社会数字化转型已经全面开启。这一变革不仅为会计信息化实务和理论带来了前所未有的挑战，同时也为其开辟了新的机遇。在这一大背景下，会计领域亦需要与时俱进，运用这些新技术推动会计工作的数字化转型。

为了适应并把握这一趋势，会计界面临多重任务。标准缺失、制度缺位和人才缺乏等问题已经成为制约会计数字化转型的关键瓶颈。而解决这些问题，不仅需要对现有的会计制度和标准进行修订和完善，更需要对会计人员进行全新的培训和教育。要想真正实现会计工作的数字化转型，不仅仅是技术上的改变，更是整个行业思维和方法的升级。同时，面对经济社会的数字

化转型，会计工作也需更加注重与其他相关领域的交叉融合，如与 IT、数据分析等领域的合作，以更好地应对挑战，充分把握机遇，确保在数字化转型的大潮中始终处于领先地位。

（二）企业业财融合需求更加迫切

一方面，业务创新发展和新技术创新迭代不断提出新的业财融合需求；另一方面，多数单位业财融合仍处于起步或局部应用阶段，这意味着很多企业并没有完全实现业务和财务的深度融合，而是仍停留在业务和财务分开、各自为政的旧模式中。这种现象限制了企业的运营效率和竞争力，也给企业的持续发展带来了不小的风险。因此，推动业财深度融合的需求变得更为迫切。

（三）会计数据要素日益重要

在数字经济和数字社会的快速发展背景下，数据已经成为五大生产要素之一，其中，会计数据要素尤为突出。这些数据要素不仅仅是简单的数字或信息，它们代表着单位的经营管理活动，反映了企业的健康状况、经营效率和未来发展潜力。因此，会计数据要素已经不再是单纯的财务记录，而是单位经营管理的重要资源。在现代经济中，零散的、非结构化的会计数据往往难以满足企业的决策需求。而将这些数据转变为聚合的、结构化的会计数据要素，则可以更好地发挥其在单位价值创造中的关键作用。例如，通过对会计数据要素的深度分析，企业可以洞察市场趋势、优化资源配置、提高运营效率、创新业务模式等，从而更好地适应外部环境的变化，实现持续的竞争优势。然而，如何进一步提升会计数据要素在服务单位价值创造中的能力，已经成为会计数字化转型面临的主要挑战。为了应对这一挑战，会计工作不仅需要更加精准、高效地收集、处理和分析数据，还需要与其他业务部门、技术团队紧密合作，确保会计数据要素真正发挥其在数字化转型中的核心价值。

（四）会计数据安全风险不容忽视

在网络环境下，会计信息系统的广泛应用已成为企业运营的常态。随之而来的是，会计数据不仅在企业内部流转、分析与决策中起到核心作用，更是在各个企业之间被共享和使用。这种趋势无疑为企业的运营与决策带来了效率与便利，但同时也为会计数据的安全带来了前所未有的挑战。

会计数据的传输、存储等环节都潜藏着数据安全的风险。不论是外部的黑客攻击，还是内部的操作失误，甚至是恶意篡改，都可能导致会计数据的泄露、篡改及损毁。一旦会计数据遭受破坏或失真，不仅可能影响企业的财务状况判断，还可能导致相关利益方的损失，甚至触发法律责任。

因此，面对会计数据安全风险的不断上升，企业和会计行业都必须认识到这个问题的严重性，并采取一系列有效的防范措施。这包括但不限于建立健全的数据安全管理制度、加强对会计人员的数据安全培训、选择安全性能稳定的会计信息系统、实施数据加密、备份和恢复策略以及建立多层次的数据安全防护机制。与此同时，企业应当加强与网络安全公司、专家的合作，及时了解和应对最新的网络安全威胁，确保会计数据的完整性、准确性和可靠性。只有这样，企业才能确保在充分利用会计数据带来的便利与价值的同时，有效地避免潜在的风险，为自身的稳健发展提供坚实保障。

第四节　企业会计信息化的重要性

企业会计信息化不仅仅是数字技术与会计工作的简单融合。在当今数字时代，这种融合已经成为推动企业竞争力、确保财务准确性和加强战略决策的关键要素。随着市场环境的快速变化和经济全球化的深入发展，企业面临着来自各个方面的挑战，如需求的多样性、法规的严格性及日益增长的业务复杂性。在此背景下，会计信息化为企业提供了必要的工具和方法，使其能够更为迅速和准确地应对这些挑战，从而实现财务健康、合规运营和持续增长。这种技术驱动的转型不仅关乎企业的内部效率，更涉及与投资者、利益相关者和市场的关系，对企业的长远发展起到了至关重要的作用。企业会计信息化的重要性主要体现在以下几方面，如图1-8所示。

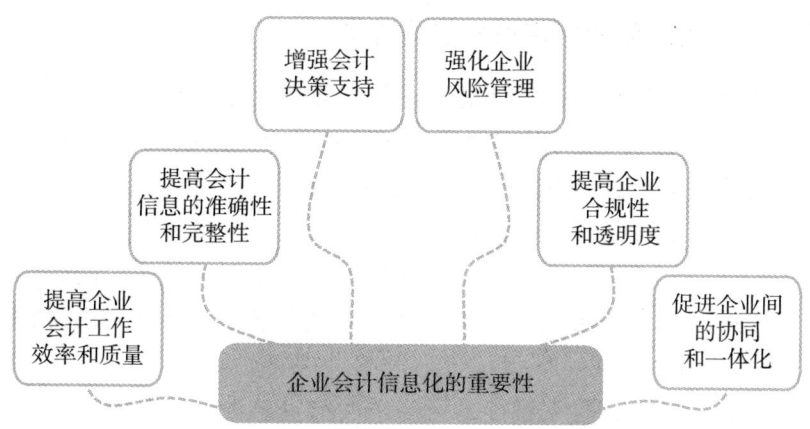

图 1-8　企业会计信息化的重要性

一、提高企业会计工作效率和质量

提高企业会计工作效率和质量是企业会计信息化的最直接和显著的益处。在传统的会计模式中，大量的数据录入、核算及报表生成工作往往依赖手工操作，这不仅耗时，还容易因为人为失误导致数据错误。会计信息化通过引入先进的软件和硬件技术，实现了会计流程的自动化，显著降低了工作量和出错率。

企业日常的会计事务，如发票处理、费用报销等，可以利用信息化系统进行自动识别、分类并录入相关数据，减少了人为的干预和修改。这种自动化处理大大缩短了数据录入的时间。同样，对于一些复杂的会计核算，如税务计算、财务分析等，信息化系统可以按照预设的算法和规则，快速准确地完成计算任务，而不需要手工逐项核对。

报表生成是每个会计周期结束后的重要任务。传统的报表生成往往需要会计人员整理、汇总各类数据，然后按照特定的格式和标准填写报表。这个过程不仅耗时，还可能因为疏漏或错误导致报表不准确。而会计信息化系统通常具备强大的报表生成功能，可以根据企业的需求和规定，自动生成各类财务报表。只需要简单的设置，系统就可以根据数据库中的数据，自动完成报表的编制和格式化，大大提高了报表生成的效率和质量。

二、提高会计信息的准确性和完整性

会计信息的准确性和完整性对于任何企业都是至关重要的。通过系统校验、数据备份等功能，会计信息化确保了会计数据的准确性和完整性。

系统校验是会计信息化中一个关键的功能。在数据录入或导入过程中，系统会自动对数据进行校验，确保其格式、范围和逻辑的正确性。例如，系统可能会检测日期格式是否正确、金额是否为负数、关联账户的数据是否匹配等。这种自动校验大大减少了因为人为疏忽或操作失误导致的数据错误，确保了数据的准确性。

数据备份是确保数据完整性的另一个关键措施。会计信息化系统通常具备自动备份功能，可以定期或实时地将数据备份到安全的存储介质或云端。这不仅确保了数据在系统故障、硬件损坏或其他不可预见情况下不会丢失，还为数据恢复提供了可靠的手段。许多先进的备份策略，如增量备份、镜像备份等，进一步确保了数据备份的高效性和完整性。

在当今的数字化时代，数据的完整性和安全性成为企业的核心竞争力，而会计信息化正是实现这一目标的关键。

三、增强会计决策支持

增强决策支持是会计信息化为企业带来的核心价值之一。决策支持则涉及企业如何根据准确的数据和信息做出正确的经营决策。在传统的企业管理中，决策往往依赖于经验和直觉，而缺乏数据的支持。这种方式在面对复杂和快速变化的商业环境时显得力不从心。而有了会计信息化，企业可以依靠大量的实时数据和先进的数据分析工具来做出决策。例如，企业可以通过数据分析了解产品的销售趋势、市场的需求变化、竞争对手的动态等，从而做出有针对性的市场策略。同时，企业还可以基于数据模拟不同的决策方案，预测其可能的效果和风险，从而做出更加科学和合理的决策。

更为重要的是，企业会计信息化还可以强化企业的战略决策支持。通过对大量数据的深度分析和挖掘，企业可以发现潜在的市场机会和威胁，从而调整自身的战略方向。例如，通过分析全球的市场数据，企业可能发现某个新兴市场的巨大潜力，或者某个传统市场的衰退趋势，从而及时调整市场战略，寻找新的增长点。

四、强化企业风险管理

风险管理是企业经营管理的关键组成部分。在复杂多变的商业环境中，企业可能面临各种风险，包括市场风险、信用风险、操作风险等。强化企业风险管理是任何组织持续增长和成功的基石。在不确定的经济环境和日益增长的市场复杂性中，风险管理不仅是一种防御策略，更是一个价值创造的工具。会计信息化在企业风险管理中起到了不可或缺的作用，为组织提供了全面、及时和准确的数据支持，确保风险在可控范围内。

通过会计信息化系统，企业可以实时监测财务数据，从而及早发现异常波动或趋势。例如，系统可以追踪到账款的变动，如果某一客户的付款迟延超过了预定期限，这可能是该客户财务困难的早期迹象。对此，企业可以提前采取措施，如调整信贷政策或加强与客户的沟通，以减少可能的坏账损失。

会计信息化也助力于资本结构和现金流的风险管理。系统会定期生成现金流预测报告，帮助企业预见可能的现金流短缺，并采取措施调整资本结构，确保有足够的流动性来应对突发事件。

对于投资决策，会计信息化为决策者提供了丰富的数据和分析工具。可以评估不同投资项目的预期回报率和风险水平，确保投资策略与企业的风险承受能力相匹配。此外，系统还可以为企业提供与行业、市场和经济趋势相关的数据，帮助其识别外部风险和机会，为战略规划提供有力支持。

五、提高企业合规性和透明度

提高企业合规性和透明度是会计信息化带来的另一关键好处。在复杂的税务、审计和法规环境中，企业需要确保其财务活动和报告完全符合相关要求，同时，对外部利益相关者如股东、债权人、客户和合作伙伴提供清晰、准确的财务信息。会计信息化为企业提供了一整套先进的工具和技术，帮助其更好地满足税务、审计、法规等相关的合规要求，同时提高了对外部利益相关者的财务透明度。这不仅增强了企业的合规性和信誉，还为其带来了长期的竞争优势。

会计信息化通过集成税务、审计和法规模块，帮助企业自动化地满足各种合规要求。这些模块会根据最新的法规变动进行更新，确保企业的财务处理和报告始终与现行标准保持一致。例如，当税务法规发生变化时，系统可以自动调整税率或计算方法，确保税务处理的准确性，从而避免因不合规而产生的罚款和法律风险。

对于审计要求，会计信息化提供了详细的数据追踪和记录功能。所有的财务操作，无论是数据录入、修改还是删除，系统都会进行完整的记录。这种完整的审计追踪确保了数据的真实性和完整性，为内部和外部审计提供了可靠的数据基础。此外，通过自动化的内部控制和异常检测，系统可以实时监测潜在的风险和不合规行为，及时提醒企业采取措施。

在提高财务透明度方面，会计信息化使企业能够更加方便地生成和发布各种财务报告和分析。系统可以根据不同利益相关者的需求，生成定制的财务报表，如资产负债表、损益表、现金流量表等。这些报表不仅满足了法规的报告要求，还为外部利益相关者提供了清晰、准确的财务信息，增强了企业的信誉和市场竞争力。

六、促进企业间的协同和一体化

促进企业间的协同和一体化在当前全球化和数字化的经济背景下显得尤为关键。随着企业之间业务关系的深化和扩展，如何确保多个企业或者企业内部不同部门之间的流畅沟通与协同工作，决定了企业在竞争中的地位和效率。

企业会计信息化的应用能够极大地推动企业间的协同与一体化。通过云计算、大数据技术以及先进的管理软件，企业可以轻松实现跨地域、跨部门甚至跨企业的数据共享和交流。例如，供应链上的供应商、生产商和销售商可以共同查看和使用一个统一的库存和订单系统，从而确保供应链的流畅运作，减少因信息不对称带来的损失。此外，企业间的协同也表现在共同的项目管理与执行。通过会计信息化工具，各方可以清晰地查看项目进度、成本和预算，确保项目按照计划进行，同时避免资源的浪费。这种透明和共享的工作方式不仅提高了项目执行的效率，也增强了参与各方的合作信任。

对于大型的企业集团或者跨国公司而言，如何确保集团内部各个子公司、部门之间的数据一致性、业务策略的统一，是一个巨大的挑战。会计信息化系统可以为企业提供一个统一的数据平台，确保数据的一致性和准确性。同时，集团总部可以通过这个平台对各个子公司的财务状况、业务进展等进行实时监控，从而实现集团的统一管理与决策。更进一步，企业会计信息化还可以促进企业与外部伙伴，如银行、投资机构、政府部门等的协同与一体化。例如，企业可以通过电子方式快速提交财务报告给监管机构，或者与银行进行实时的资金结算，提高工作效率，减少手续费用。

第二章 企业会计信息化的技术基础

随着技术进步和经济的高速发展，企业会计信息化已不仅仅是一个趋势，而是成为现代企业管理的基础和关键。企业会计信息化不仅改变了会计工作的方式，还使得会计信息处理更为迅速、准确。为了深入探讨这一变革背后的技术支撑，本章将从网络基础、新兴技术、数据管理和信息安全技术等多方面进行阐述。

第一节　企业会计信息化的网络基础

在现代经济社会，网络已经渗透到企业的各个运营领域，尤其在会计信息化方面扮演着不可或缺的角色。这种网络化的趋势不仅改变了传统的会计操作模式，还为会计信息的实时获取、处理与共享带来了巨大便利。本节主要探讨企业会计信息化的三大网络基础，即互联网、内联网和外联网，分析它们的定义、特性及在企业会计信息化中的应用。这三种网络各具特色，却共同为企业的会计信息流动和管理提供了坚实支撑。理解这三大网络基础的结构与功能，是深化对企业会计信息化进程的认识，进一步推进会计工作现代化的关键。

一、互联网

（一）互联网的概念

互联网是由众多计算机和服务器组成的巨大网络，它们通过各种传输媒介连接在一起。这些连接通过一套标准的互联网协议（IP）实现，使得数据可以在全球范围内流动和交换。

（二）互联网的特点

　　互联网之所以发展如此迅速，被称为 20 世纪末最伟大的发明，是因为互联网从一开始就具有开放、共享、平等、交互的特征，如图 2-1 所示。

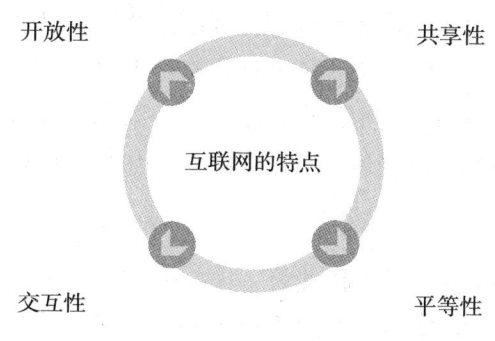

开放性　　　　　　　　　　　　　　共享性

互联网的特点

交互性　　　　　　　　　　　　　　平等性

图 2-1　互联网的特点

1. 开放性

　　互联网的开放性是其最为核心和显著的特点。自诞生之日起，互联网便打破了地域、时间和空间的限制，为用户提供了一个无界限的信息空间。这种开放性首先体现在信息的获取与发布上。传统的信息传播需要经过各种中介和审核，而互联网赋予了每一个终端用户直接获取和发布信息的能力，从而大大加快了信息的流通速度。此外，互联网的开放性还表现在技术与平台上。开放的互联网协议和标准使得任何组织和个人都能开发、部署和使用网络应用，这为技术创新和应用推广创造了广阔的空间。正因为这种开放性，互联网技术得以迅速普及，各种应用如雨后春笋般涌现。对于企业会计信息化而言，互联网的开放性使得企业不仅能够更方便地获取外部经济数据，还能实现与外部组织的无缝连接和数据交互。同时，开放的技术环境为企业提供了更多的技术选择和应用实践的可能性。

2. 共享性

共享性意味着信息资源在互联网上可以被众多用户同时访问和利用，不受物理位置的限制。从技术的角度看，服务器、数据中心和云计算技术使得数据和应用程序可以被远程存取，为实时信息交流和协同工作提供了技术支撑。此外，各种开放源代码和共享软件的兴起，使得软件资源和技术解决方案可以被广大用户自由地使用和改进。

对于企业会计信息化，共享性具有深远的意义。企业可以利用互联网共享的特性，进行跨地域、跨部门的实时协作，确保会计信息的实时性和准确性。供应链、客户关系管理以及其他业务流程得以更加流畅地运作，因为所有相关方都可以即时访问到所需的会计和财务数据。此外，通过共享数据分析工具和应用，企业能够更好地进行决策支持和业务预测。

3. 平等性

互联网的平等性是其根本特性之一，它意味着所有用户在访问和使用网络资源时都享有平等的权利。不同于传统的中央集权式的信息传播，互联网赋予每一个终端用户平等的参与权和发声权。这种特性确保了信息的自由流通，不受到任何特定组织或个体的单一控制。

在企业会计信息化的背景下，平等性带来了一系列的积极效果。例如，各级管理人员和员工都可以依赖同样的系统和工具来获取信息，不再受到传统的信息壁垒的限制。这促进了决策的民主化，因为决策者可以获取到来自不同部门、不同层级的反馈，形成更全面、更客观的决策依据。同样地，供应商、客户和其他外部合作伙伴也能在与企业的交互中享有平等的信息访问权，从而建立更紧密、更透明的合作关系。然而，平等性也可能带来某些挑战。因为信息的流通更为自由，可能会有不实或误导的信息进入决策流程，导致不良的结果。此外，不同的用户可能对相同的数据有不同的解读，造成沟通和理解的障碍。因此，企业在享受互联网平等性所带来的便利时，也应对信息的质量和解读做出妥善的管理和指导。

4. 交互性

互联网的交互性为信息的传播和沟通提供了全新的维度。与传统的单向信息传输不同，互联网允许信息的接收者成为信息的发送者，从而实现多方之间的双向或多向交互。这种动态的信息交换模式极大地增强了信息的丰富性和即时性，使得信息的传递和反馈变得更为流畅。

在企业会计信息化的过程中，交互性展现出其独特的价值。例如，财务报表的编制和发布不再仅是单向的信息推送。通过互联网技术，管理层、股东、投资者等各方可以对财务数据进行实时查询、分析和反馈，这使得财务信息的透明度和准确性得到提升。此外，企业可以通过在线平台与供应商、客户进行交互，实现订单处理、付款、发票处理等业务流程的在线化和自动化，降低了成本，提高了效率。但互联网的交互性也带来了一些新的挑战。高度的交互可能导致信息过载，即企业面临大量的数据和信息，难以分辨哪些是关键和有价值的。此外，由于任何人都可以成为信息的发布者，这可能增加了错误或误导信息的风险，对企业的信誉和业务决策造成潜在威胁。因此，高效的信息管理和质量控制变得尤为重要。

（三）互联网对于企业会计信息化的意义

互联网为企业会计信息化带来了巨大的机遇和挑战，是现代企业会计发展的重要驱动力。它极大地推动了会计信息的实时性和透明性，为企业内外部决策者提供了快速、准确的财务数据。通过在线的会计软件和平台，企业可以实时录入、处理和分析会计数据，使得财务报告的编制更加迅速和精确。此外，互联网使得远程审计和远程会计咨询成为可能，进一步提高了会计服务的效率和范围。互联网的普及还推动了电子发票、电子付款等数字化财务处理方法的应用，简化了会计业务流程，减少了人为错误。另外，利用互联网技术，企业会计信息系统与供应链、客户关系管理等其他业务系统的集成变得更加紧密，实现了全面的业财融合，为企业提供了更加全面和深入的业务分析和决策支持。

二、内联网

（一）内联网的概念

内联网又称为企业内部网络或企业局域网，是一个内部封闭、为特定组织或企业所使用的网络系统。它通常构建在标准的互联网技术之上，如 TCP/IP 协议，但其访问受到严格的限制，只有组织内部的成员或特定授权的人员才能访问。内联网的出现主要是为了满足企业对于信息的快速共享、资源的统一管理以及安全性的高度要求。不同于全球性的互联网，内联网更注重为企业提供一个安全、可控的信息交换和通信平台，确保敏感数据在组织内部安全传输和存储。同时，它也提供了一个集中的平台，方便企业内部的各种应用和服务的部署，如企业资源规划（ERP）、客户关系管理（CRM）等。简而言之，内联网是为企业量身定制的专属网络，旨在提供一个高效、安全、可控的信息交流和资源共享环境。

（二）内联网的基本结构

企业网络技术的发展大体上经历了三个阶段：一是以 Mainframe 为中心的集中处理式网络，即主机/终端模式；二是以 Clien/Server 模式为中心的分布式计算处理网络系统，即客户/服务器模式；三就是 Intranet，即浏览器/服务器模式（Browser/Server）模式。Browser/Server 从根本上改变了信息获取和信息交流的方式。图 2-2 给出的是 Intranet 的重要组成元素及它们的相互关系。

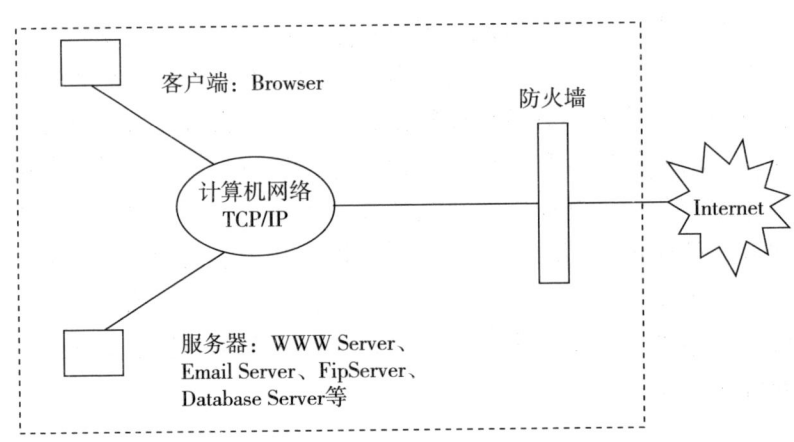

图 2-2　内联网的基本结构

1.计算机网络

内联网的基石是其计算机网络，这为企业内的各计算机设备提供了连接和通信的基础。该网络基于标准的网络协议，如 TCP/IP，确保数据的顺畅流通。企业的局域网（LAN）连接办公室内的计算机、打印机和其他设备，而更广泛的企业网络可能包括多个分支机构或部门之间的广域网（WAN）连接。

2. 服务器端

（1）物理服务器。物理服务器是内联网中的核心组件，通常用于存储和处理大量数据，并运行各种企业应用。它们具有高性能的硬件规格，以确保能够处理大量的并发请求，同时保持高可用性和稳定性。此外，企业可能还会使用高效的存储解决方案和冗余技术来保护数据，防止数据丢失。

（2）软件服务器。软件服务器在内联网中扮演着关键角色，它们提供了运行各种业务应用程序的环境，如企业资源规划（ERP）、客户关系管理（CRM）和其他业务应用。这些软件服务器可能基于不同的操作系统和技术平台，但都为企业提供了必要的功能和服务。

3. 客户端

客户端，通常是办公室的个人计算机或工作站，连接到内联网，允许员工访问和使用网络资源，如文件共享、邮件系统和其他应用。这些客户端依赖于物理服务器来访问存储在服务器上的数据和运行的应用。

4. 防火墙

安全在任何网络环境中都是至关重要的，而内联网也不例外。防火墙是用于保护内联网的关键组件，它控制和监视进出网络的所有数据流，确保只有合法和经过验证的数据才能通过。它可以阻止潜在的恶意攻击，如病毒、木马和其他恶意软件，确保企业的数据和资源始终处于安全状态。

（三）内联网的功能

内联网的功能主要有 Web 信息发布、共享数据库资源、改善企业通信和技术支持工作以及协同工作环境，如图 2-3 所示。

图 2-3 内联网的功能

1.Web 信息发布

内联网作为一个私密的、仅限企业使用的网络环境，其 Web 信息发布功能对企业至关重要。这一功能允许企业在内部网络上发布、更新和维护各种信息，包括政策、通知、企业新闻、业务报告和其他重要文件。企业员工可以通过任何连接到内联网的设备轻松访问这些信息，确保他们随时随地都能获取到最新、最准确的公司信息。此外，使用内联网发布的信息可以采取多种形式，如文本、图像、视频或多媒体内容，这种多样性确保了信息以最有效的方式传达。更为关键的是，Web 信息发布能够大幅度减少了纸质文件的使用，从而提高工作效率，降低了环境负担，并使企业步入数字化时代。

2. 共享数据库资源

在现代企业中，数据库是信息存储和管理的核心，而内联网则提供了一个理想的平台来共享这些宝贵的数据资源。通过内联网，员工可以远程访问和查询数据库，获取所需的信息，如库存量、销售数据、客户信息等。此功能确保了数据的及时性和准确性，帮助决策者做出基于数据的决策。此外，共享数据库资源还有助于提高团队协作的效率，因为所有团队成员都可以同时访问和使用相同的数据，确保信息的一致性和准确性。此外，内联网上的数据共享也增强了数据的安全性，因为只有授权的员工才能访问这些数据，而防火墙和其他安全措施则确保了数据不会受到外部威胁。

3. 改善企业通信和技术支持工作

内联网不仅为企业提供了一种高效、实时的信息发布方式，还大大改善了企业的通信和技术支持工作。员工可以使用内联网进行即时通信、视频会议或发送电子邮件，大大减少了面对面会议的需要，提高了工作效率。此外，技术支持团队可以通过内联网远程解决员工的技术问题，无需到现场亲自解决，从而大大提高了响应速度和解决问题的效率。

4. 协同工作环境

内联网为员工提供了一个完美的协同工作环境，让团队成员能够轻松地在同一平台上分享、编辑和评论文档。这种环境鼓励团队合作，确保项目的顺利进行。员工可以在同一文档上实时合作，避免了多个版本和冲突的产生，确保了工作的高效进行。此外，协同工作环境还支持多种工具和应用，如任务管理、日历共享和项目跟踪，帮助团队更好地管理项目和分配资源。

（四）内联网的特色

内联网集成了互联网和传统信息系统的长处，形成了自身的特色，其中开放和安全是内联网的最大特点。

1. 开放

内联网的开放特性意味着它为企业内部的所有授权用户提供了一个可以轻松访问和共享信息的平台。与传统的、基于纸质的信息共享方式相比，内联网的开放性使得信息流通得更加迅速和广泛。任何授权的员工，不论他们身处何地，只要有网络连接，就能够访问到企业的内部资源和信息。这种即时的、无障碍的信息获取方式极大地加强了团队之间的沟通和合作，确保了决策过程的迅速和高效。

2. 安全

尽管内联网是开放的，但它仍然是一个相对封闭的系统，只允许企业内部的授权用户访问。这意味着，与完全开放的互联网相比，内联网在安全性方面有着显著的优势。通过使用各种安全措施，如用户身份验证、数据加密和防火墙，内联网确保了信息的安全和完整性。这些安全措施不仅保护了企业的敏感信息免受外部威胁，还确保了员工之间的通信是私密和安全的。

3. 操作简单

内联网的用户界面通常都是基于浏览器的，这意味着员工无须安装任何特殊的软件或进行复杂的设置就可以访问和使用内联网。大多数人都熟悉基于浏览器的操作，这使得内联网变得非常用户友好，几乎没有学习曲线。此外，由于内联网的设计往往考虑到了用户的需求和习惯，它的功能和操作流程都非常直观，员工可以很快地熟悉并开始使用内联网，无需经过长时间的培训。

4. 开发简单

与开发传统的、基于客户端的应用相比，内联网的开发通常更为简单和快速。由于它是基于标准的 Web 技术，如 HTML、CSS 和 JavaScript，开发者可以使用已经非常成熟的工具和框架来开发内联网应用。这意味着，企业可以更快速地部署新的功能和服务，以满足业务的变化和员工的需求。此外，由于内联网的结构和技术都相对简单，维护和更新也变得更加容易，大大降低了长期的运营成本。

（五）内联网对企业会计信息化的意义

内联网为企业会计信息化带来了巨大的变革和机会。在当今的数字化时代，企业的运营与决策日益依赖于实时、准确和全面的数据。内联网正是这种需求的完美解决方案，它为企业提供了一个集中、安全和高效的平台，以管理和共享会计信息。

第一，内联网优化了数据的流通和管理。传统的会计流程往往涉及大量的人工操作和纸质文件，这不仅效率低下，还容易出错。而内联网通过自动化的工具和应用，极大地简化了数据输入、处理和分析的过程，确保了数据的实时性和准确性。此外，基于浏览器的界面使得员工可以在任何地点、任何时间访问会计信息，大大加强了团队之间的沟通和合作。第二，内联网为企业带来了更高的数据安全性。由于数据是集中存储和管理的，企业可以更容易地控制谁可以访问什么数据，以及如何使用这些数据。通过使用先进的加密技术、用户身份验证和访问控制机制，内联网确保了数据的完整性和安全性，防止了数据泄露、篡改或损毁的风险。此外，内联网支持了会计信息的高度自定义和个性化。不同的部门、团队或个人可以根据自己的需求和权限，定制自己的仪表板、报表或分析工具。这不仅提高了工作的效率，还确保了数据的相关性和针对性，帮助员工做出更明智的决策。

三、外联网

（一）外联网的内涵

内联网的普及改变了工业时代延续下来的生产和消费模式，使得企业与企业之间、企业与用户之间的交流互动变得更加频繁与直接。于是越来越多的已经成功应用内联网的企业迫切希望将网络服务延伸至企业外部的客户、伙伴及供应商。但此时企业却发现，所有这些对于企业的生存与发展有着重要意义的业务伙伴却无一例外地被内联网的安全机制阻挡在"墙外"。尽管很多交流互动可以通过互联网实现，但这样，内联网最大的优点——安全性就会被破坏。为了解决这一矛盾，一个新的概念出现了——外联网。

一般认为，外联网是内联网的企业外特定用户的安全延伸，即它是利用互联网技术和公共通信系统，使指定并通过认证的用户（供应商、销售商、合作者、顾客、在外地的公司员工等）分享公司内部网部分信息和部分应用的半开放的专用网。外联网的构成如图 2-4 所示。

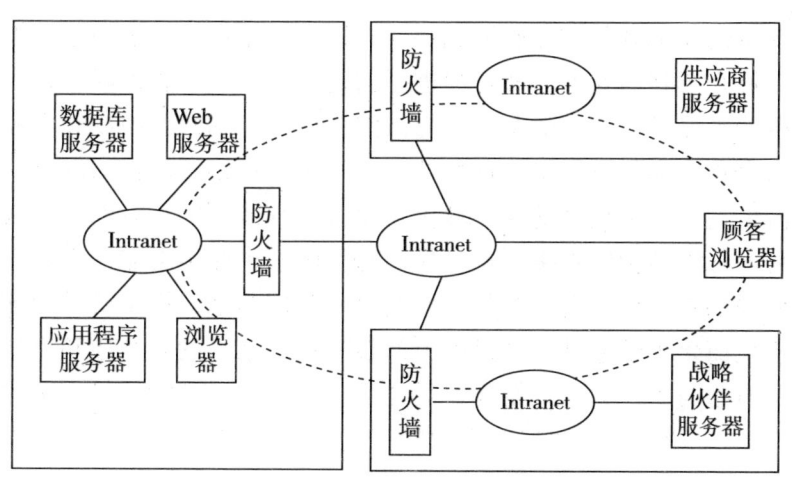

图 2-4　外联网的构成（图中虚线部分）

（二）外联网的功能

外联网是对企业内部经营过程的一种安全的扩展，即它是通过使用互联网衍生应用及衍生技术把企业内部经营过程向企业外部经营伙伴所进行的一种扩展。通过外联网，企业不但可以获得一个安全的企业环境，加强竞争能力和经营水平，而且可以更好地与生意伙伴进行合作。

1. 外联网的兼容性降低了企业间沟通的成本

在全球化的商业背景下，企业之间的互动与沟通成为成功的关键。但是，由于技术和信息系统的不同，企业经常面临着信息交换和沟通的障碍。特别是当涉及多个不同的专用系统、软硬件配置和各种文件格式时，这种情况更为明显。这种不兼容性不仅增加了沟通的难度，还加大了时间和资源的消耗，使得简单的信息交流都变得复杂和昂贵。外联网的出现，正是为了解决这些挑战。外联网技术具有低成本、标准化和通用性等特点，从而为企业间的沟通创造了一个更加开放、灵活和兼容的环境。其中最引人注目的特点之一就是文件格式的统一，无论是文本、图片、视频还是其他多媒体内容，都可以通过外联网轻松地共享和传输。另外，外联网的跨平台特性也是其优势所在。无论企业使用的是什么操作系统、数据库或应用程序，外联网都能实现与之的无缝对接，这大大减少了因系统不兼容导致的信息损失和误解。

2. 外联网的安全性和半开放性推动了企业间的及时交流

与传统的完全开放的互联网相比，外联网为企业提供了一个更加安全和受控的环境来与其商业伙伴和客户进行沟通和合作。尽管外联网设有严格的防火墙机制来保护其内部资源，但它依然允许特定的外部用户如商业伙伴和客户进入企业内部信息网络。这种结合了安全性和半开放性的设计，为企业间的交流创造了一个良好的商业环境，使各方都能更加高效地进行沟通、合作和交易。这种结构的直接利益是显而易见的。企业不再需要为外部合作伙伴设置单独的系统或平台，而是可以通过外联网为他们提供所需的信息和资源。这不仅简化了信息共享的过程，而且确保了信息的安全性和完整性。外联网的所有参与者，无论是企业、供应商还是客户，都能节省大量的时间和金钱。

3. 外联网技术的采用降低了对客户提供支持服务的成本

外联网为企业与客户之间构建了一座桥梁，使得实时支持与服务成为可能。在今天的竞争激烈的商业环境中，客户期望获得迅速、专业的反馈，外联网完美地满足了这一需求。通过外联网，客户可以在任何时间、任何地点访问所需的信息资源，如常见问题的解答、产品使用手册、操作指南等。这种自助式的查询方式大大加速了问题解决的速度，也给客户带来了前所未有的便利。同时，外联网也为客户与企业之间的直接互动提供了平台。不仅可以实时咨询，还可以通过多种互动工具，如聊天室、视频通话等，直接与企业的技术支持团队取得联系。这种直接、无障碍的沟通方式极大地提高了问题解决的效率，也使得客户能够得到更为精确和个性化的帮助。

对于企业来说，外联网的这些功能不仅增强了与客户的联系，也带来了显著的成本节约。当大量的常见问题和疑虑都可以通过外联网得到解答时，企业的技术支持团队就能更加集中精力处理那些更为复杂和专业的问题，从而提高工作效率。此外，减少了因重复问题而造成的电话或邮件沟通，也为企业节省了大量的时间和资源。

4. 外联网技术的采用促进了项目协作与外部团队管理

外联网作为企业与外部合作伙伴、顾问和远程团队的连接纽带，起到了至关重要的作用。在复杂的商业环境中，各方的高效合作往往是成功的关键。传统的沟通方式，如电话、邮件或会议，虽然依然有效，但在处理大型、跨区域的项目时可能会遇到困难，如信息更新延迟、文件版本不统一等问题。

外联网通过提供一个中心化的平台，解决了这些问题。在此平台上，所有合作方都可以实时上传、下载、编辑和评论项目相关文档，确保每个成员都在同一进度和理解上。这种中心化的信息共享方式也大大减少了因版本冲突或信息不一致而产生的混淆和误解。此外，外联网的实时通知功能确保了每当有新的更新或更改时，所有相关方都会及时收到通知。这种实时性极大地加快了项目进度，减少了等待和确认的时间。同时，外联网还配备了任务分配和跟踪功能，使得项目管理者可以轻松地为团队分配任务、监控进度并给予反馈。

（三）外联网的基本应用类型

1. 按照服务方式分类

（1）数据库查询型。数据库查询型外联网重塑了企业与外部实体间的信息交流方式。其核心理念是授予权限的外部用户能够访问存储在企业内部的数据库信息，如商品明细、技术文档、销售数据和客户信息。然而，为了保证数据的完整性和安全性，这些外部用户仅能检索和查看信息，而无法进行修改。此类 Extranet 在商业运营中的应用广泛。例如，企业可以发布和维护其产品信息，这样合作伙伴和潜在客户就能随时访问到最新的产品规格、价格和库存情况。在线帮助和支持功能使客户能够解决使用产品或服务时遇到的常见问题。实时地更新这些信息，不仅提高了客户满意度，还减少了企业支持团队的工作负担。

（2）交易型。交易型外联网主要集中于为企业与其合作伙伴、供应商或其他交易实体提供一个高效、直接的信息交换平台。此类外联网涉及的信息种类包括资料调配、库存状态、合同报价及交货详情等，并且通常包含数据的实时更新。此外，通过提供数据库之间的集成界面，交易型外联网简化了各种商业合作流程，如联机订货和库存查询系统。这种集成方式不仅降低了企业运营的成本，也提高了交易的准确性和及时性，从而减少了跨企业之间的合作和商务活动的复杂性。

（3）群件型。群件（group ware），顾名思义就是帮助群组协同工作的软件，目的是通过解决群组成员因为时间、地点的不一致所造成的交流及协调的不便，来促进群体内部的交流合作及资源共享，充分提高群体的工作效率和质量。群件型外联网指的是由多个企业共同参与某一事业和项目所形成的处理系统，其目的是通过加强企业间的通信功能，来实现企业间的交流、协调、合作及信息共享。例如，通过外联网，企业之间可在网上建立虚拟的实验室，进行跨地区的项目合作。管理人员能迅速地生成和发布最新的产品、项目与培训信息，不同地区的项目组的成员可以通过外联网来进行通信，共享文档和实验结果。

2. 按照外联网服务的主要对象分类

（1）安全 Intranet 访问模型。安全 Intranet 访问模型是为企业和其商业合作伙伴之间提供一种高度安全的数据访问方式。这种模型特别是在合作伙伴需要执行特定任务时，能直接访问企业的内部网络而设计的。因为这涉及对企业内部数据的访问，所以需要有高度的安全防护措施和对外部访问者的严格管理。为了确保这种访问模式的安全性，通常会采用 VPN 技术，也即虚拟专用网络技术。VPN 能够在公共网络，如 Internet 上，创建一个加密通道。这确保了数据在传输过程中的安全性和私密性，防止了潜在的数据泄露或被未授权的第三方访问。

当涉及大规模的事务处理，如电子邮件、HTML 页面和文件传输，保护这些数据变得尤为重要。这是因为这些数据可能包含企业的敏感信息或关键业务数据。在这种情境下，VPN 提供了一个高度安全的解决方案，确保数据在从一个服务器传递到另一个服务器时的绝对安全。此外，使用 VPN 还确保了数据在传输过程中不被篡改或劫持，为商业合作伙伴和企业之间的数据交互提供了一个安全、可靠的环境。

（2）电子商务模型。电子商务模型是一种采用电子商务技术来和特定的合作伙伴打交道的方法，主要涉及商业事务处理，如订货等。当特定的合作伙伴有数百个企业时，该方式应用得比较普遍。以一家大型百货公司为例，该公司拥有 400 多个连锁店。为了与其众多供应商保持高效的沟通和交互，该公司开发了一个外联网系统，允许供应商登录，每天查看销售数据，从而收集关于他们产品的最新信息。这种系统提供了一个集中的平台，使得供应商可以在任何地方、任何时间都能访问到这些重要数据，从而帮助他们更好地计划和优化自己的生产和配送。

（3）特殊应用模型。特殊应用模型主要是为了满足特定的合作伙伴或某一类业务需求而设计。这种模型在建立外联网时是非常受欢迎的，因为它允许企业为其合作伙伴提供定制的服务，而不必对整个网络进行全面的安全规划。由于它的主要目的是服务于特定的业务需求或特定的合作伙伴，因此通常不会给企业的整个内联网带来额外的安全风险。这是因为访问这类应用的权限通常是受限的，只有特定的合作伙伴或业务部门才能访问，这样就有效地隔离了外部风险，保护了企业的内部数据和应用。与此同时，尽管其安全性相对较高，但在需要更高级别的数据保密性和完整性时，企业可以选择使用安全套接层协议（SSL）。SSL 协议可以确保数据在传输过程中的加密和完整性，使得外部的恶意攻击者难以截获或篡改数据。

特殊应用模型的优势在于其灵活性和定制性。企业可以根据合作伙伴的具体需求为其提供专门的服务，同时确保不会对整体网络安全带来威胁。这样，企业可以更好地服务于其合作伙伴，提高业务效率，而不必担心网络安全问题。这种方法与传统的一刀切的安全策略相比，更加灵活、高效，能够满足现代企业在数字化时代的多样化需求。

（4）简单口令保护模型。当站点安全问题不太重要时，为便于众多的用户访问，可以采用简单口令保护模型。该模型建立起来最容易，在安全方面的投资也最少，当然也是一种最不安全的外联网。

（四）外联网对企业会计信息化的意义

外联网对企业会计信息化的意义不容忽视。在现代经济中，会计不仅仅是记录和汇总财务信息，更是企业决策的重要基石。外联网为企业会计提供了一个更广阔、高效和安全的平台，帮助会计信息实现跨企业的共享和交互。通过外联网，企业可以与其供应商、客户和其他合作伙伴共享财务数据和相关的会计信息，使得供应链、销售和采购等业务流程更加透明和高效。例如，供应商可以实时查看企业的应付账款情况，而企业则可以及时查看供应商的发票和交货信息，从而加速结算流程，提高资金周转率。同时，外联网也为企业会计带来了更高的自动化水平。传统的会计处理往往需要人工录入、核对和分析大量的财务数据，而外联网可以与企业的 ERP、CRM 和其他信息系统无缝集成，自动化地完成数据的传输和处理。这不仅降低了人工操作的错误率，还大大提高了会计工作的效率。此外，外联网还为企业会计带来了更大的灵活性。企业可以根据自己的业务需求和合作伙伴的特点，定制外联网的功能和界面，确保会计信息的精确、及时和有效传递。而且，随着移动互联网和云计算的发展，企业会计也可以随时随地、无缝地访问和处理外联网上的数据，满足现代企业快速变化的业务需求。

外联网对企业会计信息化带来了革命性的变革。它不仅提高了会计工作的效率和准确性，还使得会计信息更加透明、安全和灵活，为企业的决策提供了有力的支持。在数字化、网络化的今天，外联网已经成为现代企业会计不可或缺的工具和平台。

四、互联网、内联网、外联网的联系与区别

在网络应用的发展史上，互联网、内联网分别被喻为第一、第二次冲击波。互联网是面向非特定用户的开放服务与商业网络。内联网则利用互联网 t

技术实现企业内部各职能机构的功能整合。而外联网的出现，是对前两者功能上的补充。外联网的服务对象既不限于企业内部的机构和工作人员，也不像互联网那样不加区分地对全社会所有成员开放，而是有选择地扩大到与本企业相关联的商家和顾客。所以，它较之互联网安全，也较之内联网灵活。三者的比较如表 2-1 所示。

表 2-1　互联网、内联网、外联网的比较

比较内容	互联网	内联网	外联网
信息获取	完全公开	完全封闭	半公开
用户类型	所有用户	企业内部用户	相关公司和客户
信息状态	分散	集中在企业内部	相互信任的伙伴间

从三者的应用范围看，内联网主要实现企业内部组织间信息流的共享，提高企业内部工作效率，增强竞争优势。外联网则根据企业经营需要将信息网络延伸到特定的厂商与客户之间，改善经营状况和服务质量。互联网则是面向广阔的国内、国际市场，宣传企业形象，争取更多的商机。三者应用范围的比较如图 2-5 所示。

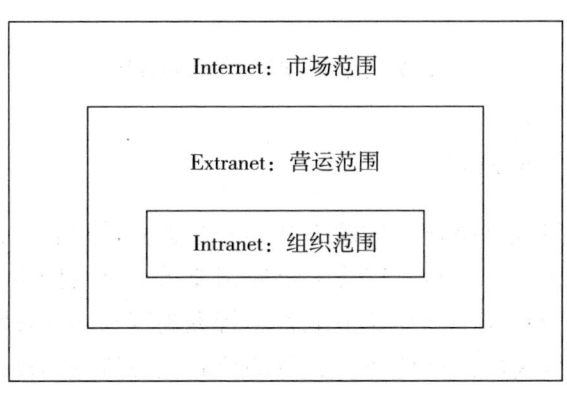

图 2-5　互联网、内联网、外联网应用范围的比较

五、企业会计信息化网络体系建设的原则

一个稳定、高效和安全的网络体系对于支撑会计信息化工作的日常运作

尤为关键。只有当网络体系建设得当，会计信息的传输、存储和处理才能更为流畅，进而确保企业内部的决策基于准确和及时的信息。此外，高质量的网络体系还能助力企业实现远程工作、多方协作和即时报告等功能，满足现代企业的多元需求。因此，为会计信息化打下坚实的网络体系是不可或缺的一步。

企业网络体系的构建工作可以外包给集成商，也可以由企业自身来完成，对于是否外包，企业需要综合考虑以下几点：企业 IT 部门的技术实力；企业网络的复杂程度；企业网络的资金投入；企业网络是否需要很快建成并投入使用。不论是外包还是自行建设，一般都应遵循以下基本原则，如图2-6 所示。

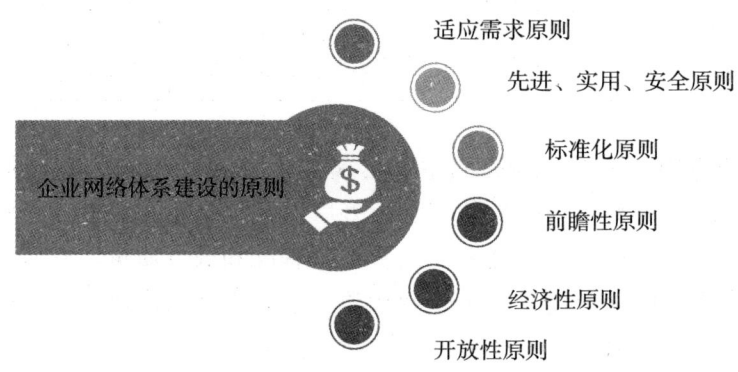

图 2-6　企业网络体系建设的原则

（一）适应需求原则

企业会计信息化网络体系的建设并非一个孤立的过程，而是需要紧密围绕企业的实际业务需求进行。适应需求原则要求在进行网络体系建设时，必须全面了解、分析企业的会计业务流程、管理制度和实际操作需求。只有这样，才能确保新构建的网络体系与企业的核心业务流程高度匹配，进而提高信息处理的效率和准确性。同时，这一原则也要求企业在实施会计信息化时，应持续地收集用户的反馈，根据实际的使用情况对网络体系进行必要的调整和优化，以确保信息系统始终保持与业务需求的同步。此外，适应需求原则也意味着企业在选择技术和解决方案时，不应盲目追求新颖或高端的技术，而应侧重于那些能够真正满足业务需求、提高工作效率的解决方案。

（二）先进、实用、安全原则

在企业会计信息化网络体系建设中，遵循先进、实用、安全的原则至关重要。先进性要求企业在技术选择和方案制定上，应当对接当下科技前沿，确保采纳的技术和工具都具有一定的领先性和竞争优势。这样可以确保企业不会因为使用过时的技术而在市场中落后，同时也为未来的技术迭代和升级打下基础。但是，单纯追求技术的先进性是不足够的，还需要考虑其实用性。实用性意味着所有技术和工具的引入都应以满足实际业务需求为导向，避免为技术而技术的情况发生。一个实用的系统，可以让员工更加顺手地使用，更好地服务于企业的日常运营，进而提高工作效率。安全性是企业会计信息化网络体系中不可或缺的要素。会计信息涉及企业的财务状况、商业机密等敏感信息，如果没有充分的保护措施，很容易被恶意攻击或非法窃取，导致严重的经济损失甚至法律纠纷。因此，企业在建设网络体系时，必须从数据传输、存储、访问等各个环节，设置严格的安全措施。包括但不限于加密技术、防火墙、访问控制等。同时，还需要定期进行安全审计和风险评估，及时发现并解决潜在的安全隐患。

（三）标准化原则

标准化原则在企业会计信息化网络体系建设中占有核心地位。标准化不仅是为了简化操作，统一流程，更是为了保障信息交流的顺畅和系统集成的高效性。通过采纳统一的标准和规范，企业能确保不同部门、不同业务流程中的数据和信息能够互相识别、交流和整合，从而提高整体工作效率。此外，标准化还能降低维护成本和培训成本。一旦系统按照统一的标准和规范建设完成，那么在后续的升级和维护中，企业可以节省大量的时间和成本，因为不需要反复地进行个性化的调整。同时，对于新入职的员工，由于系统操作流程是标准化的，所以培训的难度会大大降低，加快其熟悉和融入的速度。

在建设会计信息化网络体系时，标准化原则主要体现在以下几个方面：数据格式、接口协议、操作流程和报表输出。统一的数据格式保证了不同来源的数据能够在系统中顺利地进行交换和整合；统一的接口协议使得不同的软硬件设备能够无缝集成；标准的操作流程确保了员工在处理会计信息时的操作一致性和准确性；而统一的报表输出格式则使得信息呈现更加清晰，方便决策者进行分析和决策。

（四）前瞻性原则

前瞻性原则强调在企业会计信息化网络体系建设时，必须具有远见和前瞻性，确保系统不仅满足当前的业务需求，还能适应未来的发展和变化。这意味着在规划和设计阶段，企业需要充分考虑行业趋势、技术进步以及自身业务发展的潜在方向。

随着科技的快速进步和商业环境的变革，今天的先进技术可能在几年后就变得过时。因此，选择具有持久性、扩展性和灵活性的解决方案显得尤为重要。企业应当选择那些具有长期支持和升级能力的平台和技术，以避免在短时间内再次进行大规模的系统升级和更换。同时，前瞻性原则也意味着企业需要预见可能出现的业务挑战和机会，并为之做好准备。例如，随着全球化的发展，企业可能需要支持多语言和多币种的会计处理；随着数据量的持续增长，系统可能需要支持更大规模的数据存储和处理能力；再如，随着新兴技术如人工智能、区块链的应用，会计信息化系统可能需要集成这些先进技术，以提供更高效、更智能的服务。此外，前瞻性原则还要求企业在会计信息化建设时，考虑到人才的培养和技能的升级。随着系统和技术的更新，企业需要确保其员工具备相应的技能和知识，能够充分利用和维护这些先进的系统和工具。

（五）经济性原则

经济性原则是指在建设企业会计信息化网络体系时，应充分考虑项目的成本效益，确保所投入的资源与所获得的效益成正比。这不仅涉及初期的投资成本，还包括系统的运维成本、更新升级费用以及潜在的风险损失。

在选择技术解决方案和设备时，企业应对各种选项进行全面的成本效益分析，选择性价比高、适合自己业务需求的方案。而不是盲目追求昂贵的高端技术，这样可能导致资源的浪费和长期的高额维护成本。同时，企业还应该定期对现有的会计信息化网络体系进行评估，检查是否存在资源浪费或过度配置的情况，对于不再使用或效益不高的部分，应及时进行优化或替换，以减少不必要的开支。此外，经济性原则也意味着企业在面对技术选择时，应考虑到技术的持续性和未来的发展趋势，避免因为短视而选择即将过时的技术，从而产生额外的替换和升级费用。

（六）开放性原则

开放性原则在企业会计信息化网络体系建设中，主张构建一个开放、灵活的信息平台，能够适应各种技术和业务发展的变化。这样的平台可以轻松地与其他系统集成，扩展功能和服务，以满足不断变化的业务需求。

开放性不仅仅是技术上的开放，更是一种思维和战略的开放。企业在选择技术和解决方案时，应避免锁定于特定供应商或技术，以免在未来由于技术更迭而导致系统的封闭和难以升级。一个开放的体系可以支持多种标准、协议和接口，使得企业在引入新技术和业务应用时，能够无缝对接，提高整体的业务效率。此外，开放性原则也鼓励企业积极参与开源和行业标准的制定与推广。这不仅可以降低技术依赖风险，还能够与业界同行共同推动技术和行业的进步。

开放性原则体现了企业对未来发展的远见和策略思考，它保障了企业在面对快速变化的技术和市场环境时，始终保持自身的竞争力和领先地位。

第二节　企业会计信息化的新兴技术

企业会计信息化在当代已成为财务管理的核心，其深度和广度受到各种先进技术的推动和扩展。这些技术不仅为会计工作提供了全新的工具和视角，还为会计决策过程注入了更高的精确性和预测能力。从数据的收集、分析到报告的生成，都受到了这些技术的深刻影响。本节将深入探讨企业会计信息化的四大新兴技术：大数据技术、云计算技术、物联网技术和区块链技术，揭示它们在会计领域中的应用和意义。

一、大数据技术

（一）大数据的概念及特点

随着互联网、移动通信和物联网等信息化工具的普及，人们和机器之间、机器和机器之间产生了大量复杂的数据。这些数据因其庞大和复杂的特性，传统的数据处理工具难以在合理的时间内完成其撷取、管理、处理和存储。因此，大数据不仅仅是指数据的规模，更重要的是数据的复杂性。这种复杂性包括了非结构化数据和半结构化数据，如邮件、微博、微信等。

大数据通常需要满足两个条件：首先，数据集必须是大型的，至少达到100TB的规模，并且可以持续增长。许多现代企业都有PB级别的数据，并且这些数据以高速、实时的方式流动。其次，数据必须来源于多种数据源，并且数据类型必须复杂。这不仅仅包括传统的结构化数据，更多的是非结构化和半结构化数据。只有当这两个条件同时满足时，才可以称其为真正的大数据。此外，仅仅是大量的结构化数据或数据量较小的非结构化数据，并不能完全代表大数据的全貌。

大数据的核心特点可以用"4V"来描述，分别是：大量（volume）、多样（variety）、高速（velocity）和价值（value），如图2-7所示。

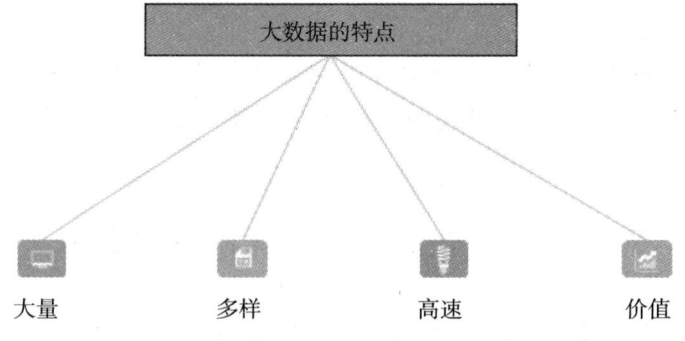

图 2-7　大数据的特点

大量（volume）是指大数据的体量巨大。随着各种设备和应用的普及，如社交媒体、移动应用和物联网设备，数据的生成速度和规模都在爆炸性地增长。每天在社交媒体平台上产生的帖子、照片和视频数量是难以想象的，这使得数据的存储和分析变得更为复杂。有资料显示，到目前为止，人类生产的所有印刷材料的数据量是200PB，而历史上全人类说过的所有的话的数据量大约是5EB。当前，典型的个人计算机硬盘的容量为TB量级，而一些大企业的数据量已经接近EB量级。

多样（variety）描述的是数据类型的多样性。在传统的数据环境中，数据大多是结构化的，如数据库中的表和行。但在大数据环境中，数据类型远不止结构化数据。非结构化数据（如文本、图片、视频等）和半结构化数据（如JSON和XML）都是大数据的重要组成部分。这意味着企业需要处理和分析各种数据格式，提取有意义的信息。

高速（velocity）是指大数据的产生速度非常迅速，处理速度也很快，而且主要通过互联网进行传输。同时，大数据对时效性的要求很高。如果采集到的数据没有得到及时处理，最终会过期作废，而且客户的体验是分秒级别的，数据没有得到快速处理，就会给客户带来较差的使用体验，所带来的商业价值就会大打折扣。这是大数据区别于传统数据挖掘的显著特征。

价值（value）是指从大量、多样和高速的数据中提取出的价值。数据本身并不等同于价值，但当数据被正确地处理和分析时，它可以为企业提供深入的洞察力、帮助优化决策、推动创新和提高效率。通过大数据技术和分析，企业可以更好地了解客户需求、优化供应链、预测市场趋势等，从而为其带来竞争优势。

（二）大数据技术对企业会计信息化发展的意义

大数据技术近年来在企业环境中的应用日趋广泛，尤其在会计信息化领域。其深远的影响不仅为会计工作带来了革命性的变化，也为企业决策提供了更加科学的依据。

在传统会计工作中，数据的记录、整理与分析往往是一个烦琐且容易出错的过程。但随着大数据技术的引入，这些问题得到了有效解决。大数据技术可以处理大规模、复杂的数据，提供准确的、实时的会计信息，从而帮助会计师更有效地完成其职责。例如，自动化的数据分析工具可以迅速检测出潜在的会计错误，或者识别出可能的欺诈行为。

大数据技术还推动了会计信息化的深度发展。传统的会计报告主要依赖纸质输出，而现代的会计信息系统则可以实时生成各种形式的电子报告，满足各种不同的信息需求。更进一步，这些电子报告可以与其他业务系统进行集成，为企业决策提供更为全面的数据支持。

此外，大数据技术还为会计工作提供了新的研究方向和工具。例如，通过对大规模的交易数据进行分析，会计师可以更深入地了解客户的消费习惯和需求，从而为企业提供更有价值的咨询建议。同时，利用大数据技术，企业可以对内部的业务流程和组织结构进行优化，提高工作效率，降低成本。

二、云计算技术

（一）云计算的概念及特点

1.云计算的概念

云计算是一个按使用量付费的模式，为用户提供了可用、便捷且按需的网络访问，从而能够接触到一个可配置的计算资源共享池。这些资源包括但不限于网络、服务器、应用软件和各种服务，这些都可以在需要时快速地提供给用户，并在使用后迅速回收，而这一切只需要很少的管理工作。

从狭义上看，云计算是一种 IT 基础设施的交付和使用方式，使用户可以通过网络以灵活、按需的方式获取所需的计算资源。而从广义上看，它更多的是一种服务的交付和使用方式，意味着不仅仅是计算资源，甚至是计算能力也可以像一种商品那样通过互联网流通。

2.云计算的特点

（1）超大规模。如今的技术巨头如谷歌、亚马逊、IBM、微软和阿里巴巴等都已经构建了拥有上百万台服务器的庞大云计算平台。这使得用户可以获得前所未有的计算能力。

（2）虚拟化。云计算中的虚拟化技术是一种使物理资源摇身一变成为多个虚拟资源的手段，它消除了物理和逻辑之间的界限。此技术确保了云计算的用户能够在任意位置使用各种终端获取应用服务，无论是桌面、笔记本还是移动设备。虚拟化的核心价值在于其能够更好地利用物理资源，提高设备的使用率，并为用户提供更加灵活和高效的服务。它解放了用户从传统的物理设备约束中，使得信息的获取和处理不再依赖于特定的硬件。从企业的角度看，这意味着无论员工在何处，只要有网络连接，他们都可以轻松地访问所需的数据和应用，进一步提高工作效率。

（3）弹性计算。云计算的一个核心优势就是其弹性。弹性计算不仅仅是能够按需提供 IT 资源，更重要的是，它能够根据业务量的变化进行动态调整。例如，一家电商网站在大型促销活动期间可能会面临巨大的流量激增，此时需要更多的计算资源以确保网站的稳定运行。而当促销结束后，流量可能会回归正常，那么之前增加的资源就可以回收，用于其他业务。这种能力确保了企业只为实际使用的资源付费，而不是为可能使用的资源付费，从而实现了资本和运营成本的最优化。

（4）高可扩展性。云计算的可扩展性表现在它能够随时扩充或缩小规模，以满足不同的应用和用户需求。与传统的数据中心不同，企业不需要预先购买大量的硬件和软件来应对未来的增长，因为云计算可以根据实际需求进行动态扩展。无论是存储、计算还是网络，云服务提供商都已经为用户做好了准备，确保在需要时可以快速部署。这种灵活性使得企业能够更快地应对市场变化，快速地推出新的服务或应用，并随着业务的增长而无缝地扩展其 IT 基础设施。

（5）高可靠性。云计算的可靠性体现在其经过精心设计的冗余策略和容错机制。数据多副本容错是云计算中的一个核心机制，意味着用户的数据不仅仅保存在一个物理位置，而是存放在多个独立的服务器或数据中心上，确保当某一节点出现故障时，数据仍然可以从其他节点被安全访问。此外，计算结点同构的设计理念使得每个节点都能够替代其他节点，确保服务持续性和高可用性。这种设计哲学对于确保服务的连续性至关重要，特别是在面对硬件故障、网络问题或其他不可预见的中断时。因此，对于大多数企业和个人用户而言，云计算提供的服务比传统的单一本地计算机系统具有更高的可靠性和稳定性，使用户能够更有信心地将他们的关键数据和应用托管在云环境中。

（二）云计算技术对企业会计信息化发展的意义

云计算技术已经彻底改变了现代企业会计的运作方式。它为企业会计提供了一个全新的、更为高效和经济的方法，对会计信息化发展产生了深远的影响。

1. 优化资源与降低成本

传统的会计软件和硬件需要企业进行巨大的前期投资。而云计算技术则允许会计师利用基于订阅的模式来使用最新的会计软件和工具，避免了昂贵的购买和维护费用。此外，云技术的弹性扩展能力使企业可以根据需要动态调整资源，而不是购买并维护一整套硬件设备，这也大大降低了成本。

2. 实现实时访问与协作

云计算为会计团队提供了任何时间、任何地点的实时数据访问能力。不再受限于办公室的四墙，会计师可以在远程、在家甚至在出差时访问关键的财务数据。这也使得团队之间的协作变得更为流畅，员工可以共同编辑和查看文件，确保数据的准确性和及时性。

3. 实现自动化并提高效率

随着云计算技术的进步，很多会计任务已经实现了自动化。例如，发票扫描、费用报销和银行交易匹配等重复性工作都可以通过软件自动完成。这不仅提高了会计工作的效率，还使得会计师能够将更多的时间和精力投入复杂和高价值的任务中。

4. 迅速应对法规变化

云计算模式下的会计软件能够更为迅速地适应税务和会计法规的变化。软件供应商会定期更新其产品，确保其始终符合最新的法规要求，这样企业就不需要为更新和维护软件而担忧。

三、物联网技术

（一）物联网的概念及特征

物联网即"物物相连的互联网"。它的核心思想源于互联网，但进一步延伸到了物体与物体之间的相互连接和通信。

目前较为公认的物联网的定义是：物联网是通过利用射频识别（RFID）、红外感应器、全球定位系统、激光扫描器等先进的信息传感设备，按照特定的通信协议，将各种物体与网络连接起来，以达到实现智能化识别、定位、跟踪、监控和管理目的的一种信息网络。换句话说，当人们能够为每一个单独的物体分配一个唯一的标识，并利用先进的识别、通信和计算技术将其与互联网连接起来，这种广泛连接的网络就构成了物联网。

与传统的互联网相比，物联网具有以下鲜明的特征，如图2-8所示。

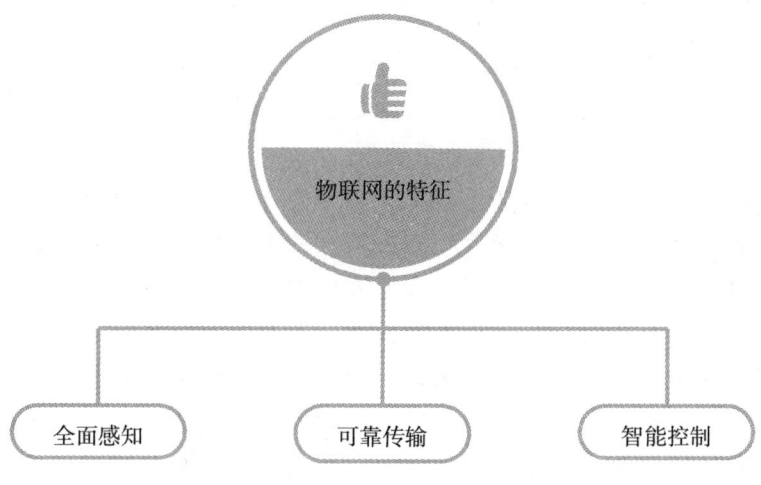

图 2-8　物联网的特征

1. 全面感知

物联网的一个突出特点是其对周围环境的全面感知能力。利用射频识别技术、传感器、二维码及其他感知设备，它可以在任何时间、任何地点采集各种动态对象的信息。这种全面的感知能力确保了物联网可以提供实时、准确的数据，从而使人与人、人与物、物与物之间的通信和互动变得更加顺畅。

2. 可靠传输

物联网不仅仅是关于数据的采集，它还需要确保数据可以被可靠地传输到目的地。为此，物联网利用了各种通信技术，如以太网、无线网和移动网，确保感知到的信息可以实时、无误地传送到预定的接收者。

3. 智能控制

除了数据的采集和传输，物联网还提供了对各种物体的智能控制功能。这意味着，不仅可以远程监控物体的状态，还可以进行远程操作，如调整设备的设置或执行特定的指令。这种智能控制使得人们可以更加便捷、高效地管理和操控各种设备和系统，从而真正实现了人与物的沟通。

（二）物联网技术对企业会计信息化发展的意义

物联网技术为企业会计信息化注入了新的活力和创新。与传统的会计信息处理方式相比，物联网技术使数据采集、传输和分析变得更为直接和实时，进而提升了会计工作的效率和准确性。

例如，在固定资产管理中，物联网设备如 RFID 标签可以实时追踪企业的资产位置和状态，从而确保资产的完整性和准确性。这消除了传统的手工资产盘点过程中可能出现的错误，并大大减少了为确保资产数据准确性所需的劳动力。此外，随着物联网技术的普及，企业能够更加精确地监测资产的使用情况，从而更好地折旧和摊销，进一步提高了财务报告的准确性。库存管理是另一个物联网技术可以大放异彩的领域。实时的库存数据可以帮助企业更加准确地评估存货成本，避免过度订购或存货短缺的情况，从而优化现金流。通过物联网技术，企业还可以实时追踪供应链中的物品，从生产线到分销中心，直至终端客户，确保供应链的透明性和高效运作。在成本控制方面，物联网技术可以为企业提供详细的消耗数据，帮助企业更加精确地分析和预测成本。通过监测设备、原料和能源的实时消耗，企业可以及时发现和解决潜在的成本问题，从而实现更有效的成本控制。

除了上述应用，物联网技术还为企业提供了更高级的数据分析能力。由于物联网设备可以产生大量的实时数据，企业可以利用这些数据进行深入的趋势分析，预测市场需求和优化运营策略。

四、区块链技术

（一）区块链的概念及特点

1.区块链的概念

区块链是一种分布式数据库技术，以链式结构串联的数据块形成，每个数据块都包含一系列交易记录。这些数据块按照时间顺序相继生成，每个新块都会包含前一个块的哈希值，确保数据的完整性和不可篡改性。与传统数据库不同，区块链数据存储在数千上万的计算机上，称为节点，每个节点都有完整的数据副本。这种分布式特性使区块链具有去中心化、透明性和高度安全性。当交易请求发生时，网络中的节点验证交易的合法性，一旦通过，交易就会被记录到新的数据块中。通过复杂的加密算法和共识机制，如工作证明（PoW）或权益证明（PoS），确保所有节点对数据块内容达成一致。因此，一旦交易被记录，几乎不可能进行修改或删除。区块链技术已超越其最初的应用比特币，现在被广泛应用于供应链、金融、医疗、版权和其他众多领域，因其提供了一个可信、安全和透明的数据存储和传输方式。

2. 区块链的特点

区块链的特点如图 2-9 所示。

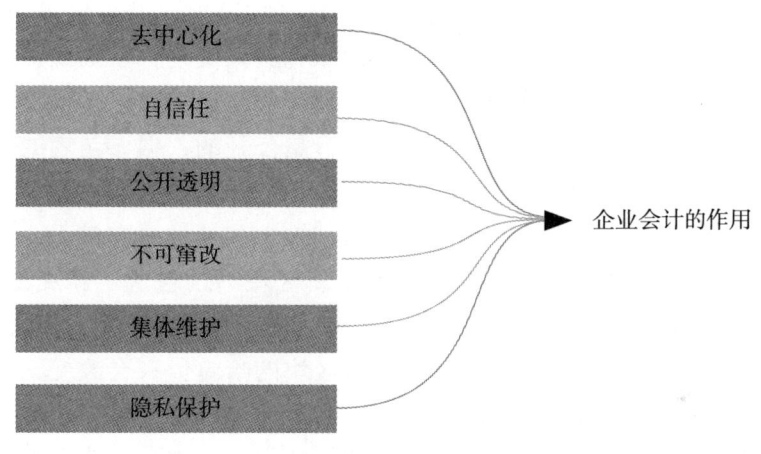

图 2-9　区块链的特点

（1）去中心化。去中心化是区块链技术的核心特性之一，它意味着在整个网络中没有单一的中心节点或权威实体进行控制或管理。在传统的中心化系统中，如银行、支付网关或其他金融机构，它们通常扮演着权威和信任的角色，验证和记录交易。然而，这种中心化模式存在单点故障的风险，如果中心节点受到攻击或失效，整个系统可能会受到影响。而区块链的去中心化特性有效消除了这种风险。每个参与节点都维护了一个完整的交易历史副本，确保系统的持续运行和数据的完整性。此外，去中心化还增加了系统的透明度和安全性。在开放的公共区块链中，所有交易都是公开的，每个人都可以验证和审计，这大大减少了欺诈和恶意行为的可能性。

（2）自信任。自信任是指在区块链网络中，各参与者无需依赖第三方中介机构来建立信任。这是因为区块链的运作机制自身就确保了数据的真实性和完整性。当新的交易发生时，网络中的多数节点将参与验证这笔交易的合法性，只有当大部分节点达成共识时，该交易才会被记录到区块中。这种基于共识机制的验证方法为整个网络提供了一个高度的信任级别。与此同时，区块链使用的加密技术确保了数据的安全性。每个交易都通过加密算法进行签名，确保了交易的真实性和不可篡改性。此外，每个新生成的区块都包含前一个区块的哈希值，形成了一个互相链接的链条，这进一步加强了数据的不可篡改性。因此，区块链提供了一个自动、透明和安全的环境，使所有参与者都可以在没有中间人的情况下进行信任的交易。

（3）公开透明。公开透明性是区块链的一个独特和显著特点，尤其是在公共区块链中。每笔交易的细节都被记录在区块链上，并可以被公众查看。这种透明度意味着所有参与者可以轻松跟踪和验证交易，从而确保其合法性和准确性。这不仅增加了整个系统的信任度，而且大大降低了欺诈、贪污和非法行为的风险。与此同时，尽管交易细节是公开的，但参与者的身份仍可以通过伪名和加密技术保持匿名或伪匿名，从而平衡透明度和隐私。

（4）不可篡改。区块链上的每笔交易都被永久地记录在链上，而且一旦被加入，就几乎无法修改。这是因为每个新区块不仅包含了新交易的记录，还包含了前一个区块的哈希值，形成了一个互联的数据结构。如果试图修改旧的交易或区块，那么该区块及其后所有区块的哈希值都会改变，这在实践中是不可能的，因为这将需要重新计算并获得整个网络的共识。此外，因为区块链是分布式的，每个节点都保存有数据的完整副本，篡改数据需要在多数节点上同时进行，通常需要控制超过51%的计算能力，这在大多数系统中都是不现实的。因此，区块链的不可篡改性为其提供了较高的数据完整性和安全性，确保了交易记录的真实性和持久性。

（5）集体维护。与传统的中心化系统相比，区块链不依赖单一的实体或中心服务器进行数据管理和维护。而是通过网络中的多个节点共同完成。这些具有维护功能的节点争相对新的交易进行验证，并将验证后的交易打包成新的区块添加到区块链上。因为大部分区块链项目是开源的，任何人都可以查看其源代码，甚至可以参与成为网络中的一个维护节点，增强网络的分布度和健壮性。集体维护不仅提高了系统的稳定性和抗干扰能力，还确保了网络的开放性和民主性。

（6）隐私保护。虽然区块链的数据结构是公开透明的，但它仍然能够保护用户隐私。这主要是通过伪匿名的方式实现的。当用户在区块链上进行交易时，他们并不使用真实姓名，而是使用一个加密的地址或公钥作为身份标识。这确保了用户的真实身份不被公开，同时允许他们在区块链上自由交易。尽管交易细节是公开的，但除非有足够的信息与真实世界的身份关联，否则这些地址是难以追溯的。另外，随着技术的发展，如零知识证明等先进的加密技术，区块链的隐私保护功能在未来可能会进一步加强，为用户提供更高级别的隐私安全。

（二）区块链技术对企业会计信息化发展的意义

区块链技术对企业会计信息化发展的意义具有深远影响。传统会计信息化依赖于集中式数据库和中心化的验证机制，而区块链技术引入了分布式的数据存储和去中心化的验证方式，从根本上改变了信息的处理和验证方式。

区块链提供了一个不可篡改、时间戳记和顺序固定的数据记录系统。这为会计信息提供了更高的准确性和真实性，大大降低了数据篡改或欺诈的风险。当交易在区块链上被记录时，它将得到网络中多数节点的验证，这种多方验证的机制使得会计记录更为可靠。此技术同样提高了会计数据的透明度。所有交易都被记录在一个公共的、可以查看的链上，允许利益相关者轻松地审计和验证交易，从而提高了投资者和其他利益相关者对企业的信任度。这种透明度也为内部管理和决策提供了有力的工具，帮助企业更好地理解自己的财务状况。

在国际贸易和多国业务中，区块链技术还可以简化跨境交易的会计处理。传统的跨境交易涉及多个中介机构和复杂的验证过程，但区块链技术可以实现更快、更简单、更安全的跨境交易记录和验证。

区块链技术的自动化和智能合约功能也为会计带来了革命性的变化。智能合约允许企业自动执行合约中的特定条件，从而简化了许多会计流程，如应收账款和应付账款的自动结算。这不仅减少了人工干预和错误的风险，还提高了业务流程的效率。

最后，区块链技术可能会导致会计行业的整体变革。随着技术的普及，会计师的角色可能会从传统的记录和验证工作转向更高层次的咨询和策略分析。这种转变将提高会计行业的价值和重要性，为企业提供更深入、更有见地的财务和战略建议。

五、新兴技术驱动下企业会计信息化发展的策略

在大数据、云计算、物联网、区块链等新兴技术的影响下，推动会计信息化建设对企业财务系统提出更高要求。针对目前企业会计信息化建设过程中存在的问题，笔者提出的策略具体如图 2-10 所示。

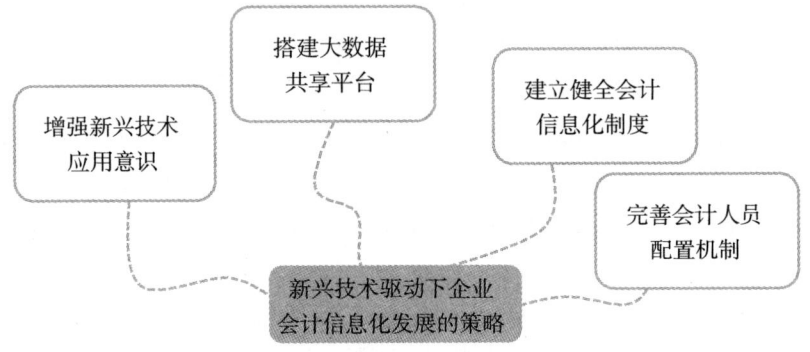

图 2-10 新兴技术驱动下企业会计信息化发展的策略

（一）增强新兴技术应用意识

随着大数据、云计算、物联网、区块链等新兴技术的快速发展，企业会计信息化也面临着前所未有的机遇和挑战。这些技术为会计信息化提供了先进的工具和平台，能够更好地捕捉、分析、存储和共享会计信息。因此，对于企业而言，增强新兴技术的应用意识不仅是顺应技术发展趋势的必然选择，也是提高会计工作效率和质量的关键。

在此背景下，企业应高度重视新兴技术在会计信息化中的作用，持续跟踪技术发展趋势，确保自己不会被时代所落下。为此，企业需要定期培训和教育员工，使他们对新兴技术有深入的了解和掌握，从而能够更好地利用这些技术提高会计工作的效果。此外，为了确保新兴技术在会计信息化中得到充分应用，企业还应加强与外部技术供应商和专家的合作，引入先进的技术解决方案，提高会计信息化建设的技术水平。

（二）搭建大数据共享平台

大数据共享平台的建设，在当前的技术和经济环境下，已经成为推动企业会计信息化进程的核心环节。为了实现这一目标，金融机构、开发机构和政府三方必须联手合作，确保资源得到最大化利用，为平台的研发和设计提供强大支持。

金融机构在这个合作模式中主要起到资金支持的作用。由于建设大数据共享平台需要巨额的投资，金融机构通过提供贷款、投资或其他融资方式，成为企业获取必要资金的关键渠道。除了直接的资金支持，金融机构还可以利用其丰富的客户资源和行业经验，为平台提供市场洞察、风险评估等专业服务，帮助企业优化平台设计，提高商业可行性。

开发机构主要是技术驱动者和实施者。它们负责将最新的技术研究成果转化为实际的开发项目，构建并维护大数据共享平台。开发机构还需要密切关注技术发展的最新趋势，确保平台能够随时适应市场和技术的变化，满足用户的持续需求。

政府则起到了一个双重的作用。首先，政府需要制定明确、合理的政策和规定，为大数据共享平台的建设提供法律和制度上的保障。这包括数据的安全、隐私保护、知识产权以及与国际的合作与交流等方面。其次，政府还可以通过税收优惠、补贴、扶持计划等方式，为企业提供直接或间接的经济支持。更重要的是，政府作为一个公共部门的代表，可以推动各方之间的合作，协调不同的利益关系，确保大数据共享平台的建设能够真正服务于公众的利益。

（三）建立健全会计信息化制度

新兴技术对会计行业带来的变革是深远的。为确保这些技术能被有效地引入和应用于会计实践中，制度建设显得尤为关键。制度不仅为新技术的应用提供了明确的指导和规范，更是一个激励机制，可以增强会计人员对新技术应用的使命感、紧迫感和责任感，从而更好地服务于企业的生产和经营决策。这意味着，制度的建设和完善不仅需要应对技术的挑战，还需对会计人员提出更高的职业素质要求，以制度的力量来规范相关人员的行为和实践，确保新技术得到真正的应用。

为实现这一目标，会计信息化制度的建立和完善应当围绕三个核心内容展开。第一个是确立新兴技术在会计中的重要地位。这意味着需要制定相关政策和规定，明确大数据等新兴技术在会计工作中的地位和作用，将其上升为一项原则性的要求。这不仅为技术的引入提供了方向，还为其在实际工作中的应用提供了明确的指引。第二个核心内容是将新兴技术作为会计工作的一种方法论，将其贯穿于会计工作的全过程。这需要对现有的会计流程、工作方式进行调整和优化，确保新技术能够被完整、有效地引入到每一个环节中，从而提高会计工作的效率和准确性。最后，对具体的财务制度进行细化和完善也是关键，如数据的收集、存储、使用等多个环节。如何对数据进行分层授权使用，如何保证数据的安全性，如何规范数据的收集和存储等，都需要通过制度来进行明确规定。这样不仅能够确保数据的完整性和安全性，还能够为数据的合理、高效利用提供保障。

（四）完善会计人员配置机制

在大数据、云计算等新技术的迅速发展之下，会计行业面临前所未有的转型机遇。为了适应这些技术给会计领域带来的变革，完善会计人员配置机制显得尤为关键，这关乎企业会计信息化建设的效率和质量。

第一，合理规划员工职责。大数据等技术使得会计从单一的核算功能转变为更为复杂的管理功能，能够为企业决策提供深入的数据分析。因此，企业需要依托云会计等技术，将会计人员工作职能转变为管理与分析。具体而言，重新分配会计人员，将具备专业技能的人才分配至财务分析与财务管理岗位，提升企业会计业务专业度；定期对财务人员开展云会计培训与考核，增强企业内部管控，有效规避员工操作困难，驱动会计信息化发展；组建云会计人才队伍，分批次进入不同部门进行工作交流，提升会计人才专业水平。第二，构建有效的激励机制。为了确保会计专业人才得到充分的培养和成长，企业需要结合其培养计划，将激励手段整合到人才队伍的建设中。根据组织的管理需求和业务变化，不断地调整其管理模式，确保能够满足业务和信息系统的更新需求。此外，实施绩效考核制度，加大对长期激励的投入，不仅能够避免人才流失，还能为会计人才提供更为广阔的晋升空间。这样，企业就能够确保在会计信息化的发展过程中，拥有一支强大、专业且高效的人才队伍，为其提供持续的人力支持。

第三节　数据管理和信息安全技术

一、数据管理技术

（一）数据采集技术

数据采集技术是一系列方法和工具的总称，目的是从各种来源高效、准确地收集数据。这些技术通常可以自动或半自动地捕获、存储、分析和呈现数据，从而满足不同领域和行业的特定需求。在会计领域，数据采集技术已日益成为核心的创新驱动力。下面介绍几种常见的数据采集技术。

1.Web 爬虫

Web 爬虫是网络数据采集的重要工具，它们是一系列自动化脚本，专门用于从网站上抓取和整理信息。这使得数据分析师、市场研究者和其他专业人员能够轻松获得大量的在线数据，从而进行更深入的分析和研究。例如，通过定期抓取与供应链相关的数据，企业会计人员可以更好地理解成本波动，进而为管理层提供有关如何优化成本结构的建议。此外，爬虫还可以用于税务审计或合规性检查，通过网络搜索确保公开的财务数据与公司内部的记录相符。

2.RFID 技术

射频识别（RFID）技术已被广泛应用于供应链管理、零售业、医疗等多个领域。RFID 标签可以存储更多的信息，且与传统的条码相比，它无需直线视野即可被读取。在会计工作中，这项技术的应用主要集中在库存管理上。准确的库存数据对于确保财务报表的准确性至关重要。通过自动跟踪库存流动，RFID 技术不仅减少了库存的误差，还支持了即时的成本核算，为企业提供了更高的运营透明度。

3.手持设备和移动扫描仪

手持设备如智能手机或平板电脑以及移动扫描仪在数据采集中扮演着关

键角色。无论是在仓库中扫描条码，还是在外地进行现场调查，这些设备都提供了一个便携且高效的方式来捕获数据。通过即时上传数据，企业能够快速做出决策，优化工作流程，从而提高整体效率。手持设备和移动扫描仪的使用也正在改变会计的日常实践。现场审计或库存检查时，会计师可以直接在设备上录入或验证数据，无需返回办公室进行手动数据录入。这样不仅提高了工作效率，也降低了数据转录错误的风险。

4. API 集成

API，即应用程序接口，是一个允许两个不同的系统或应用程序之间共享数据的桥梁。通过 API 集成，企业可以无缝地将内部系统与外部服务或数据提供商连接起来，实现数据的实时同步。这不仅提高了工作效率，还确保数据的一致性和准确性。在会计软件中，PI 集成允许银行、税务机关或其他第三方服务提供者进行直接的数据交换。这种集成确保了数据流的连续性和准确性，从而简化了会计流程，如对账、发票处理或税务申报。

5. 物联网（IoT）传感器

物联网传感器代表了现代技术中最令人激动的进步之一，它使得物体与其他设备或系统之间的通信成为可能。这些传感器可以部署在多个场所，用于实时监测和传输数据。尤其在制造和零售行业中，物联网传感器为会计师提供了实时的资产跟踪手段。通过监控固定资产如设备、机械或存货，物联网传感器不仅确保了资产的安全和完整性，还为准确的资产贬值和折旧提供了支持。实时的数据捕获还减少了人为错误，从而提高了财务报告的准确性。

（二）数据整理技术

数据整理技术主要包括数据的表示、元数据的注册以及本体元建模三个方面。

数据表示关注于如何使信息数据能够被计算机快速、高效、准确地识别。描述实际世界的数据，如物体、人员、产品和记录等，需要通过彻底的分类、编码和格式化进行规范化。一个典型的数据表示过程包括采访、数据结构分析、文档的准备以及对等检查。这一过程的核心是构建一个应用程序关于信息记录的概念视图，解答关于数据的基本问题，如数据是什么、位于何处、何时产生和为何存在等。数据表示旨在将这些信息转化为计算机可识别的语言并进行存储。

元数据注册关心如何描述和统一表示对象的数据。元数据描述了对象的特征，能够消除由于不同的环境、语境和视角所产生的描述差异，确保对象描述的一致性。在大数据环境下，由于数据获取与展现方式的多样性，数据类型也随之多样，如声音、图像、视频和文本等。不同的数据类型，因为不同的记录信息角度和信息获取方式，都有各自的处理和展现方式。提前注册元数据，并依据这些元数据的规范进行描述，能有效揭示对象内容的独特性，为后续的应用提供稳固的基础。

本体元建模则源自哲学的本体论，并在计算机科学中，特别是知识工程领域得到应用。本体被用于信息和知识的分类和表达，支持信息的语义共享。本体及其形式化规范也用于人与机器、机器与机器之间的通信和信息交换，为系统的语义集成与互操作提供了支持。本体描述语言如 OWL 和 OWLS 增强了本体的建模和表达能力，促进了语义服务计算的工程化。本体建模，具有开放性、伸缩性，并可以根据实际问题的需要灵活定义和描述语义关联，为大数据环境下的知识挖掘和信息价值发现提供了关键的技术支撑。

（三）数据存储技术

数据存储技术涉及多种技术，以满足大数据时代的需求，下面主要介绍分布式文件系统、数据仓库以及非关系型数据库技术。

分布式文件系统以文件形式保存大规模数据，将其分散在多个存储节点中，并由分布式系统进行管理。这种技术主要的特点是分解大任务为多个小任务，允许多个处理器或计算机节点进行并行计算。这样的系统允许多台主机通过网络同时访问共享文件和存储目录，实现文件和存储资源的共享。例如，GFS 和 HDFS 是当前典型的分布式文件系统产品，支持海量数据的存储和处理，特别适应互联网应用的需求。

数据仓库与传统数据库不同，它是专门为数据分析而设计的。与事务性处理的传统数据库相反，数据仓库更适合分析性处理。数据仓库通常结合软件和硬件，采用技术如列式存储或 MPP 以优化数据查询。考虑会计的应用，数据仓库特别适合存储关于企业的核心业务数据，进行高度一致性和事务性计算，以及复杂的 BI 计算。此外，数据仓库中的数据温度技术和存储访问技术都是为了提高数据访问的性能。数据温度技术将经常访问的数据定义为高温数据，存储在高速区域。而近年来的存储访问技术进展，如固态硬盘数据仓库和内存数据库产品，都显著提高了数据访问速度。

非关系型数据库技术，即 NoSQL，是由于传统的关系型数据库在处理新的数据类型，如文件时，显得力不从心。NoSQL 数据库因此应运而生，特点是高并发读写、高效率存储和访问、高可扩展性和高可用性，同时保持较低的成本。例如，对于会计行业，当处理大量的非结构化数据，如文本、图像或日志时，NoSQL 可以提供更灵活、更快速的解决方案。NoSQL 特别适用于互联网行业，支持非关系、可水平扩展、分布式和开源等特性。

随着数据量和多样性的增加，现代的数据存储技术已经发展出多种解决方案，以满足不同的应用和业务需求。会计作为一个涉及大量数据处理和分析的领域，可以从这些技术中受益，实现更高效、准确的数据管理和分析。

（四）数据处理技术

数据处理技术为现代商业环境提供了强大的工具，特别是在对大量数据进行分析、提取信息和做决策时。在会计领域，这种技术同样非常关键，因为会计不仅涉及数据的记录，还涉及数据的分析和预测。

数据分析、挖掘和分析是大数据处理的核心。大数据本身的价值并不显著，只有经过深入的分析和挖掘，才能从中提取有用的、有价值的信息。随着大数据的不断增长，涉及其数量、速度和多样性等属性，选择合适的分析方法显得尤为重要。无论是大数据分析专家还是普通用户，都追求数据分析的可视化，因为它能直观地展现数据的特性，易于理解和接受。使用各种数据分析和挖掘算法，可以更科学地展现数据的特性，并更快速地处理大数据。不过，为了确保分析的准确性，数据质量和管理是不可或缺的。在会计领域，高质量的数据确保了分析结果的真实性，从而为企业决策提供了坚实的基础。

内存计算是一种加速传统数据处理方法的技术，它允许 CPU 直接从内存中读取数据进行计算和分析，而不是从硬盘上。这种技术特别适合处理大量数据，尤其是那些需要实时获取结果的数据。对于会计工作，内存计算可以快速地对一个企业的长期财务、营销和市场数据进行分析。例如，当会计师需要进行快速的账务分析或市场分析时，内存计算可以迅速地提供所需数据。由于内存的读写速度远快于磁盘，这种计算方式大大提高了数据处理的效率。此外，内存计算还可以模拟数据分析的结果，对市场未来发展进行预测。在会计领域，这意味着可以预测财务状况、销售趋势和其他关键指标，帮助企业更好地制定策略和做决策。

二、信息安全技术

在当今数字化的商业环境中，企业会计信息的安全和完整性成为各大企业和机构的首要关注点。随着会计信息系统的日益复杂和普及，众多潜在威胁正试图突破这些系统的防护，获取或破坏宝贵的财务数据。为了抵御这些威胁，并确保会计信息不被篡改、泄露或无授权访问，采纳合适的信息安全技术成为了一个不可或缺的选择。这些技术工具的核心目的是为企业构建一个稳固的数字防线，确保资料的安全传输、存储和处理。下面介绍几种常用的信息安全技术。

（一）防火墙技术

防火墙技术作为信息安全的基石，是保护企业会计信息系统免受外部和潜在威胁的首要手段。防火墙是一个系统或一组系统，它决定哪些网络服务可以从公司的内部网络通向互联网。通过监控和控制进出网络的数据传输，防火墙可以有效地屏蔽恶意软件、黑客攻击和其他网络威胁。此外，防火墙还可以配置特定的规则，以允许或阻止特定的数据包，从而为企业提供了高度的灵活性和控制能力。这种技术能够识别和拦截来自不信任来源的连接请求，从而确保敏感的会计数据不被未经授权的用户访问。为了更有效地保护会计信息，很多企业还采用深度数据包检测技术，该技术可以对流经防火墙的数据进行详细的检查，以识别并阻止潜在的恶意活动。

（二）信息加密技术

在会计信息管理中，确保数据的机密性和完整性是至关重要的。信息加密技术正是实现这一目标的关键手段。信息加密，简而言之，是一种将数据转化为不可读格式的过程，只有具备特定密钥的用户才能解密并访问原始数据。这种技术采用复杂的数学算法，对敏感信息进行编码，以防止数据在传输、存储或处理过程中被窃取或篡改。

现代企业会计系统中，涉及的财务数据、交易记录和其他敏感信息经常需要在网络环境中传输，这使得数据更容易受到潜在的攻击。信息加密技提供了一道额外的保护层，确保数据在从源点传输到目标点的整个过程中都保持安全。采用强大的加密算法，如高级加密标准（AES）或公钥基础设施（PKI），可以使数据即使被拦截，也难以被解密。

对于会计信息的存储，尤其是云存储环境，加密技术同样至关重要。当企业的财务数据存储在外部的数据中心时，加密技术确保这些数据在被外部实体访问时仍然保持不可读状态，从而避免数据泄露的风险。此外，信息加密还能增强数据的完整性。通过为数据添加加密签名或散列值，企业可以验证数据在传输或存储过程中是否被篡改。

然而，信息加密技术也带来了一定的挑战。有效的密钥管理和更新机制是成功实施加密策略的关键。丢失或泄露密钥可能导致数据丢失或被未经授权的实体访问。因此，密钥管理策略、备份和恢复计划都应纳入整体的信息安全策略中，以确保会计数据的持续安全。

（三）认证技术

在会计信息化时代，确保只有合格和授权的用户可以访问关键财务数据和系统是至关重要的，而认证技术正是实现这一目标的基石。认证可以定义为确定某个实体的身份的过程，确保其是声称的那个实体，而不是冒充的。通过认证，系统可以确认用户、设备或应用的身份，并确定它们是否有权执行请求的操作或访问特定资源。

传统的用户名和密码认证方式由于简单易用而被广泛采用。但随着安全威胁的增加，单一的密码验证已经不能满足现代会计系统的安全需求。多因素认证（MFA）技术应运而生，要求用户提供两个或更多类型的证据来验证其身份。这些证据可能包括用户知道的东西（如密码）、用户拥有的东西（如智能卡或手机）以及用户的生物特征（如指纹或面部识别）。另外，随着企业会计信息迁移到云环境，远程用户和设备的验证变得尤为重要。单点登录（SSO）技术可以使用户使用单一的身份凭据来访问多个应用程序和服务，从而提高用户体验，同时保持安全性。与此同时，角色基础的访问控制（RBAC）允许企业为每个用户分配特定的权限和职责，确保员工只能访问其职务相关的会计信息。

认证技术在保护会计信息的完整性和机密性中起到了核心作用。通过实施强大且灵活的认证策略，企业不仅可以抵御外部攻击，还可以预防内部威胁，确保其财务数据和系统在任何情况下都得到充分的保护。

（四）安全漏洞扫描技术

在会计领域，考虑到财务数据的敏感性和重要性，任何安全漏洞都可能导致重大的经济损失和声誉损害。例如，如果会计信息系统中存在一个未经修复的漏洞，它可能被利用来篡改交易记录，导致财务报告的不准确，或允许未经授权的第三方访问敏感数据。为了确保这些系统不受到潜在攻击，安全漏洞扫描技术被引入为一个重要工具，旨在主动发现和纠正可能被恶意行为利用的弱点。安全漏洞扫描技术通过自动化地检查、识别和分类系统中存在的脆弱性，帮助组织了解其暴露在何处的风险，并为修复或缓解这些脆弱性提供指导。

该技术包括两种主要的扫描方式：静态应用程序安全测试（SAST）和动态应用程序安全测试（DAST）。SAST 是在代码、字节码或应用程序二进制形式的应用程序上执行的，无需执行或运行应用程序。而 DAST 则在运行时对应用程序进行测试，以发现运行时脆弱性。这两种方法都为识别和定位可能的安全问题提供了有价值的视角。

为了最大限度地减少会计信息系统中的脆弱性，漏洞扫描应定期进行，尤其是在系统更新或配置更改后。而随着新的安全漏洞不断被发现，数据库也需要定期更新，以确保其可以检测到最新的已知脆弱性。此外，合规性也是安全漏洞扫描在会计领域的一个关键驱动因素。许多国家和地区都有规定，要求公司定期对其信息系统进行安全评估，确保没有明显的安全风险。这种评估通常包括安全漏洞扫描，其结果可以为审计师和合规人员提供有关系统安全状况的关键证据。

（五）入侵检测技术

在保障会计信息系统的安全性方面，入侵检测技术起到了至关重要的作用。这项技术专门用于监测、检测并警告任何企图或实际非法访问、滥用、窜改或破坏会计系统的行为。简言之，入侵检测技术就是一个虚拟的哨兵，它 24/7 不间断地监视网络流量，确保只有授权的用户可以访问会计数据。

入侵检测系统（IDS）可以分为两大类：基于网络的入侵检测（NIDS）和基于主机的入侵检测（HIDS）。NIDS 分析整个网络的流量，寻找任何异常或可疑活动，而 HIDS 则专注于单一设备或系统，检测任何可能的恶意活动或系统更改。为了实现高效的检测，这些系统通常利用已知的攻击模式或特

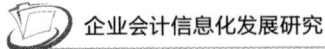

征（称为"签名"）进行匹配。但现代 IDS 也越来越多地采用机器学习和人工智能技术，以识别先前未知的攻击模式，从而提高其检测能力。

同时，与安全策略和其他安全措施相结合，入侵检测技术也能助力公司满足多种合规要求。许多法规和行业标准都要求实施一定级别的网络和数据安全措施。有了入侵检测技术，企业可以更加自信地面对外部审计，展示其对保障数据安全性的承诺。

第三章 企业会计信息系统建设与应用

在信息时代，企业会计信息系统（AIS）不仅是核算与记录的工具，更是管理决策的核心支持。本章旨在深入探讨企业会计信息系统的建设，首先介绍了会计信息系统的基本知识，然后对会计信息系统建设的需求进行了分析，接着探讨了企业会计信息系统运行环境的构建，最后介绍了企业会计信息系统的应用。

第一节　会计信息系统概述

会计信息系统是一个将会计数据转换为信息的信息系统，由于会计在经济管理中的重要地位，无论它是一个独立的系统还是 ERP 的一个子系统，会计信息系统都是企业信息化的一个重要系统。

一、会计信息系统的概念与功能

（一）会计信息系统的概念

1. 系统

系统是具有共同目标的要素组成的集合，这些要素之间相互联系并发挥作用。观察周围，几乎一切都可以视为系统，如会计，它是一个由总账、应收款、应付款等多个要素组成的集合。系统可从不同角度进行分类，如可以将系统分为自然系统与人造系统、实体系统与概念系统、封闭系统与开放系统、静态系统与动态系统等。尽管系统种类繁多，但无论哪种系统，它们在某种程度上都依赖于信息系统，显示信息在系统中的核心作用。

2. 信息系统

信息系统是由一组相互关联的元素构成的，旨在对数据进行采集、处理、存储、传输，并向人们提供有用信息的系统。信息系统输入的是原始数据，通过特定的加工处理，可以将这些数据转化为有意义和实用的信息输出，信息系统的基本模型如图 3-1 所示。

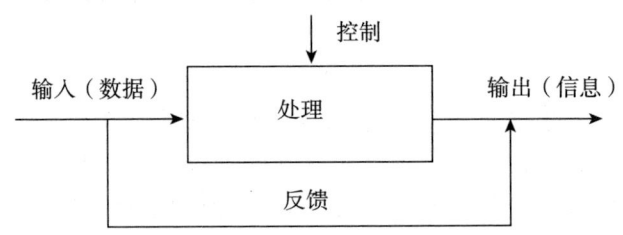

图 3-1　信息系统的基本模型

从某种意义上看，信息系统就是一个专门进行信息处理的系统。随着时间和技术的进步，信息处理经历了不同的阶段和形式。在早期，人们主要依赖手工信息处理，后来随着机械的发展，出现了机械信息处理。而在现代，随着电子技术的高速发展，电子信息处理成为主流，因此信息系统可以被经历了手工信息系统、机械信息系统和电子信息系统的演变。每种信息系统都有其特点和应用范围，但都是为了满足人们对信息的需求和处理。

3. 会计信息系统

会计信息系统是专门用于收集、处理、存储、传输并输出与会计相关的信息的系统。它是企业信息管理的核心部分，关乎组织的财务健康和业务运营。通过对原始财务数据的有效处理，会计信息系统将其转化为有价值的财务报告和其他相关信息，为管理层、投资者、税务机关和其他利益相关者提供决策所需的准确信息。此系统不仅仅是单纯的数字和数据的管理，它涉及多个要素，如总账、应收款、应付款等，确保这些要素之间的信息流程得以顺畅运行。随着技术的发展，现代的会计信息系统往往依赖于高级软件和电子设备来自动化和优化流程，提高信息处理的效率和准确性。无论是传统的手工方式，还是现代的电子方式，会计信息系统的主要目标都是确保财务数据的完整性、准确性和时效性，从而帮助企业实现高效、透明和合规的运营。

（二）会计信息系统的功能

会计信息系统既然属于信息系统，就必然具有信息系统的共性，即必须具有会计信息处理、会计业务处理、会计组织管理以及辅助决策等功能，如图 3-2 所示。

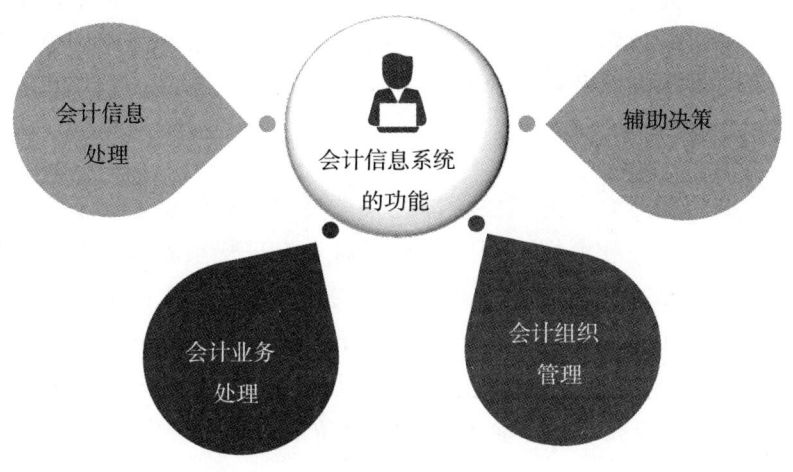

图 3-2 会计信息系统的功能

1. 会计信息处理

会计信息处理功能是会计信息系统的基础。它涉及对财务数据的收集、录入、整理和处理，确保数据的准确性和完整性。在日常运营中，企业会产生大量的财务交易和活动，这些信息需要被准确、及时地录入系统，然后进行分类、汇总和分析。经过处理的数据被转化为有意义的会计信息，如财务报表、税务申报表和其他相关文档。这一功能确保信息系统提供了真实、公正的会计信息，为后续的会计分析和决策提供基础。

2. 会计业务处理

会计业务处理功能关注的是企业的各项会计业务活动，如应收款、应付款、库存管理、固定资产管理等。通过会计信息系统，企业可以自动化这些业务流程，从而提高效率、减少错误并确保合规性。例如，当一个销售订单被确认时，系统可以自动计算应收款，更新库存记录，并为未来的收款提醒生成提醒。通过这一功能，企业能够确保其会计业务运作流畅，实现财务数据的实时更新。

3. 会计组织管理

会计组织管理功能涉及对会计部门和人员的管理和监督。会计信息系统为组织提供了一套工具和方法，用于设定权限、定义工作职责、跟踪员工绩效和提供培训。此功能有助于确保会计团队的高效运作，实现角色明确、权责分明。例如，审计跟踪功能可以记录每一个会计条目的修改历史，这为内部控制和外部审计提供了有力的支持。

4. 辅助决策

辅助决策功能对企业的高层管理至关重要。会计信息系统不仅提供历史数据，还能进行预测和模拟，帮助管理层对未来进行预测和计划。通过数据分析、财务建模和其他高级功能，系统为决策者提供深入的洞察，从而帮助他们做出明智的业务决策。例如，通过对历史销售数据的分析，系统可能预测未来的销售趋势，或者通过现金流预测功能，帮助企业管理其资金流。这种数据驱动的决策支持确保了企业能够在竞争激烈的市场中立于不败之地。

二、会计信息系统的特点

会计信息系统是建立在会计循环和会计恒等式基础上的一个通用系统，其数据源仍然是历史的、能以货币计量的数据，具体有以下特点，如图3-3所示。

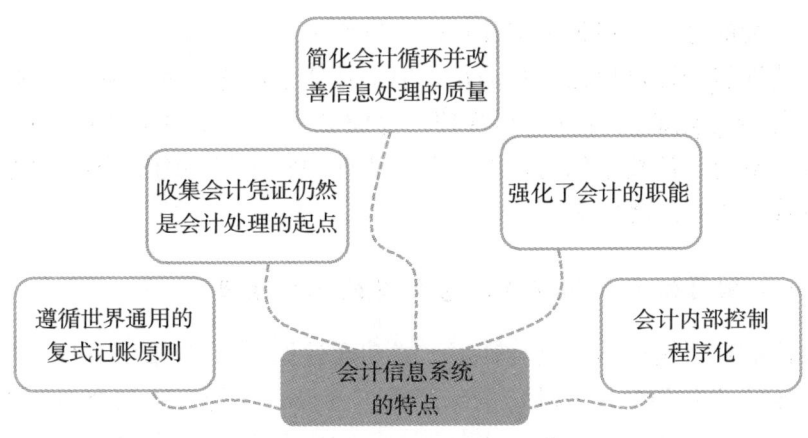

图 3-3 会计信息系统的特点

（一）遵循世界通用的复式记账原则

会计信息系统在其设计和运作中坚定地遵循世界通用的复式记账原则。复式记账原则是现代会计体系的基石，要求每一笔交易都必须在至少两个账户上进行记账，确保会计平衡。这种双向记录不仅确保了资产和权益的平衡，还提供了一个有效的检查和平衡机制，以避免或检测错误和欺诈。会计信息系统中的自动化工具和功能都是围绕这一核心原则设计的。当会计数据被录入系统时，系统会自动进行相应的分录，确保复式记账原则得到正确应用。此外，该系统还会进行实时的平衡检查，确保每笔交易都得到适当处理，并维持总体的会计平衡。这不仅大大提高了会计工作的效率，还确保了数据的准确性和完整性。通过坚守这一世界通用的原则，会计信息系统为企业提供了一个可靠、一致和透明的财务记录平台。

（二）收集会计凭证仍然是会计处理的起点

会计凭证的收集始终是会计处理的起点。在财务和会计领域，会计凭证是事实和数据的实证，为每一笔经济交易提供了明确、翔实的证明。无论是销售发票、收款收据还是其他类型的文件，每个会计凭证都为相关的交易提供了详细的描述和证明。会计信息系统在其核心流程中，始终将会计凭证作为输入数据的关键组成部分。只有当有效、真实的会计凭证被收集和录入系统后，相关的交易才会被进一步处理和记录。这确保了数据的真实性和准确性，为后续的分析、报告和审计提供了坚实的基础。而在现代的数字化环境中，虽然许多会计过程已经自动化，但会计凭证的作用并未减弱。相反，随着电子化会计凭证的普及，其管理、存储和检索变得更加便捷和高效。总的来说，不论会计技术如何发展，会计凭证的收集都是确保会计信息系统正常、有效运作的关键步骤。

（三）翔简化会计循环并改善信息处理的质量

会计信息系统虽然仍以会计恒等式和会计循环为基础，但已在多个层面简化了账簿体系和会计循环，消除了手工会计信息处理中的众多技术环节，使得在整个会计循环中，对会计专业人员的技术要求主要集中在从原始凭证到记账凭证的编制和确认上。这种简化不仅加速了会计流程，还提高了信息处理的质量。

1. 实现多元分类

现代的会计信息系统能够适应多元分类核算的需求，确保在任何时候都能快速提供所需的分类核算汇总和明细信息。这种多元分类的能力使会计人员可以更灵活地管理和分析数据。

2. 发展了会计方法或模型

随着数据采集和处理能力的显著提高，那些过去因为太复杂而难以实现的数学模型和预测方法现已成为可能。各种数学工具，如线性代数、本利分析、回归分析、多元方程，以及高级数据模型，都得以在管理会计中广泛应用。

3. 实现会计与业务的协同处理

会计信息系统打破了会计核算和产品进销存业务之间的障碍，促进了会计和业务部门之间的信息共享。它进一步促成了物流、资金流和信息流的三流合一，使得各个子系统能够高度共享信息，避免了会计成为"信息孤岛"。

4. 实现分散处理与集中管理相结合的会计管理模式

在此模式下，分公司或其他分支机构可以随时将其经济业务录入计算机，并通过网络直接将凭证存入集团总部的会计信息处理中心，实现由总部进行集中的会计信息管理和报表编制。

（四）强化了会计的职能

会计信息系统强化了会计的职能，使其在企业运营中的地位更加重要。随着现代技术的加入，会计不再仅仅是财务数据的记录者，而是成为数据的分析者和解释者。会计信息系统提供了强大的数据处理和分析工具，使会计人员能够深入研究财务数据，洞察企业的经济活动，并为决策者提供有价值的见解。这种深度的数据分析使会计人员能够更好地识别和预测趋势，为企业的策略制定提供支持。此外，通过会计信息系统，会计职能还扩展到了风险管理和内部控制的优化，有助于识别潜在的财务风险并采取适当的预防措施。系统化的处理也确保了数据的准确性和完整性，为外部利益相关者，如投资者和监管机构，提供了可靠的财务信息。因此，会计信息系统不仅增强了会计的传统职能，还使其在企业的决策制定和战略规划中发挥了关键作用。

（五）会计内部控制程序化

由于会计数据的存储、处理方式以及会计工作组织的改变，手工条件下行之有效的一套内部控制制度受到了挑战，平行登记、试算平衡、签字盖章等许多控制方法已不再适用，而必须采取新的控制方法和技术，其中相当一部分要由计算机系统自动实现，即实现内部控制的自动化。

会计内部控制程序化是现代会计信息系统的一个显著特点，它为企业带来了更高级别的数据安全性、准确性和效率。程序化内部控制通过自动化流程，确保了财务事务的一致性和可靠性，降低了因人为因素导致的错误和失误的风险。例如，系统内的自动校验和验证工具可以即时发现和纠正输入错误，确保数据的完整性。此外，通过访问控制、审计追踪和事务授权等措施，会计信息系统可以有效防止未经授权的访问和潜在的欺诈行为。这些控制措施确保了敏感财务信息的保密性，并维护了其真实性和完整性。程序化的内部控制还支持持续监控，使企业能够实时检测并应对各种潜在风险，从而强化了整体的风险管理能力。

三、会计信息系统的基本组成

会计信息系统的基本结构通常指向由何种子系统构成以及这些子系统间的联系。系统的划分通常基于会计的不同职能，但由于软件公司对财务与会计的各种理解和处理方式的差异，会计信息系统的基本结构会有所不同。通常，会计信息系统可以被划分为财务会计、管理会计和财务管理三大职能系统。然而，由于财务管理与管理会计之间存在功能重叠，它们经常被归为同一类。

财务会计系统是会计信息系统的核心部分，包括总账（或称账务）、应收款、应付款、工资、固定资产、存货以及通用会计报表等职能子系统。这些子系统共同作用，确保所有的财务交易都被准确记录和报告。

而管理会计与财务管理系统则更偏向于为企业决策提供支持。这个系统通常包括预算管理、项目管理、资金管理（如筹资和投资管理）、成本管理、财务分析、商业智能和决策支持等功能子系统。需要注意的是，财务管理的许多功能也散布在财务会计的子系统中，如应收款管理系统中包含的账龄分析、周转分析和收款预测等。

另外，考虑到我国很多独立的会计软件都融合了购销存业务处理与管理功能，这使得财务与业务实现了协同处理。这部分通常涵盖了采购计划、采购管理、销售管理、存货管理和库存管理等子系统，确保企业的物流、资金流和信息流得到高效管理。

四、会计信息系统的主要子系统

会计信息系统的功能通过各个子系统来实现，由于不同软件的基本组成、业务性质都不尽相同，所以下面只简要介绍其中较常用的几个子系统的功能，并且由于系统与子系统是一个相对的概念，所以为了叙述的方便下面把子系统直称为系统。

（一）总账系统

总账系统是会计信息系统的核心，为企业的所有财务交易提供集中的记录。它反映了企业的全部经济活动，从而为管理层提供全面的经济视图。在总账系统中，所有其他子系统的交易都会汇总，确保数据的完整性和准确性。此外，总账系统还提供了各种财务报表的基础数据，如资产负债表、损益表等。通过此系统，企业可以实时查看其财务状况，同时为外部报告和内部决策提供必要的数据支持。

（二）应收款管理系统

应收款管理系统主要关注企业应收的款项，通常与销售和客户相关。该系统记录了与客户的每一笔交易，包括销售、收款和退货。系统会自动计算每个客户的欠款余额，并可为企业提供有关到期未付款项的信息。此外，系统还支持账龄分析、坏账分析以及其他与应收款相关的财务分析。这不仅帮助企业监控其现金流，还能及时发现并管理潜在的风险，确保企业的资金安全。

（三）应付款管理系统

应付款管理系统主要跟踪和处理企业欠供应商或其他债权人的款项。它记录与供应商的所有交易，如采购、支付和退货，确保及时处理到期的支付。这个系统可以自动计算每个供应商的应付款余额，同时还提供支付提醒功能。此外，企业可通过应付款管理系统进行现金流预测，优化其支付策略，以利用可能的贸易折扣或避免可能的滞纳金。

（四）工资管理系统

工资管理系统涉及员工的薪资、奖金、福利和其他与工资相关的支付。该系统确保员工按时并准确地获得支付，同时自动处理所有相关的税务和其他扣款。通过集成时间跟踪和考勤系统，工资管理系统能确保准确反映工作时数和其他与薪资计算相关的数据。它也帮助企业遵循与雇佣和工资相关的所有法规，并为税务和其他政府工作报告提供必要的数据。

（五）固定资产管理系统

固定资产管理系统用于跟踪和管理企业的固定资产，如土地、建筑、机器和设备。该系统能够记录每项资产的购买、使用和处置，同时计算折旧和摊销。除了提供准确的资产负债表价值外，固定资产管理系统还帮助企业预测未来的维护和替换需求。

（六）存货管理系统

存货管理系统是用于监控和控制企业存货的工具，旨在确保企业有足够的存货来满足其业务需求，同时又不导致过多的库存。该系统跟踪产品从采购、生产到销售的完整生命周期，并提供实时的库存水平更新。它能自动计算订单点和订单量，帮助企业避免库存短缺或积压。存货管理系统还可以分析存货周转率、销售趋势和季节性波动，支持企业在正确的时间采购正确的数量，从而提高利润和资金利用效率。

（七）报表系统

报表系统为企业提供了一种快速、高效地创建和分发多种财务和管理报告的方法。这些报告可能包括利润表、资产负债表、现金流量表以及其他重要的财务数据。此外，系统还允许用户自定义报告以满足特定的信息需求。这些报告不仅为内部管理提供决策支持，还确保企业符合外部监管机构和利益相关者的报告要求。报表系统的核心优势是其能够根据实时数据生成精确、及时的报告，从而增强企业的透明度和信任度。

（八）成本管理系统

成本管理系统专注于收集和分析与企业活动相关的所有成本数据，确保企业有准确的信息来做出经济决策。该系统能够跟踪直接和间接成本，识别高成本区域，促进效率和利润增长。通过对产品、服务或项目的成本进行详细分析，企业可以更好地了解其利润来源和潜在的成本削减领域。此外，成本管理系统支持标准成本制、活动基础成本法和其他成本计算方法，为企业提供了多种分析和优化其成本结构的工具。

（九）资金管理系统

资金管理系统为企业提供全面的工具，确保其资金流动的有效和高效管理。这个系统主要集中于监控和管理现金流入和流出，帮助企业在短期和长期内维持良好的资金平衡。它支持对即将到来的现金流进行预测，从而确保企业在任何给定时间都有足够的资金来满足其运营需求。资金管理系统还能够分析和优化投资和借款策略，帮助企业减少财务成本并提高回报率。此外，系统的报告功能可以揭示潜在的现金流问题，允许企业及时采取措施，确保财务健康和稳定。

五、会计信息系统子系统之间的联系

会计信息系统以总账为核心按高内聚低耦合的原则来划分子系统,毫无疑义各子系统是独立的,各自有独立的输入和输出,实现特定的功能,用户可以单独选购和使用。但独立是相对的,各子系统之间或多或少存在某些联系。

会计软件各子系统之间的联系一般是通过数据传递来实现的,而且往往是采用数据文件的方式来间接传递数据,这种现象的实质就是共享数据。图3-4基本反映了工业企业各系统之间的关系,其中矢线表示系统之间的联系以及数据传递的方向。显然总账系统是会计信息系统的核心,其他系统往往需要读取总账系统的数据进行核算,而且要将处理结果汇总生成记账凭证,送到账务子系统记入总分类账。

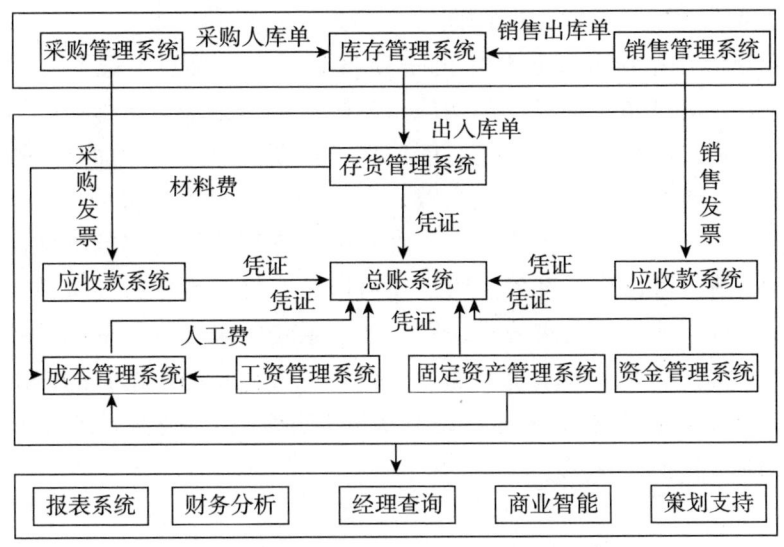

图3-4 会计信息系统子系统之间的数据联系

第二节 企业会计信息系统的需求分析

企业会计信息系统构建之初,首先需要确定会计信息系统所应达到的目标、所应具备的功能和性能等要素,为系统的开发奠定基础,这一部分工作叫作需求分析。

一、需求分析的概念与意义

需求分析是从用户的需求、想法和期望中进行深入的探讨，通过分析、抽象和综合，准确地提炼出用户对系统的真实需求。这个过程不仅涉及理解用户的需求，还要用规范的描述方法将这些需求全面、明确地记录成文档。需求分析主要分为用户需求分析和系统需求分析两个层次。用户需求针对的是客户和项目承包商管理者，由于这些人员通常不具备深入的技术知识，用户需求应使用自然语言结合图表的方式，简明地呈现系统应提供的服务和可能遇到的约束的概念性描述。而系统需求是为了满足具有技术背景的高级人员和项目管理者的需要。考虑到这些人员的专业知识，系统需求应使用形式化的语言，具体、明确地描述系统应提供的服务和相应的约束。通过这种方式，需求分析确保了所有相关方明确、准确地理解系统的目标和约束，为后续的设计和开发打下了坚实的基础。

需求分析在系统开发过程中的一项核心工作，其意义显而易见。它确保了企业会计信息系统的设计和实施与实际业务目标和需求保持一致。没有这一关键步骤，信息系统的开发可能偏离了预期的目标，从而导致资源的浪费、效率低下或甚至系统的完全失败。而一个经过深入需求分析的系统，更有可能满足用户的期望，为企业带来真正的业务价值。通过精准地确定系统需求，企业不仅可以降低开发风险，还可以更有针对性地分配资源，确保项目的顺利进行。此外，需求分析还助于塑造系统的未来发展蓝图。随着企业的发展和变化，其业务需求也会随之变化。一个初步的、细致的需求分析可以帮助企业预测和规划未来的系统升级和扩展需求，确保系统能够适应变化，长久地为企业服务。

二、需求分析的工作内容

（一）需求调查

需求调查也被称为需求获取，是由分析人员通过各种方式深入了解用户对新建立会计信息系统的要求，获得用户需求的过程。常用的方式如图 3-5 所示。

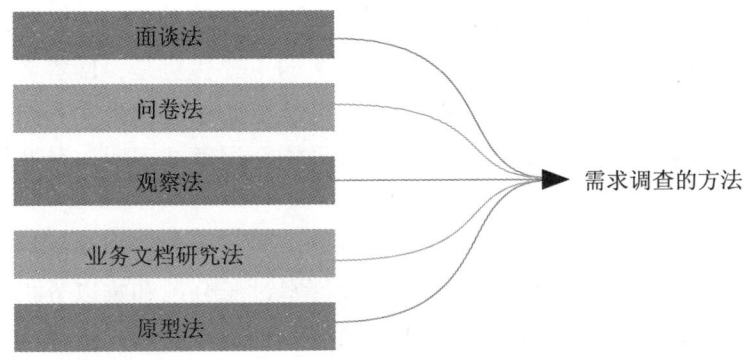

图 3-5　需求调查的方法

1. 面谈法

面谈法作为需求获取的重要方法，关键在于发现事实和聚集信息。它涉及与两类重要的人群交流：领域专家和客户。与领域专家的交流往往集中于知识的转换与分享，为业务分析人员提供了一个深入学习和了解特定领域的机会。通过这种交流，分析人员可以快速地掌握复杂的业务知识，从而更准确地捕捉到需求。与客户的交谈则相对复杂。许多客户对自己的需求只有模糊的认识。他们可能遇到困难，无法清晰地表达自己的需求，或者可能出于某些原因不太愿意合作。更具挑战性的是，客户可能会提出超出预算或技术难以实现的需求，甚至有时他们的需求可能与其他客户的需求发生冲突。面对这些情况，业务分析人员不仅需要具备专业的技能和经验，还要有出色的沟通和人际交往能力，以确保需求的收集过程顺畅进行。

面谈法主要有两种形式：结构化面谈和非结构化面谈。结构化面谈通常需要事先准备，有明确的议程，并涉及一系列预先确定的问题。这些问题可能是开放式的，允许客户自由回答，也可能是封闭式的，需要客户从给定的选项中选择答案。而非结构化面谈更像是一个非正式的讨论，没有固定的议程或预定的问题。其目的是创造一个宽松的环境，鼓励客户自由发表意见，这种方式可能会揭示出业务分析人员之前未曾考虑过的需求。

2. 问卷法

问卷法是在广泛的客户群体中收集信息的常见方法，常常与面谈法结合使用以补充或验证需求。与面谈法相比，问卷法可能不同样有效，因为它不能立即澄清疑问或进一步深入探讨回答。但对于那些参与者非常熟悉的低风险项目，仅使用问卷法可能已经足够。问卷法的主要优势是，回答者有时间深思熟虑他们的回答，并且因为是匿名的，可能更愿意提供真实和坦率的答案。然而，它也带有明显的缺点，即受访者可能会误解或不明白某些问题的真正意图。

问卷的设计对于获得有效的反馈至关重要。为了确保清晰和简洁，避免过多的开放式问题，因为这些问题可能导致答案过于分散和难以分析。大多数问题最好采用封闭式的形式。封闭式问题有几种基本的形式选择，包括以下三种。

（1）多项选择问题，这种问题要求回答者从一系列给定的选项中选择一个或几个答案，但也可以为回答者提供额外的空间，以便他们添加任何额外的注释或反馈。

（2）评价问题，它们要求受访者对某个陈述或问题表达观点，常见的答案选项包括"强烈同意""同意""中立""不同意""强烈不同意"和"不知道"。

（3）排序问题，这种问题需要受访者根据特定的标准或参考，如优先级、偏好或频率，对给定的选项或项目进行排序。这些设计方法确保问卷不仅易于填写，还可以更轻松地分析和解释答案。

3. 观察法

观察法是在需求收集过程中非常有用的一种方法，尤其在面对难以通过交谈或问卷直接获取信息的情境时。有时，客户可能不太能够清晰地表达自己的需求或者仅对某一业务流程的部分环节有所了解。对于这种场景，观察业务的实际运行可以为业务分析员提供深入、详细的洞察。例如，要了解如何正确地系领带，最直接的方式可能就是观察某人是如何做的。

观察法主要包括两种方式：被动观察和主动观察。在被动观察中，业务分析员会在一旁静静地观察业务流程的执行，不会进行任何干预。为了确保观察的真实性，有时可以使用摄像机来捕捉整个过程，以减少对员工的干扰。而主动观察则意味着业务分析员直接参与到业务活动中，成为活动的一部分，从中获取第一手的体验和感受。为了确保观察结果具有广泛的代表性，观察活动应当跨越一个相对长的时间段，并在不同的时间和不同的工作负荷下进行。但观察法也存在一定的挑战，人们知道自己正在被观察时，可能会改变自己的行为，更倾向于按照正式的规则和流程去操作，这可能会掩盖实际的操作方式，从而导致观察结果失去真实性。

4.业务文档研究法

业务文档研究法为业务分析员提供了一种深入了解组织操作和业务需求的方法。这种方法主要基于对组织内部和外部文档的深入研究，旨在揭示和理解组织的运营流程、业务规范、职责划分以及各种业务交互情境。通过研究这些文档，分析员可以从中抽取有关业务的关键信息和隐藏需求。组织文档包括业务表格（最好是已填写的），工作流程、职位描述、政策手册、业务计划、组织结构图、内部通信、会议记录、财务报告、外部通信以及客户反馈和投诉等。这些文档为分析员提供了对组织如何运作、员工如何互动以及客户如何与组织交互的全面视角。除了组织文档外，现有系统的表格和报告也为需求发现提供了重要的依据。这些材料包括计算机屏幕截图、生成的报告以及与之相关的文档，如系统操作手册、用户使用说明、技术文档以及系统分析和设计模型等。这些文档可以帮助分析员了解当前系统的功能、操作方式以及其如何满足或未能满足用户的需求。

5.原型法

原型法是一种独特而有效的需求获取方式，特别适用于那些难以明确目标、缺乏清晰文档流程、持续变化的需求以及用户和开发团队都存在知识和经验的缺口的项目。当面对这样的情境，传统的需求获取方法可能显得不够准确或效果不明显。此时，原型法作为一个动态的、直观的工具显得尤为重要。

原型本质上是一个初步的、功能有限的系统版本。它主要展现图形用户界面（GUI）的设计和布局，并能对用户的互动行为做出反应，模拟可能的系统行为。这种"快速而粗糙"的模型为用户提供了一个可视、可互动的平台，使他们能够更加直观地理解和体验系统的功能和工作方式。在此过程中，用户可以直接提供关于界面设计、功能流程和交互体验的反馈。更重要的是，原型法不仅能够揭示明确和明确的用户需求，还可以揭示潜在的、难以用言语表达的需求。因为当用户直接与原型互动时，他们可能会意识到之前没有考虑到或难以清晰描述的需求和问题。开发团队通过观察用户如何与原型互动，可以更加深入地理解用户的实际需求和期望，从而在正式开发过程中避免大量的返工和修改。

（二）需求确认

需求确认是在需求调查的基础上，结合组织目标、业务现状、技术水平、投资能力等因素，对用户提出的需求从会计信息系统目标、宏观结构、业务功能、技术性能、风险等方面进行深入分析，最后确定出全面、合理、可行的会计信息系统需求。需求确认包括目标认定、结构划分、功能确定、性能的权衡选择和风险分析等几方面的内容。

在目标认定环节，需要明确会计信息系统应实现的目标，这些目标必须与组织的总体目标保持一致，并为组织的使命、策略和方向提供支持。这意味着系统的目标不仅仅是技术上的，还要考虑到组织的长远规划和战略目标。

结构划分是将会计信息系统分为不同的部分或模块，每一个部分都对应一个特定的功能域或职能域。这种划分为系统的后续设计和实施提供了一个清晰的框架。

功能确定环节要对系统的主要功能和作用进行明确，这通常基于系统的目标和用户的实际需求。实际上，用户的需求是系统功能的最重要来源，这要求在需求调查阶段必须非常详尽和准确。

性能的权衡选择涉及对用户提出的各种性能需求进行综合考虑。不同的性能要求可能存在冲突或互相矛盾，所以需要从技术、经济和社会等方面进行权衡，确保选择的性能既合理又可行。

风险分析的目的是识别和评估可能的风险，这些风险可能是技术上的、经济上的或与外部环境相关的。对于每一个识别的风险，都需要制定相应的应对策略。典型的风险可能包括技术实现的困难、预期性能无法达到、系统安全问题、数据完整性问题、开发过程中的延误或超支、受到政治或法律制约等。确保对这些风险有充分的了解和准备，可以大大增加系统开发的成功率。

（三）需求有效性验证

需求有效性验证是一个至关重要的环节，它的主要目的是确保所描述的需求真实地反映了客户的意图。这一过程与需求分析存在众多相似之处，因为两者都旨在识别需求中可能存在的问题。然而，它们着重的方向是不同的：有效性验证集中在需求文档完整的草稿上，而分析则更注重那些尚未完全明确的需求。不执行彻底的需求验证可能会导致后续开发过程中或系统部署后发现错误，从而增加返工的代价。

在验证需求的有效性时，需要对文档中描述的需求进行多种检查，这些检查包括以下内容。

1. 有效性检查

系统可能面临众多的用户，每个用户都可能有其独特的功能需求。某些功能在经过进一步的思考和分析后，可能需要额外的功能支持，或者系统可能需要其他完全不同的功能。因此，真正的挑战在于平衡和调解不同用户之间可能存在的冲突需求。

2. 一致性检查

需求文档中描述的功能和约束不应出现任何冲突或矛盾，确保文档中对同一个功能的描述保持一致，没有相互矛盾的信息。

3. 完备性检查

验证需求文档是否全面涵盖了所有用户希望系统具备的功能和约束，确保没有遗漏任何重要的需求。

4. 现实性检查

需求应该基于现有技术来设计，并且必须考虑到系统开发的预算和时间表。这就需要有足够的了解和评估，以确保所描述的需求是可行的，并且可以在预算和时间框架内实现。

5. 可检验性检查

为了避免后期在客户和开发团队之间出现分歧，所描述的系统需求必须是可验证的。这意味着，应该有明确的方法或技术手段来证明最终交付的系统真正满足了所描述的需求。

需求有效性验证可以采用以下一些技术。

1. 需求评审

需求评审是一种系统的评估方法，通常涉及跨职能的团队成员对需求文档进行细致的审查。这种评审过程确保了需求的质量，准确性，可实现性和完整性。评审团队通常由项目经理、系统分析师、开发者和有时甚至包括客户代表组成。这种多学科的方法允许不同的专家对需求从多个角度进行评估，从而确保需求不仅与业务目标和用户需求相一致，而且技术上也是可行的。

2. 原型法

原型法的核心思想是通过创建系统的工作模型来获取用户的反馈。这种模型或原型不必是完整的或完美的，但它应该能够模拟系统的核心功能，从而使用户能够亲自体验。通过这种早期的互动，用户可以更清楚地看到他们的需求如何转化为实际功能，并提供宝贵的反馈，以便对需求进行必要的修订。原型法还有助于揭示那些在纸面上可能被忽视的细节或误解。

3. 测试用例法

测试用例法基于一个核心理念，即每个需求都应该是可测试的。为需求创建测试用例旨在检验系统是否真正满足了用户的需求。如果设计某个测试用例变得极为困难或不可能，这通常是一个信号，提示该需求可能太过模糊或技术上难以实现。此方法强调了清晰、具体和量化的需求的重要性，因为这些需求更容易进行测试，并确保系统满足预期。

4. 自动的一致性分析

在某些情况下，需求可能以结构化或形式化的方式进行定义，并已经被转化为一个系统模型。这些模型可以使用计算机辅助软件工程（CASE）工具来进行分析。CASE 工具可以自动检查模型中的矛盾和不一致之处，从而确保需求的一致性和逻辑性。这种自动化方法大大减少了人为错误的机会，并提高了需求验证的效率和准确性。

（四）需求描述

在对会计信息系统需求的调查和分析之后，需要把分解的结果用文档完整地描述出来，这就是需求描述的工作。描述会计信息系统需求的文档被称为《会计信息系统需求说明书》或《会计信息系统需求规格说明》。《会计信息系统需求说明书》将详细、准确地反映最终确定的会计信息系统需求的内容，并能够简要地反映需求分析的过程以及相关问题。《会计信息系统需求说明书》既是对需求分析工作的总结，同时又是后续阶段的工作依据，系统设计、系统实施以及系统评价都将按照会计信息系统的需求进行。

会计信息系统需求说明书应该包括的内容和采用的格式目前并没有形成统一的规范，尽管许多标准组织也试图制定这方面的标准，但在实际中并没有形成一致可靠的标准。可以参考各种教科书、标准化组织提供的文档模板，也可以根据需要自己开发模板。

需求描述常用的工具有数据流程图、实体关系图、REA 图等，下面逐一进行介绍。

1. 数据流程图

数据流程图代表了会计信息系统中信息流动的模式。它展示了系统中的各个实体（如用户、系统组件或数据存储）以及它们之间如何交换数据。这种图表通过使用标准化的符号和箭头，直观地展示了数据是如何从一个部分流向另一个部分的，从而为分析师、开发人员和其他利益相关者提供了一种方便的方式来理解和视觉化系统的工作流程。

数据流程图不仅仅关注数据的流动，还会展示数据的来源和终点，以及在流动过程中可能发生的转换或处理。例如，一个数据流程图可能会展示一个客户如何向会计系统提交发票请求，该请求如何被系统处理，以及如何生成相应的发票。

此外，数据流程图还有助于揭示系统中的潜在问题或瓶颈，使得开发团队能够在项目的早期阶段就识别并解决这些问题。它是一种强大的工具，用于明确、组织和传达复杂系统中数据的流动和交互模式，从而确保系统的设计、开发和实施都是基于清晰、完整和准确的需求。

2. 实体关系图

实体关系图是数据库设计中的一种图形工具，用于描绘和分析组织数据的逻辑结构。它侧重于展示数据的实体、实体之间的关系以及相关的属性。

在实体关系图中，实体通常表示为矩形，代表了数据的一个实体集，如"客户"或"订单"。每个实体都有与之相关联的属性，这些属性可能表示为椭圆形，并通过直线与其对应的实体相连接。例如，一个"客户"实体可能有"姓名"和"地址"等属性。

关系是实体之间的逻辑链接，通常表示为菱形，并通过直线与相关的实体相连接。例如，一个"订单"与一个"客户"之间可能存在"属于"关系。这种关系描述了订单和客户之间的逻辑联系，即某个订单是由某个客户下的。

此外，实体关系图还可以表示实体间关系的基数，即一个实体与另一个实体之间的可能实例数量。这通常通过在连接实体的直线上标注数字或符号来实现，如"1"和"多"。

实体关系图为数据库设计师提供了一种高效的方式来可视化和组织复杂的数据结构。它有助于确保数据的组织和表示既准确又合理。此外，通过实体关系图，开发者、项目经理和其他利益相关者可以更好地理解数据的逻辑结构，从而确保系统满足企业的需求并实现期望的功能。

3.REA 图

REA 图是资源－事件－代理（Resource-Event-Agent）模型的图形表示，广泛应用于会计信息系统的设计中，对于捕捉和描述经济活动提供了一种系统化的方法。REA 模型的核心思想是将经济活动视为资源流和相应事件的交互以及涉及的代理。

在 REA 图中，"资源"是组织价值的物体或实体，如现金、存货或设备。这些资源的增减通常由事件驱动。例如，销售事件可能导致存货减少并增加现金。"事件"是对资源产生影响的事务或活动。事件可以是内部的，如生产，或外部的，如销售。它们通常表示为与资源交互的过程，突出显示了资源的变动和流动。"代理"则是与事件相关的人或组织。在经济活动中，代理可以是员工、客户、供应商或其他利益相关者。它们负责或与资源的变动和事件的发生有关。

REA 图的另一关键特点是它可以表示双重方面的经济活动，即每个事件都与两个代理相关。例如，销售事件可能涉及一个员工（内部代理）和一个客户（外部代理）。通过 REA 图，会计信息系统设计师可以清晰、直观地捕捉和展示组织的核心经济活动及其相互关系。它提供了一种更为综合和关联的视角，使得系统设计不仅满足会计要求，还能更好地支持管理决策和运营。

（五）需求管理

需求管理在整个需求工程、系统开发及运行阶段中起到关键作用。随着时间和环境的变化，新需求会持续浮现，而已存在的需求也会发生改变。为了保证需求质量，对这些不断变化的需求进行妥善管理变得尤为重要。只有完全理解需求变更带来的各种影响，并运用及时、高效的策略应对，才能确保需求和实际运行的系统之间始终保持同步。这也意味着，当系统发生变动时，这些变动必须被合理地纳入需求，反之亦然。

管理客户需求的问题在软件开发和生产中尤为突出。而这些问题的成本从长远来看，常常超过了优化需求管理的短期投入。不恰当的需求管理很可能导致发布的系统不能满足客户的实际需求，或者造成项目进度延误，从而增加适应需求变更的设计和实现的返工成本。

需求管理主要关注以下方面。

（1）管理已经同意的需求的变更。

（2）管理需求之间的关系。

（3）管理需求文档和其他在系统或软件工程过程中生成的文档之间的依赖关系。

需求变更的根源可以多种多样，包括需求工程的错误和误解、设计或实施中出现的问题等。而随着项目相关人员对系统的深入理解，新的需求往往也会浮现出来。但更为常见的是，外部环境的变化，如经济环境、市场竞争，或是新的法律法规，都可能引发需求的变更。

为了有效地管理需求，需要维持需求的可跟踪性信息，如需求的提出者、需求的来源和原因、与该需求相关的其他需求，以及如何将此需求与系统设计、实施和用户文档等相联系。拥有可跟踪性信息可以帮助确定需求变更对其他需求产生的影响。

长期而言，有效的需求管理将带来巨大收益，这些收益不仅体现在提高用户满意度上，还可以降低系统开发的总成本。虽然这种回报不会立刻显现，但历史经验已经证明，投资于一个高效的需求管理过程是十分值得的。

三、需求分析应注意的问题

（一）充分认识需求分析的重要性和复杂性

需求分析是会计信息系统开发中的关键步骤。它的质量和深度直接决定了系统的最终表现和效果。需求是整个开发过程的依据和指南，任何在这一阶段产生的误差或疏漏都会导致最终系统无法满足预期的应用要求。一个细小的错误，若在初级阶段没有被识别和纠正，将随着项目进展被不断放大。因此，不仅需求分析的过程需要极度严谨，同时也意味着这一阶段的任何缺陷都会导致后续开发的代价急剧上升。这种"错误放大效应"更强调了需求分析工作的重要性。为此，分析人员应对需求分析给予足够的重视，确保每一个环节都处理得尽可能细致和扎实，从而确保得出的需求是合理和可行的。

而在实践中，需求分析往往是一项充满挑战的工作。对于会计信息系统的各个方面，分析人员需要有深入的了解，能够掌握和处理大量的信息。此外，他们还需深入到组织的管理层面，识别深层的需求和关键问题。这不仅需要广泛的知识储备，还需要出色的沟通和分析能力。在整合各方的需求时，分析人员必须有能力调整和梳理不同的需求和关系，从而确定出真正可行的会计信息系统需求。这种高度的复杂性要求分析人员不仅具备强烈的责任感，还必须拥有扎实和细致的工作风格。否则，整个系统开发的基石将难以稳固，从而影响整个项目的成功率。

（二）充分尊重用户的意见

用户不仅是因为他们是系统的日常使用者，而且在很多情况下，他们也是系统的投资者。正因为如此，用户对于会计信息系统的需求应被视为最优先的参考标准。开发人员在进行需求分析时，应深入挖掘并尊重用户的每一个意图和想法，努力理解和满足他们的实际需求。毕竟，一个真正成功的系统不仅仅是技术上的杰出，更是能够解决用户实际问题和需求的工具。当然，现实中总会有一些客观因素，如技术限制、环境变化或投资预算等，可能导致部分需求无法完全满足。在这种情况下，开发人员有责任及时与用户沟通，明确解释无法满足的原因，确保用户能够理解并接受这些限制。同时，这种沟通也为寻找备选方案提供了机会，可能会产生新的解决思路。无论如何，会计信息系统的需求分析结论最终都需要用户的同意和支持。这不仅确保了系统的实用性和有效性，更是建立了开发团队与用户之间的信任和合作基础。

第三节　企业会计信息系统运行环境构建

企业会计信息系统运行环境构建是确保企业会计信息化的基石，不同规模的企业所面临的挑战与需求有所不同。中小企业往往需要寻找高效、成本效益明显的解决方案来满足其特定的会计和财务需求；而集团企业由于其结构复杂性和业务多样性，需要更为细致和高度集成的系统环境。此节将探讨这两种企业如何构建其会计信息系统运行环境。

一、中小企业会计信息系统运行环境构建

（一）中小企业会计信息系统需求分析

中小企业在人员规模、资产规模和经营规模上均较大企业为小，往往投资较为节约、建设周期短、收效较快，并具有较强的市场变化适应性。这些企业在机制上更为灵活，可以发挥其"小而专"，"小而活"的优势。然而，由于其经营范围广、行业众多，但抵御风险的能力相对较弱，因此，它们在会计信息系统的建设上呈现出特定的需求，具体如图 3-6 所示。

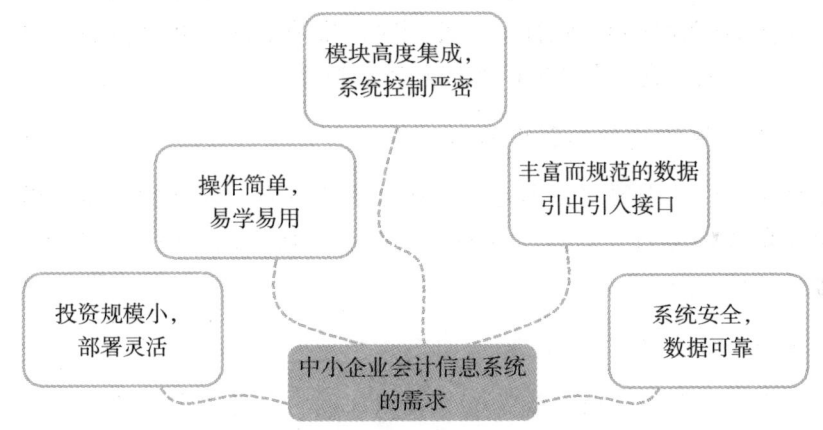

图 3-6　中小企业会计信息系统的需求

1.投资规模小，部署灵活

中小企业在经济配置上相对精简，因此追求较低成本的会计软件是其核心需求。针对这一特性，会计软件的部署需要具备灵活性，以适应企业各阶段的业务特点。由于这类企业多在业务扩展期，其投资能力有限，但业务增长迅速。因此，寻找一款价格合理、性价比高的会计软件成为必要，这样既能确保初期的投资不会过高，同时也能保证在企业逐渐壮大时，软件可以持续为其提供有效支持。

2. 操作简单，易学易用

业务流程清晰，功能设计标准，界面风格简明，账表信息灵活完整，操作方便简单，可令用户在最短时间熟练使用；高度集成企业的账务、报表、财务分析、工资、固定资产、出纳和往来账务等子系统，能满足各种行业的通用财务会计的核算需要；软件提供多账套管理、多币种核算、多种会计期间设置等功能，满足用户会计核算灵活处理的要求；软件性能高度优化，在运行速度、网络化操作、功能的灵活和全面、使用效率等方面较以往有了更大幅的提高和改进。

3. 模块高度集成，系统控制严密

中小企业会计信息系统的有效性很大程度上依赖于模块之间的高度集成。一个真正高效的系统能够确保不同业务模块之间以及业务和账务模块之间数据的无缝流通和共享。这种集成化不仅优化了数据处理的流程，还增强了业务操作的连续性和一致性。与此同时，模块之间需要完整的权限控制机制，使整个系统形成一个严密的监控和管理体系。

4. 丰富而规范的数据引出引入接口

中小企业往往需要对数据进行二次处理或开发，因此软件需要提供各种数据交换格式的接口。同时，方便的数据引入功能也是中小企业所看重的，以简化其日常工作。

5. 系统安全，数据可靠

鉴于中小企业对抵御风险的能力相对较弱，会计信息系统在确保数据的灵活性的同时，也必须做到数据的安全与稳定性。此外，建立有效的访问控制策略也是保障会计数据安全的关键。

（二）中小企业会计信息系统的部署

1. 硬件环境部署

部署会计信息系统时，硬件环境的选择直接影响系统的性能、可靠性和扩展性。在中小企业的情境中，根据企业的具体需求和预算，硬件环境部署主要分为以下两种模式。

（1）单机部署。这种模式由一台或几台不进行联网的计算机组成，用于支撑会计软件的运行。这种部署方式的明显优势是其运行成本较低，同时，维护工作相对简单，适合那些不需要复杂联网和数据共享功能的企业。但由于数据无法在计算机之间传递和共享，这会导致处理效率的限制，以及数据更新和同步的挑战。

（2）局域网部署。局域网，常简称为 LAN，是指在一定地理范围内（如一幢办公楼或一个企业园区）连接的计算机和其他设备组成的网络。它具备中到高速的数据传输率，提供可靠的通信服务。对于地理位置集中的中小企业，局域网部署成为一个理想的选择，因为它能够将会计、财务及业务系统连接成一个整体，满足企业内部数据共享和业务协同的需求。这种部署方式不仅提高了数据的实时性和完整性，还提高了工作效率和业务的连续性。

选择硬件环境部署方式时，中小企业需要充分考虑自身的业务规模、数据处理需求以及成本预算，从而选择一个既经济高效又能满足业务需求的部署模式。无论选择哪种模式，都要确保系统的稳定性和数据的安全性。

2. 数据库及操作系统部署

数据库及操作系统部署在会计信息系统中起到核心作用。操作系统负责管理计算机的各种资源，如内存、硬盘和显示器，并作为人与计算机之间的桥梁，将人类的指令转化为计算机可以理解的代码并执行。目前，像 WIN7 等操作系统因其图形化的用户界面和多任务管理功能而被广大用户所接受。它们不仅支持即插即用技术，增强了与多种硬件设备的兼容性，还提供了丰富的网络功能，使得用户在没有复杂设置的情况下能够轻松访问互联网。

对于中小企业，考虑到数据处理需求、管理复杂性和成本因素，更多地采用桌面和小型数据库。这些小型数据库虽然在数据容量、处理能力和数据安全性上相对有限，但它们的易用性、低成本和便于管理的特点使其成为中小企业的理想选择。常见的小型数据库如 FOXPRO 和 ACCESS 等，都为企业提供了一个相对简单且经济高效的数据管理环境。

3. 会计软件部署

（1）独立应用部署。即会计软件作为一个独立系统进行购置和安装，不依赖于其他业务系统。这种部署方式主要依赖主流的小型财务核算软件来完成日常会计工作，涉及的模块包括账务、报表、工资、固定资产、往来管理、资金管理及财务分析等，能够满足中小企业的会计核算基本需求。

（2）附属于业务系统部署，这种部署方式更注重财务与业务的一体化。

由于中小企业的会计核算特点为业务流程简单且标准化，这为会计系统的自动化处理提供了有利条件。在这种部署模式下，会计核算系统往往作为一个业务管理系统的子系统存在。特别是在商贸型的中小企业中，经常采用集成化的进销存软件，并将其内部的会计核算模块用于会计业务处理和报表编制，从而高效地整合了财务与业务的处理过程，实现了数据的统一和共享。

（3）附属于核心企业部署。附属于核心企业部署主要针对那些在价值链中位于非核心位置的中小企业。这些企业为了提升与核心企业的数据交互能力和业务协同效率，通常会选择与核心企业相同或者兼容的财务软件。有时，核心企业为确保价值链的流畅和数据的统一性，会主动开发统一的会计核算系统，并要求整个价值链的参与者统一采用。这类软件通常是互联网化的，特点是功能模块集中于资金结算和业务往来等方面，能够支撑整个价值链的流动性和协同性。

（4）在线应用部署。在线应用部署的出现，给中小企业带来了全新的会计信息系统部署方式。通过采用 SaaS（Software as a Service）模式，企业无需购买独立的财务软件，而是选择租赁或按服务收费的模式，从软件商那里获得在线会计服务。这种模式的典型例子如金蝶软件的友商网，为中小企业提供了在线会计核算系统，同时还提供在线系统的升级、维护和数据管理等服务。最大的优点是支持异地业务处理，用户只需连接到互联网，就能实现随时随地的会计业务处理。

尽管目前由于法律、应用文化等因素的制约，在线会计应用在市场中尚未大规模普及，但预见到，随着社会信息化应用的深化和相关法律制度的完善，在线会计无疑将在未来成为中小企业会计信息系统部署的主导方式。

二、集团企业会计信息系统运行环境构建

（一）集团企业会计信息系统需求分析

集团企业作为一个以资本为联结纽带的母子公司体系，以集团章程作为共同行为的规范，体现了母公司、子公司、参股公司及其他成员企业的联合。在当前社会经济的迅速发展和市场竞争的日益激烈的背景下，集团企业逐渐成为市场竞争的核心主体，众多企业也在向集团化的方向发展。由于集团企业在管理层面和组织结构上所具有的独特性，它们对会计信息系统的需

求也显得与众不同，主要体现在以下几方面，如图 3-7 所示。

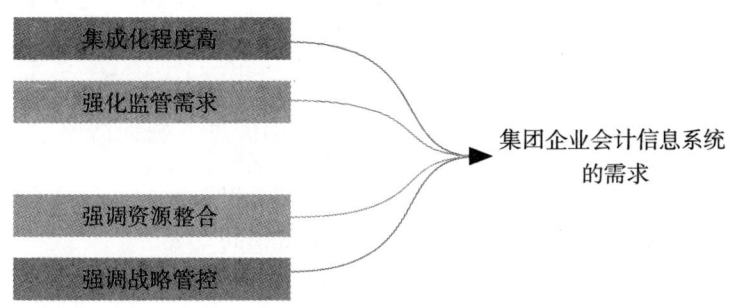

图 3-7 集团企业会计信息系统的需求

1. 集成化程度高

在集团企业环境中，会计信息系统常被视为整体企业信息化框架中的关键组成部分。这种情境客观地要求会计信息系统需要与其他业务信息系统高度整合。特别在 ERP 环境中，它不仅要求财务与供应链、生产流程、人力资源和办公自动化系统等能够无缝集成，还要求会计软件能够与其他系统共享统一的基础设施和数据平台。这种高度的整合确保了在业务处理过程中，业务操作与会计处理能实现完美的协同。

2. 强化监管需求

集团企业由于其跨地域的分布特性，常常面临集团政策难以统一，各子公司自行其是的问题。这使得内部的控制机制，尤其是财务监控机制，缺乏有效的信息支持。这种情况下，集团企业更加需要借助信息化手段，以确保集团总部与各子公司之间的有效监控和管理。这一动态监管体制可以确保从指令下达到计划执行，再到过程监控和执行反馈都能形成一个连续的闭环。

3. 强调资源整合

资源整合是集团企业管理的核心要求之一。集团内部各成员单位的资源状况各不相同，这就要求企业必须拥有有效的资源整合策略，以确保集团内部各成员单位的资源能够得到最优配置，最大化地发挥整体的资源优势，进而更好地符合集团企业的整体发展战略。

4. 强调战略管控

集团企业所处的环境和市场常常处于变化之中。因此，它们需要能够对内外部环境的变化做出及时的反应，对企业战略进行适当的调整，并确保这些调整能够迅速地在整个集团中得到实施。为了做到这一点，企业需要一个强大的信息化平台，以提供科学的财务和运营信息，确保战略制定、监督、评估和分析能够得到有效的支持。

（二）集团企业会计信息系统的部署

1. 集团企业会计信息系统的 N 层部署

集团企业会计信息系统的分层结构可用图 3-8 表示。

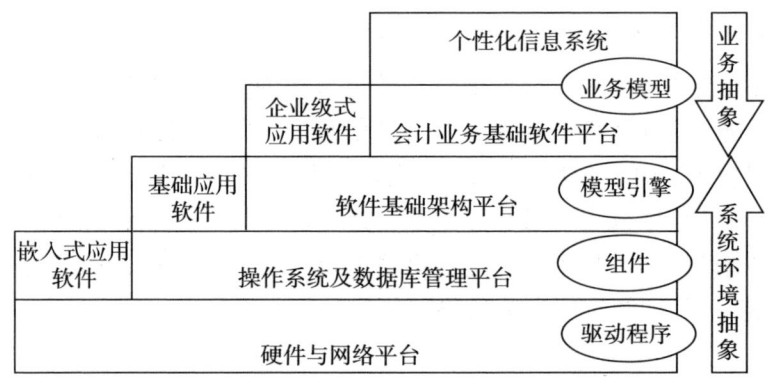

图 3-8　集团企业会计信息系统层次结构

（1）硬件与网络平台。集团企业普遍采纳共享型的硬件与网络平台。这种平台使得企业能够消除硬件对软件应用的限制，因为它具有设备的无关性。这类平台主要包括了服务器、路由器、核心交换机、防火墙和存储设备等关键组件。

（2）操作系统及数据库管理平台。大部分集团企业倾向于选择能支持复杂运算和管理功能的操作系统，如 UNIX。此外，这些企业还选择了能够管理大量数据的数据库，如 ORACLE 和 DB2 等，来确保数据的高效处理和存储。

（3）软件基础架构平台。这是由软件供应商所提供的，它采用标准的中间件方式，将会计信息系统的基础操作和运算封装为独立的模块。这种封装提高了程序的复用性和标准化，确保系统的稳定运行。

（4）会计业务基础软件平台。虽然 N-tie 架构的应用软件在功能组件化上有所进步，并且消除了对硬件和数据库平台的依赖，但为了满足企业独特的业务需求和实现敏捷响应，仍然需要引入业务基础软件平台。这一平台通过对业务模型的抽象和封装，能够满足特定领域的业务处理需求，并有效地隔离了业务需求与业务过程的复杂性。在会计领域，业务基础软件平台的构建主要目的是为了抽象会计专业知识，并形成一个支持会计应用的可复用模型，其中，定义各类会计元数据和元流程成为构建这一平台的核心。

（5）个性化信息系统。由于集团企业的管理特性各异，构建个性化的会计信息系统显得尤为重要，它旨在满足不同集团及其内部各级员工的信息需求。许多大型软件都提供了二次开发平台，这使得用户可以根据自身的需求进行个性化改造和二次开发，如用友的 UAP 平台和金蝶的 BOS 平台等。

2. 集团企业会计信息系统部署的主要模式

集团企业的会计信息系统部署，基于其业务特性和管理方式以及信息技术与网络技术的整合，主要有三种模式，如图 3-9 所示。

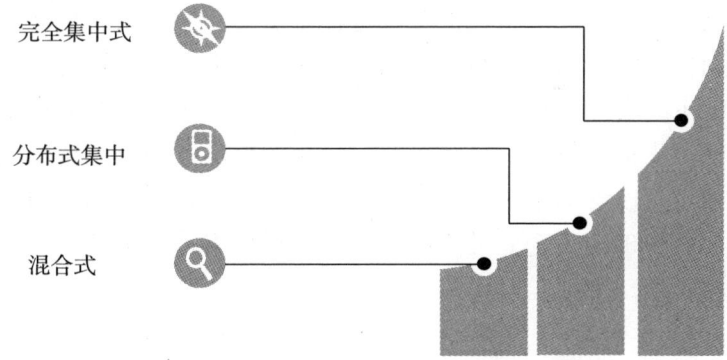

图 3-9　集团企业会计信息系统部署的主要模式

（1）完全集中式。在此模式下，每一个业务单位的经营数据都同步存储在集团总部的核算账套内，而分支机构不再持有独立的业务数据存储。此种方式为总部提供了最完善的控制和最及时的信息，但同时也附带着更高的要求。例如，分支机构和总部之间必须拥有稳定的网络连接，管理要求也相对严格。集团可以直接为下属企业制定财务计划和预算，并进行实时监控。这是多数跨地域企业集团的首选部署方案。

（2）分布式集中。在这种模式下，每个分支机构都有独立的核算账套和数据存储，并在本地完成日常业务处理。而总部则定期或非定期地复制分支机构的数据，将其集中存储在总部的数据服务器上。此方式也被视为"定期集中式"。它与完全集中式的不同之处在于数据的集中是定期进行的，而非实时的。关键在于确保数据可以自动、及时地传输。上级主管可以通过远程WEB查询模块，实时查询下级单位的数据，但此模式的限制在于总部无法实时监控下属单位的数据，这在一定程度上可能会降低管理的效果。

（3）混合式。适用于多层级的企业和集团，各个业务单位会根据上级管理的需求，结合使用分布式集中和在线式集中的方式，达到数据的集中管理目的。这种方式是针对各种情境与需求而设计的，提供了一种灵活的方法，确保数据管理的效率与准确性。

第四节　企业会计信息系统的应用

随着现代企业对会计信息的需求不断升级，会计信息系统已成为企业经济活动中不可或缺的组成部分。这种系统的应用不仅使会计工作更加标准化、自动化，而且大大提高了数据处理速度和准确性。针对企业的不同业务和管理需求，会计信息系统已经衍生出多种子系统，为企业提供全面、即时的财务信息支持。例如，总账系统，为企业提供了一个完整的财务报表生成工具；固定资产管理系统则对企业的长期资产进行管理和折旧计算；而工资管理系统则精确地为企业员工的薪酬计算提供支持。本节将详细探讨这三个子系统的应用。

一、总账系统的应用

（一）总账系统日常业务处理

1. 凭证的填制

（1）录入凭证。在会计工作中，凭证的录入是确保财务数据完整性和准确性的基础环节。实际的凭证输入方式大致分为两种。第一种方式是直接依据已经审核并确认无误的原始凭证，在会计信息系统上制作记账凭证。这种方式适用于那些拥有较为完善的基础设施、较小的业务量，以及采用网络技术的企业。相反，对于初次启用会计信息系统或处于人机并行状态的企业，通常会先人工制作记账凭证，然后再将这些凭证集中输入到系统中，这是第二种方式。

（2）修改凭证。尽管会计信息系统在填制凭证时已设置多种错误控制措施，但输入凭证时仍有可能出现错误。发现错误凭证时，可利用系统功能进行修改，但此操作必须严格遵循会计制度要求。针对不同错误凭证状态，系统提供了不同的修改方法。

①"无痕迹"修改。对于已输入但未审核的错误凭证，可使用凭证编辑输入功能进行直接修改或删除，但凭证编号不可修改。若凭证已输入且审核，但尚未记账，需先取消审核，然后通过凭证编辑输入功能进行修改。

②"有痕迹"修改。"有痕迹"修改指采用保留原错误凭证并添加新凭证的方式进行更正，保留所有修改历史。一旦凭证已记账并发现错误，无法直接修改，此时需采用"有痕迹"修改方式。修改方法有红字更正法和补充凭证法。红字更正法是增加一张"红字"凭证以冲销错误凭证的全额，然后再制作一个正确的"蓝字"凭证进行更正。若原错误凭证金额过多，可使用红字凭证冲销多余金额。补充凭证法是将原错误凭证中少计金额再按照原分录填制一个新凭证，补充差额。

2. 凭证的审核

为确保会计事项处理的准确性以及记账凭证的正确填制，记账凭证的审核工作变得尤为重要。审核凭证涉及三个主要步骤，分别是出纳签字、主管签字以及审核凭证。

（1）出纳签字。凭证填制完成后，满足某些条件的凭证需要出纳人员进行核对签字。具体来说，只有当凭证为出纳凭证，且系统的"选项"中启动了"出纳凭证必须经由出纳签字"的功能，此时凭证才必须由出纳核对签字。值得注意的是，一旦出纳在凭证上签字，该凭证将被锁定，不允许进行任何形式的修改或删除，除非签字被撤销。并且，只有出纳本人有权撤销其签字。

（2）主管签字。为了进一步加强会计制单工作的管理和确保凭证的有效性，很多企业引入了"主管签字"的制度。这意味着只有得到主管会计的签字，凭证才被视为有效。在实施这一制度时，需要注意的是，已经被签字的凭证不允许再次签字，只有签字者才有资格对其签字，并确保签字者与制单者不是同一人。

（3）审核凭证。在制单员完成凭证填制后，审核员需按照公司的会计制度对其进行核查，确保其与原始凭证的一致性，验证会计分录的准确性，以及核实业务金额与原始凭证是否相匹配。对于审核过程中存在问题的凭证，应返回给制单员进行修改并再次进行核对。与出纳签字类似，审核员在凭证上签字后，任何形式的修改或删除都是禁止的，除非撤销签字，而撤销只能由审核员本人执行。在实际操作中，凭证审核主要采取静态审核、屏幕审核以及二次输入校验三种方法。

3. 记账

（1）记账处理过程。会计信息系统在处理记账工作时，采用向导方式，使记账过程更加明确，人工无法干预记账过程。

①选择记账范围。在开始记账之前，系统自动罗列出各个期间尚未进行记账的凭证范围清单。此清单同时显示了空号和已审核的凭证范围。系统要求用户为记账操作选择具体的月份、类别以及凭证号范围。在这里，月份的选择是必需的。

②合法性检验。为防止非法操作可能导致的数据破坏，系统对用户选择的记账凭证进行进一步的检验。这包括确认前一月是否已结账，确保所有凭证都已经过审核，以及核实所选凭证是否都是平衡的。

③数据备份。在实际进行记账前，系统自动备份当前的数据，以此来保存记账前的所有信息。若记账过程中发生任何意外，系统会立刻停止记账，并自动使用备份文件来恢复所有数据。

④正式记账。在完成以上各步骤后，系统自动将用户选定的记账凭证录入计算机内的会计账簿。根据业务量和需求，企业可以在一个月内分时、分类或分批进行多次记账，并将相应的凭证记入相关的账簿中。对于业务繁忙的企业，甚至可以选择每天进行记账。

记账不是一个简单的流程。企业在执行记账时，需特别注意以下几个重要的点：若期初余额试算出现不平衡，系统将不允许进行第一次记账；只有已经过审核的凭证才能进行记账；如果存在不平衡或错误的凭证，系统会立即停止记账；最重要的是，在记账过程中，用户不得中断或退出系统。

（2）取消记账操作。如果在记账的过程中出现了断电等突发情况，导致记账出现错误，或者记账后发现输入的记账凭证有错误需要进行修改，这时候就可以使用"恢复记账前状态"功能来恢复数据。恢复记账前状态的方式主要有两种：①恢复到最后一次记账前状态；②恢复到本月月初状态。

4. 账簿管理

（1）基本会计核算账簿管理。基本会计核算账簿管理是会计工作的一个重要环节，它涉及多个查询和管理功能，确保了会计数据的完整性、准确性和及时性。

①总账查询。这是一个核心查询功能，旨在查看各总账科目的年初余额、各月的发生额汇总以及月末余额。此外，它还支持查询各级明细科目的年初余额、各月发生额汇总及月末余额等。

②发生额及余额表查询。该查询功能侧重于检查各级科目在特定期间的发生额、累计发生额和余额，确保资金的流动和余额得到准确反映。

③明细账查询。这一功能提供了对各账户明细发生情况的深入查看，它允许用户根据特定的条件组合进行明细账的查询，确保特定交易或事件得到正确记录。

④序时账查询。这是一个时间序列的账簿，逐笔地反映了单位的经济业务活动。其查询输出直观且简单，帮助会计人员追踪特定时期的交易活动。

⑤多栏账查询。这是一种专门的查询，用于输出多栏明细账，为会计分析和报告提供了更详细的数据支持。

⑥日记账和日报表的查询。此查询功能覆盖了各种日记账，尤其是除现金和银行日记账以外的其他日记账，确保日常交易活动得到全面和详尽的记录。

（2）辅助会计核算账簿管理。为了进一步满足企业管理的需要，总账系统除了提供基本会计核算账簿管理的功能以外，还提供了辅助会计核算账簿管理的功能，以便为管理层提供更多账务核算的辅助信息。

①个人往来辅助账管理。个人往来辅助账管理涉及与个人相关的会计记录和分析。一是提供个人往来辅助账余额表，个人往来辅助账余额表为企业提供了与个人相关的所有财务往来的整体概览。二是清理明细账的输出及其他核算信息，以确保所有的个人往来账务明晰、完整。三是通过对个人往来账龄的分析，可以观察到款项的流动性和风险，从而采取必要的措施。四是打印个人往来催款单，以提醒和加速款项的回收。

②客户往来辅助账管理。客户往来辅助账管理是关于与客户相关的会计事务的细致记录和分析，主要包括以下内容：一是提供客户往来辅助账余额表，该表为企业展示了与客户的所有财务交往的总体情况；二是通过清理明细账的输出和其他相关核算信息，所有客户往来账务都被清晰地列明；三是分析客户往来账龄，以评估客户的支付习惯和企业的应收款项风险；四是打印客户往来催款单能确保及时回收应收款项，维护良好的现金流。

③供应商往来辅助账管理。供应商往来辅助账管理主要包括以下内容：一是提供供应商往来辅助账余额表，此表为企业提供了与各供应商之间的财务交易的完整视图；二是清理明细账的输出以及其他供应商往来核算信息，确保与供应商的所有交易都被准确记录；三是分析供应商往来账龄，使得企业可以对付款时间和可能的供应风险有一个清晰的了解；四是打印供应商往来催款单，能帮助企业在必要时迅速处理和解决与供应商的财务争议。

④部门辅助账管理。部门辅助账管理主要包括部门总账和部门明细账的查询输出和对部门收支分析的管理。

（a）部门总账。部门总账包括科目总账、部门总账和三栏总账，主要用来查询指定会计期间某部门核算科目下各个部门的发生额及余额汇总情况；查询某部门的各费用、收入科目的发生额及余额汇总情况；查询某部门下某科目各个月的发生额及余额汇总情况。

（b）部门明细账。部门明细账包括科目明细账、部门明细账、三栏明细账和多栏明细账，主要用来查询指定会计期间某部门核算科目下各个部门的明细账；查询某部门的各个费用、收入科目的明细账；查询某部门下某科目各个月的明细账；查询某部门的各个费用、收入科目的多栏明细账。

（c）部门收支分析。部门收支分析是对各个部门或部分部门指定会计期间的收入情况和费用开支情况汇总分析的报表。统计分析的数据可以是发生额、余额，或同时是发生额和余额。

⑤项目辅助账的管理。项目辅助账的管理主要包括项目总账、项目明细账的查询输出以及项目统计表的管理。

（a）项目总账。项目总账包括科目总账、项目总账、三栏总账、分类总账和部门项目总账，用来查询某科目下各明细项目的发生额及余额情况，查询某部门、项目下的各费用、收入科目的发生额及余额汇总情况，查询某项目下某科目各月的发生额及余额汇总情况，查询某科目下各项目分类的发生额及余额情况，查询某部门下各项目的发生额及余额情况。

（b）项目明细账。项目明细账包括科目明细账、项目明细账、三栏明细账、部门项目明细账、项目多栏明细账、分类明细账和分类多栏账等。

（c）项目统计表。项目统计表反映各项目在各个对应科目下的期初余额、借贷方发生额及期末余额的汇总报表，通过此汇总报表，可以为管理者提供各项目的进展情况及各项目的开支情况，以便对项目进行管理和控制。

（二）总账系统期末处理

1.定义转账凭证

期末转账作为结账前的必要步骤，其主要任务是确保所有的会计数据都准确、完整地记录在对应的会计科目中。转账可分为以下两种。

（1）内部转账。内部转账是在总账系统内部进行的。它涉及从一个或多个会计科目中将余额或本期发生额转移到其他一个或多个会计科目。例如，当考虑到管理费用和主营业务收入时，这些费用和收入可以转入本年利润账户，确保准确反映公司的实际盈利状况。同样，制造费用的分配也可以转入生产成本账户，确保生产成本的准确性。

（2）外部转账。外部转账是从其他专项核算子系统到总账系统的转移。这种转账方式涉及从其他会计处理子系统生成的凭证，然后将这些凭证转入总账系统中。例如，工资核算系统可能会生成一个关于工资费用分配的凭证，而固定资产核算系统可能会生成一个计提折旧的凭证。这两个凭证都是外部转账凭证，它们从其原始的子系统转移到总账系统，以确保总账中的数据完整性和准确性。

2.转账生成机制凭证

转账凭证定义完成之后，只要到了月末直接执行该功能就能够在短时间内生成转账凭证，这些新产生的凭证会自动归类到未记账凭证中。由于转账凭证中的计算公式大都源自账簿，为确保数据的准确性和完整性，所有的未记账凭证必须在执行月末转账工作之前完成记账。此外，生成的转账凭证并不意味着可以直接录入账簿。为进一步确保其准确性，转账凭证在正式记账前仍然需要经过审核流程。这种机制确保了会计数据的准确性和完整性，同时还为会计人员提供了操作的便利。

3. 月末结账

（1）对账与试算平衡。①对账。对账是一个核心的会计程序，旨在确保账簿上的记录的准确性和完整性。具体地说，它涉及对账簿上的相关信息进行核对。这项核对任务的根本目标是检查记账的正确性和账簿的平衡性。为达到这个目的，主要采用两种方式进行核对：一是核对总账与明细账，确保它们之间的数据一致性；二是核对总账与辅助账数据，确保总账的数据与辅助账记录的详细数据相匹配。②试算平衡。试算平衡是一个自动化的会计过程，通过使用会计平衡公式"借方余额＝贷方余额"来验证所有设置的科目的期末余额是否平衡。完成这一核查后，系统会输出科目余额表及平衡情况，使得会计人员可以立即知晓平衡状态。值得注意的是，这一核查过程完全由计算机自动完成，大大提高了效率和准确性。

（2）结账。结账是会计流程的一个重要环节。无论是在传统的手工会计还是在现代的计算机化会计中，都有结账的过程存在。其主要目的是结束一个会计期间，确保所有会计活动都已被完整记录。具体来说，结账涉及对各个会计科目的本期发生额和期末余额进行计算和结转。这一流程是结束一个会计期的账务处理工作的关键步骤。需要注意的是，每个月只能结账一次，这就要求结账工作的准确性至关重要，而且它还必须满足相关会计制度的结账要求。

二、固定资产管理系统的应用

（一）固定资产管理系统日常业务处理

固定资产初始设置完成后，一般较少改动。日常业务主要是对固定资产增加、减少、盘点管理等变动信息的处理工作。

1. 固定资产增减管理

（1）固定资产增加。固定资产增加涉及企业通过各种途径，如购置、自建、投资或融资租入等，来扩充其资产规模。这不仅是企业扩展运营规模或更新设备的一种体现，还是对企业未来增长潜力的投资。每当有新的固定资产引入，相关的设备管理部门有责任向财务部门提交相应的原始单据。这些单据作为固定资产增加的证明，需要经过财务部门的仔细审核。

在审核过程中，一旦确定原始单据无误并合乎规定，财务人员将填制固定资产增加单。这一增加单不仅作为固定资产新增的官方记录，还为后续的资产登记提供了基础。随后，根据这一增加单，财务部门会在固定资产卡片、总账以及明细账上进行相应的登记，并据此编制会计凭证，确保资产增加的每一环节都得到了正式的记录。

值得注意的是，登记固定资产的过程中，原始卡片的开始使用日期应早于输入的月份，而新增的固定资产卡片的开始使用日期则应与输入的月份一致。这是为了确保记录的准确性。而对于新增的固定资产，由于其还未开始计提折旧，所以相应的卡片上不会显示月折旧额。为了使信息管理更加高效和规范，企业应采用卡片录入方式，将每月新增的固定资产信息逐一输入计算机系统中，形成一个统一和完整的固定资产数据库。

（2）固定资产减少。固定资产在使用周期内可能会遭遇各种情况，如损毁、出售或盘亏，导致其从企业资产名录中退出。这样的情况要求企业进行固定资产减少的处理。如何减少取决于要处理的资产数量和特点。若要减少的资产量较小，企业通常会选择输入资产编号的方式，直接在资产减少表中记录该资产信息。但若要减少的资产量大，并且这些资产之间存在共性，企业会设定某些条件，筛选出一批符合条件的资产进行集中处理。处理固定资产减少的时间也受到会计制度的约束。根据规定，即使固定资产在某月中减少，该资产仍然需要在当月计提折旧。这意味着企业必须在每月的折旧计提完毕之后，再执行固定资产的减少操作，确保减少前该资产的价值已完全反映在企业的会计记录中。

2. 固定资产盘点管理

固定资产盘点管理是企业对其资产进行审核和校验的重要环节。为确保资产的真实性和完整性，企业定期进行固定资产的清查，至少每年一次。实施盘点的主要方式是实地检查，即直接查验实物资产，再将这些实物数据录入固定资产管理系统。此后，系统会将这些实地清查得到的数据与账面上的数据进行比对。任何不匹配或差异都需被识别并得到妥善处理。此外，固定资产系统还能自动生成盘点清单，方便企业进一步核实和调整。这一过程不仅确保了固定资产数据的准确性，还为企业提供了一个定期检查和更新其资产记录的机会，从而确保资产管理的透明性和准确性。

（二）固定资产管理系统期末处理

1. 折旧处理

折旧处理是固定资产管理系统中不可或缺的一个环节，它涉及资产价值的系统化、周期性的减少。系统的设计使其能自动进行每期的折旧计提。依据已录入的固定资产信息，系统每期都会自动地计算每项资产应当减少的价值，确保资产的账面价值与实际价值保持一致。生成的折旧分配表详细列明了各项资产的折旧额，为企业提供清晰的资产价值变动情况。再者，系统还会将每期的折旧额累加到"累计折旧"这一项目中，这一操作确保了资产的总折旧额能够被正确地记录和更新。接下来，根据这些数据，系统会自动生成记账凭证，进而自动登记本期的折旧费用。这样的自动化处理大大简化了会计工作，减少了手工错误，并确保了账务产数据的准确及时性。

2. 制单

制单过程是企业会计工作中的核心环节，确保了财务数据的精确传输与处理。固定资产凭证，作为资产管理系统的产出，经填制完毕后，需传递到总账系统进行进一步的综合处理。这一传递和整合的过程确保了各项财务数据能够被正确、系统地录入，从而维护企业的财务秩序与完整性。

在制单时，可以采用以下两种方法：一是立即制单法，立即制单法是指一旦固定资产凭证完成，即刻在总账系统中进行处理。这种方法适用于那些需要实时反映资产变动的企业，能够确保数据的时效性和准确性。二是批量制单法，批量制单法则意味着会在特定的时间或条件下，集中处理一批固定资产凭证。这种方法更加高效，特别是对于大量重复性、规律性的会计事项，可以大大提高工作效率。无论哪种方法，关键是保证产数完整性和正确性。

3. 查询、修改、删除凭证

在想要查询、修改和删除凭证时，可以通过单击"处理"中的"凭证查询"来实现。具体来讲的话，只需打开"凭证查询"对话框，找到工具栏，然后单击相对应的按钮即可。

4. 对账

对账是确保财务信息完整性和正确性的关键环节。特别是在固定资产管理中，由于其高价值和长期使用的特点，任何数据差异都可能导致重大财务影响。为此，许多固定资产管理系统提供了对账功能，帮助企业核实和对比资产系统的资产价值与总账系统中固定资产科目的数值。

此外，对账功能的灵活性也是其受到企业青睐的一个重要因素。企业可以根据自己的实际需求，在初始化或选项中选择与账务系统进行对账。无论是日常工作中还是特定的财务审计时，都可以利用这一功能进行实时查询，确保数据一致性。而在每月的结账时，系统会自动触发对账程序，无须人工介入，进一步提高了工作效率。此自动对账不仅简化了流程，还能在较短的时间内给出对账结果，为企业提供了有力的数据支持。

5. 月末结账

在完成了本月的全部制单任务之后，接下来要做的就是月末结账。月末结账也是要每个月进行一次的，一旦结账完成，相关的数据就无法修改。如果想要开始下一期的会计业务处理，则只需要在登录系统时使用下期日期即可。

6. 恢复月末结账前状态

尽管月末结账的过程设计得尽可能严密和完备，但在实际操作中仍有可能出现遗漏或错误。为了应对这种情况，许多固定资产管理系统提供了"恢复月末结账前状态"的功能，允许用户在结账后返回到结账前的状态，对数据进行必要的修改或补充。这一功能如同一个安全网，确保了企业在发现问题后仍有机会进行修正，从而保障了财务数据的真实性和准确性。但值得注意的是，反结账是一个非常敏感的操作，应该在深思熟虑和充分理由的前提下进行，以避免过度使用导致的数据混乱。

三、工资管理系统的应用

（一）工资管理系统初始设置

1. 系统的基础设置

（1）部门设置。部门作为工资核算的基石，必须被精确地设置。在工资管理系统中，部门档案是决定人员工资核算信息的基础。为了确保员工的工资计算准确，每一个部门都需要被明确和详细地输入到基础档案中。这样，在系统运行时，就可以毫不费力地调用相关的部门信息，从而保证薪资的准确核算。

（2）人员附加信息设置。针对企业的不同管理要求，人员档案管理的具体内容和项目设置各有差异。为了满足日常的管理需求，除了设置基础信息外，还应加入一些辅助管理信息。这种详细的设置不仅使得人员档案管理更加丰富，而且极大地方便了企业对人员的日常管理。

（3）工资项目设置。工资核算过程涉及多个层面，如项目名称、类型、宽度等。工资项目设置的目的是明确定义这些核算内容。例如，选择"扣零处理"，系统中会有"本月扣零"与"上月扣零"项；若选择"扣税处理"，则会有"代扣税"项；若选"是否核算计件工资"，则会涵盖"计件工资"项。这些都是前置条件，要确保工资类别项目中有相应的参照选项。

（4）人员类别设置。为了满足企业的多元化管理需求，职工应按照某种标准进行分类。这些分类可以基于职务、经验或其他标准。不同的员工类别意味着不同的薪资水平。因此，根据员工类别来进行工资核算是至关重要的，因为每个员工的工资计算和管理都可能有所不同，提供的工资信息也会有所区别。

（5）银行名称设置。为了保障工资的准时发放，企业可能会与多家银行合作。因此，在系统中，需要设置并维护多个负责发放员工工资的银行名称，以确保工资发放的顺利进行。

2. 工资类别的基础设置

工资类别建立完成后，即可为某一工资类别进行基础设置，主要包括以下几方面内容。

（1）发放次数管理和人员附加信息设置。工资的发放次数及附加信息为工资类别的重要组成部分。当某工资类别的发放次数及附加信息与工资账套信息一致时，可避免重复设置。但在实际应用中，如有特殊需求，则可以灵活调整和设定，确保工资核算的准确性。

（2）人员档案设置。对员工的个人工资档案进行管理是确保工资管理公正、透明的关键。这样的设置让人事和财务部门更为便捷地管理每位员工的薪酬情况，同时可记录员工姓名、职工编号、所在部门、人员类别等信息。而针对人员档案的操作如增加、修改、删除等，需要确保在适当的工资类别下进行，确保数据的准确性。

（3）工资项目和计算公式的设置。工资的种类繁多，每种工资类别都有其特定的计算项目和公式。因此，为每一种工资类别单独设置工资项目和计算公式是至关重要的，这样可以确保工资计算的准确性和公正性。

（4）其他账套选项修改。为了满足各种不同的管理需求，系统提供了"选项"功能。通过点击"设置"中的"选项"功能，用户可以自由地调整和设定允许修改的内容，从而使工资管理系统更加符合企业的实际运营需求。

（二）工资分摊与期末处理

1. 工资分摊

工资分摊是日常业务处理中的一个重要环节，其主要目的是为了准确、公正地分配工资费用。当工资数据输入、计算完成之后，财会部门通常会参照工资费用分配表来明确工资的分摊用途。这确保了工资的合理性和透明性，同时为后续的财务处理奠定了基础。这种分摊通常涉及自动生成转账凭证，并随后将这些凭证送至总账系统进行登记和处理。

（1）设置工资分摊类型。在进行工资分摊前，需要确定分摊的类型。工资分摊的类型是根据企业的实际需要和财务规定来设定的，它为工资分摊提供了明确的框架和参考。

（2）生成转账凭证。分摊工资后的关键步骤是根据定义的工资费用分配来生成对应的转账凭证。这些凭证将工资分摊的详细结果记录下来，并传递到总账系统。在总账系统中，对于这些由工资管理系统传入的凭证，需要进行详尽的审核和记账处理。为确保数据的完整性和准确性，系统已设置限制，不允许用户在总账系统中修改工资费用结转的凭证。这意味着，如发现凭证中存在错误或遗漏，财务人员必须返回薪资管理系统进行修改并重新进行工资费用的分摊和结转。这样的设计确保了数据的连续性和准确性，减少了因操作失误导致的误差。

2. 期末处理

（1）月末处理。月末处理的主要目的是确保当月所有的工资数据都得到准确处理并结转至下个月。由于工资构成中的各项数据会因实际业务变动而产生变化，每月在处理工资时，必须确保数据是最新的。这就需要在输入新月份的工资数据之前进行清零操作，确保所有的工资项目都从零开始。这一清零环节对于工资数据的处理至关重要。如果忽视清零，数据的累积可能会导致错误，因为未清零的数据会被自动结转到下一个月。

（2）年末结转。年末结转是一个标志性的操作，它标志着一年工资数据处理的结束和新一年工资数据处理的开始。在开始新的一年之前，必须建立新的年度账户，为新一年的工资数据处理做准备。一旦新的年度账户建立，只需在系统中执行"结转上年数据"的命令，即可完成对上一年数据的结转。这里需要格外注意的是，在未完成当月工资数据的情况下，系统不允许执行年末结转，保证产数完整性和准确性。完成年末结转后，该年度的所有月份数据都将被锁定，不得再做任何修改。此外，年末结转的权限是有限的，仅账套主管才能执行，以确保数据的安全性和准确性。

第四章 会计信息处理工具和方法的创新

随着技术的飞速发展，会计领域也正经历着一场革命性的变革。传统的会计信息处理方式已逐渐被高效、自动化的方法替代。本章致力于深入探索这些新兴的会计信息处理工具及方法。首先介绍了基于 RPA 的会计信息自动化处理，然后探讨了会计引擎的建设与应用，接着分析了会计档案的电子化，最后探讨了会计报表的可视化技巧。

第一节　基于 RPA 的会计信息自动化处理

一、RPA 概述

（一）RPA 的概念

RPA，全称 Robotic Process Automation，是一种自动化技术，它使用软件机器人模拟人类在计算机上执行的重复任务。这些机器人能够快速、准确地完成各种业务流程，而不需要人为干预。它们通常用于高度重复、大量的任务，如数据输入、文件转移、和简单决策制定。使用 RPA 可以减少错误率，提高工作效率，同时释放人力资源去处理更复杂、需要高度认知能力的工作。

RPA 的工作原理基于两个主要技术：用户界面（UI）捕捉和工作流自动化。软件机器人通过捕捉用户在界面上的操作，如点击、键入、拖拽等，学习并复制这些操作。一旦机器人被训练完成，它就可以独立完成这些操作，且通常速度比人快得多。在工作流自动化方面，RPA 不仅可以执行单一的任务，还能按照预定的逻辑在多个应用间进行切换，实现完整的业务流程自动化。

（二）RPA 的功能和特点

1.RPA 的功能

从功能上来讲，RPA 是一种处理重复性工作和模拟手工操作的程序，可以实现以下功能，如图 4-1 所示。

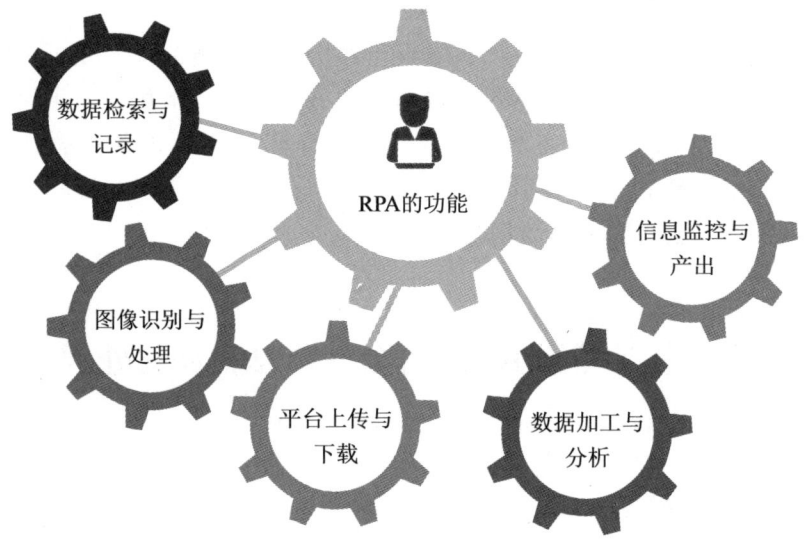

图 4-1　RPA 的功能

（1）数据检索与记录。在数据检索与记录方面，RPA 能够跨多个系统进行数据检索、数据迁移以及数据录入，确保信息的高效流动和存储。这种跨系统的能力使得企业可以快速响应数据需求，提高了业务流程的连贯性和速度。

（2）图像识别与处理。RPA 采用了 OCR（Optical Character Recognition，光学字符识别）技术来识别信息。这种技术能够识别出图像中的文字，将之转化为可处理的数据，并在此基础上进行审查和分析。这种功能为文档自动化提供了强大的支持，特别是在需要从纸质文档中提取数据的场景中。

（3）平台上传与下载。RPA 能够按照预先设计的路径，上传和下载数据，从而完成数据流的自动接收与输出。这确保了数据传输的准确性和及时性，同时也大大降低了人工错误的可能性。

（4）数据加工与分析。RPA 能够自动进行数据检查、数据筛选、数据计算、数据整理、数据校验等操作，这使得数据分析更为精确、高效。借助此功能，企业可以更好地理解其业务数据，从而做出明智的决策。

（5）信息监控与产出。这项功能使 RPA 在工作流管理中发挥关键作用。RPA 可以模拟人类的判断，实现工作流的分配、标准报告的自动生成、基于明确规则的决策制定以及自动信息通知。这不仅提高了工作效率，还确保了业务流程的规范化和标准化。

2.RPA 的特点

RPA 相比于传统软件具有独特的优势，开发周期更短且设计更加简单。这种优势主要归功于 RPA 的几个核心技术特点，如图 4-2 所示。

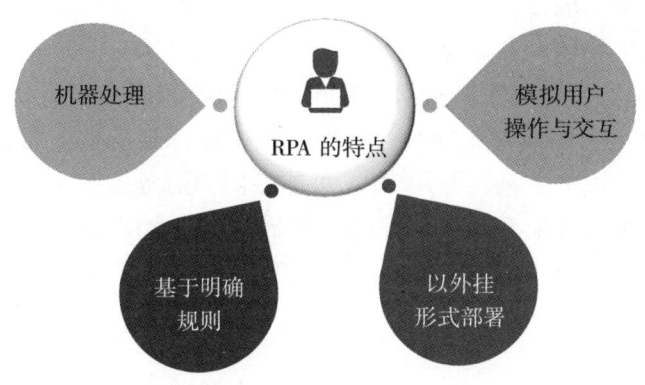

图 4-2　RPA 的特点

（1）机器处理。机器处理是 RPA 的一个显著特征，它可以实现 7 × 24 小时不间断的工作模式，大大提高工作效率，减少了由人为因素导致的错误和中断，确保了业务流程的连续性和稳定性。

（2）基于明确规则。RPA 主要是为了代替人工执行重复的、机械性的操作。为了实现这一目标，开发 RPA 的过程中需要基于明确的规则来编写脚本，确保软件机器人的操作与预期一致，并可以处理各种预见的情况。

（3）以外挂形式部署。以外挂形式部署的特点则确保了 RPA 的应用不会对企业现有的 IT 结构产生破坏性影响。由于 RPA 主要是在用户界面上进行操作，它可以与多种软件和平台无缝集成，而无需修改底层代码或重新构建整个系统。

（4）模拟用户操作与交互。模拟用户操作与交互是 RPA 的核心特点。它可以模拟多种用户手工操作，如复制、粘贴、鼠标点击和键盘输入等。这意味着 RPA 不仅可以高效地完成任务，而且可以与其他系统和应用进行交互，为企业带来更大的灵活性和自动化能力。

（三）RPA 的分类

1. 按运用范围分类

按运用范围划分，RPA 可以被分类为通用 RPA 和专用 RPA。通用 RPA 设计得较为灵活，可以应用于各种不同的业务流程和任务中。它们通常具备广泛的功能集，能够满足多种业务需求，并可以与多个系统和应用程序进行集成。由于这种多功能性，通用 RPA 在多数企业中都有着广泛的应用，成为助力企业实现数字化转型的重要工具。

与之相对的，专用 RPA 则针对特定的业务流程或任务进行优化和定制。它们拥有针对特定应用或行业的专门功能，确保在特定场景下能够提供更高的效率和精确度。例如，某些专用 RPA 可能专门为财务报表生成、库存管理或特定行业的数据处理而设计。这种高度定制化使得专用 RPA 在特定场景中表现出色，但它们的应用范围可能会相对有限。

2. 按业务类型分类

按涉及业务进行分类，RPA 可以细分为多个领域，如会计核算 RPA、财务会计报告 RPA、资金结算 RPA、税务会计 RPA 和会计档案管理 RPA、财务共享运营管理 RPA 等。会计核算 RPA 主要用于自动化日常的账务录入、账簿管理和其他与核算相关的流程，确保数据的准确性和及时性。财务会计报告 RPA 则专注于自动生成、分析和发布财务报告，从而减少报告周期，提高财务报告的质量和透明度。资金结算 RPA 则针对资金流动、转账和结算等流程进行优化，确保资金的快速、安全流转。税务会计 RPA 则主要处理与税务申报、税费计算和税务优化相关的任务，帮助企业确保税务合规，并最大化税务优势。会计档案管理 RPA 则用于自动化文件归档、检索和管理，确保所有会计文件的安全、完整和便于查找。财务共享运营管理RPA则旨在优化财务部门的日常运营和管理，如费用审批、预算管理和财务分析，使财务运营更为高效、规范。这种细分化的RPA应用确保了会计和财务流程的自动化，同时也满足了各个业务领域的特定需求。

3. 按实现方式分类

根据具体实现方式，RPA可分为流程自动化RPA、跨系统协同RPA、流程智能化RPA和实体机器人。流程自动化RPA主要针对单一的、重复性的流程进行自动化，如数据录入、文件传输等，它通过预设的脚本忠实地模拟并自动执行规定的任务。跨系统协同RPA则更为复杂，它能在多个系统之间建立连接，实现数据和流程的跨系统协同，如从一个系统中提取数据并在另一个系统中进行处理或分析。流程智能化RPA代表了RPA技术的进一步发展，它不仅仅模拟和执行任务，而是通过集成人工智能和机器学习技术，使得软件机器人能够进行数据分析、判断和决策，适应不同的工作场景，为自动化流程增添智能层次。实体机器人则是RPA技术与机械工程结合的产物，它们在物理空间中进行操作，如自动化仓库管理或生产线上的任务。这种机器人能够模拟人的动作，执行物理任务，同时与数字系统进行交互，实现物理和数字世界的完美融合。

二、RPA在会计中的具体应用场景

在现代企业中，RPA已成为优化和简化办公流程的重要工具。多数公司已经将其运用于诸如财务、采购、供应链和客户服务等关键的职能部门，同时在如金融、保险和零售等特定行业中也有广泛应用。特别地，在会计领域，RPA技术的应用已经演化为专门的"财务机器人"。这种机器人专为会计的独特业务和流程设计，主要目的是将那些高度重复、容易标准化且交易量大的任务自动化，从而释放财务人员，使其能够关注更具增值的业务部分。通过这种方式，财务机器人不仅提高了业务的处理速度和质量，还为会计的数字化转型和资源的更有效分配铺平了道路。

本质上讲，财务机器人是一种处理重复性工作、模拟手工操作的程序，因此并不适用于所有的流程，其适用的流程主要有以下特征：一是简单重复操作，如系统数据的录入、核对等；二是量大易错业务，如每日大量的交易核对，大量费用单据的审核；三是多个异构系统，内嵌于系统，但不会更改系统，不会融合系统规则；四是 7×24 小时工作模式，弥补人工操作容忍度低、峰值处理能力差的缺点，适用于企业 7×24 小时业务。

下面简要介绍 RPA 在费用报销、采购到付款、总账到报表、资金管理、税务管理等几类典型流程上的应用。

（一）费用报销

费用报销是企业会计工作中的一个重要环节，财务机器人在此过程中发挥了巨大作用，极大地提高了工作效率和准确性。RPA 在费用报销流程中的应用流程如图 4-3 所示。

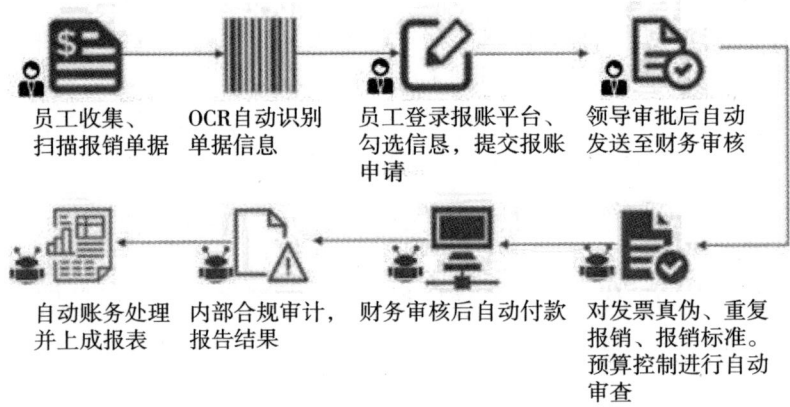

图 4-3　RPA 在费用报销流程中的应用流程

1. 报销单据接受

在报销单据的接受环节，财务机器人能够快速处理来自不同渠道的各类发票和单据。它可以自动识别、分类汇总这些单据，并据此生成报销单。进一步地，机器人还会主动发起审批申请，确保流程连续进行。

2. 费用报销智能审核

当进入费用报销的智能审核阶段，预设的审核规则被触发。财务机器人根据这些明确的规则来执行审核，如验证发票的真实性、查重、对照预算、检查报销标准等。一旦这些检查完成，结果会被及时记录并反馈给相关人员，确保整个报销流程的透明性。

3. 自动付款

当报销单通过审核，付款单会自动生成。这些待支付的单据在付款中心排队，待财务机器人根据付款计划执行付款。这不仅确保了付款的及时性，还降低了由于人为失误导致的付款错误。

4. 账务报告及处理

最后，付款单据会被自动转化为凭证并提交、过账。这一系列自动化的流程确保了会计准则的严格遵守。而生成的账务报告可以及时汇报给管理层，为决策提供准确、及时的参考数据。

（二）采购到付款

实现从供应商管理、供应商对账，到发票处理及付款整个过程的无缝衔接是采购到付款流程的重点，其中财务机器人适用的流程见图4-4。

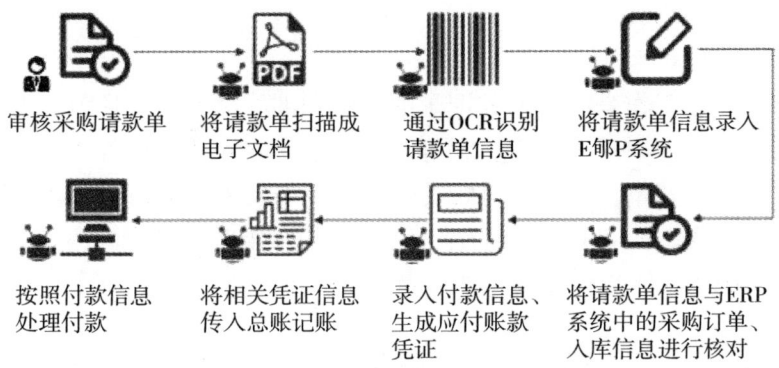

审核采购请款单　　将请款单扫描成　　通过OCR识别　　将请款单信息录入
　　　　　　　　　　电子文档　　　　　请款单信息　　　E邨P系统

按照付款信息　　　将相关凭证信息　　录入付款信息、　　将请款单信息与ERP
处理付款　　　　　传入总账记账　　　生成应付账款　　　系统中的采购订单、
　　　　　　　　　　　　　　　　　　凭证　　　　　　　入库信息进行核对

图4-4　RPA 在采购到付款流程中的应用

1. 请款单处理

在请款单处理环节，财务机器人与先进的技术如 OCR 结合，可以高效地扫描请款单并快速识别上面的关键信息。一旦信息被识别，机器人将其准确地录入到 ERP 系统中。在录入的过程中，它对订单信息、发票信息和入库单信息进行严格的匹配校验，确保数据的完整性和准确性。

2. 采购付款

财务机器人能够精确并迅速地从付款申请系统中提取关键的付款信息，

如付款账号、户名和金额等细节。一旦这些信息被获取，机器人便会将其整合并传输至网银或其他资金付款系统，确保每一笔交易都按预定的流程和规则进行，大大提高了付款效率并减少了人为错误。

3.供应商对账

供应商对账环节则体现了机器人在流程管理和沟通中的优势。设置好对账触发时间后，机器人不需要额外指令便会自动登录财务模块，向供应商发送对账提醒邮件。同时，它还会自动查询并确认订单状态和发货状态，确保与供应商间的账目清晰、准确。

（三）总账到报表

总账到报表流程是会计工作中的核心环节，该流程中的关账、标准记账分录处理、关联交易处理、对账、财务报表的出具等工作可借助财务机器人完成，从而极大提高工作效率和准确率。

1.关账

期末的关账工作是确保财务记录的完整和准确性的重要环节。财务机器人可以自动化处理如现金盘点、银行对账、销售收入确认等各项任务，从而节省人力，提高效率。在自动对账的过程中，如发现异常情况，机器人会立即发送预警报告；而若对账过程中未发现问题，会直接进入下一步的账务处理。期末关账的具体流程如图 4-5 所示。

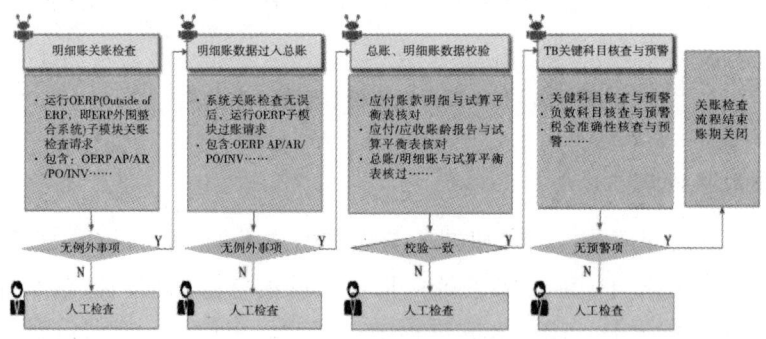

图 4-5　RPA 在期末关账流程中的应用

2. 标准记账分录处理

为确保所有交易都被正确记录，财务机器人定期对账务分录进行审查和结转，这样可以确保每个分录都在正确的时间和地点得到处理。

3. 关联交易处理

子公司之间的交易常涉及众多细节，财务机器人能够根据各个子公司提供的交易数据，自动处理关联交易，避免人为失误，提高数据的一致性和准确性。

4. 出具单体报表

汇总和处理会计数据是一项烦琐且容易出错的工作。财务机器人在这方面的优势表现得尤为明显，它可以自动完成数据汇总、合并抵销等任务，然后按照预设的模板出具单体报表，从而简化了整个过程。

5. 出具合并报表

合并报表涉及的数据更为复杂。财务机器人能从系统中导出数据，自动进行汇率数据和当月境内外合并数据的处理。接着，机器人会对子公司报送的数据进行催收和汇总，并根据规定的抵销规则，生成合并抵销分录。最终，机器人根据这些数据，自动形成当月的合并报表，确保报表的准确性和时效性。合并报表出具流程具体如图 4-6 所示。

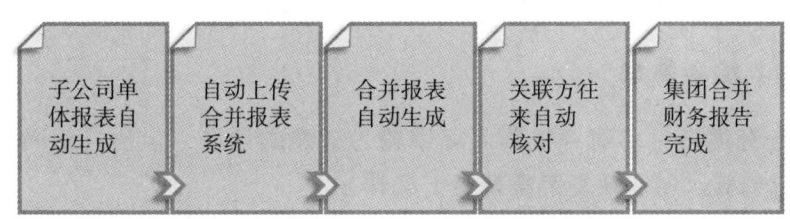

图 4-6　RPA 在合并报表出具流程中的应用

（四）资金管理

资金管理是企业运营的关键环节，涉及资金流动的合理性和效率。在这方面，财务机器人具有显著的优势，可以自动化完成多种任务，从而提高工作效率和精确性。

1. 银企对账

对账是确保资金流入流出的准确性的关键步骤。机器人可以自动取得银行流水和银行的财务数据，并进行对账。这不仅确保了账务的准确性，还极大地简化了对账过程，最后还能自动生成银行余额调节表，使得资金情况一目了然。

2. 现金管理

财务机器人在现金管理上的应用尤为突出。它可以自动执行现金归集，根据现金计划信息进行数据采集和处理。通过智能算法，机器人可以自动计算出最佳的资金组合，确保资金的合理使用。此外，它还能实时监控资金收支情况，让企业能够实时掌握资金状况。

3. 收付款处理

在订单处理中，财务机器人能够根据订单信息和供应商信息，无缝地完成收款和付款操作。这种自动化处理不仅提高了工作效率，还降低了人为错误的可能性。

4. 支付指令查询

在资金支付过程中，机器人能够自动查询支付结果。一旦支付指令发出，机器人即自动检查银行返回的支付情况，并通过邮件迅速反馈查询结果，确保每一笔交易都被有效跟踪。

（五）税务管理

税务管理是目前财务机器人运用较为成熟的领域，包括自动纳税申报、涉税信息校验、增值税发票验真等子流程。

1. 纳税申报准备

财务机器人可以在期末自动访问账务系统，批量导出必要的财务数据，如增值税认证数据，为后续的税务申报提供坚实的数据基础。

2. 税务数据获取并维护

机器人不仅可以获取税务申报所需的数据，还可以维护和更新企业的基础信息，确保纳税申报表底稿的准确性。

3. 涉税数据核对校验

通过设定的规则，财务机器人可以轻松调整与税务相关的差异项，并使用预置的校验公式来核实报表的准确性。

4. 纳税申报

财务机器人能根据已有的工作底稿自动生成申报表，并在税务局的系统中自动填报，大大简化了纳税申报的流程。RPA 在纳税申报流程中的应用如图 4-7 所示。

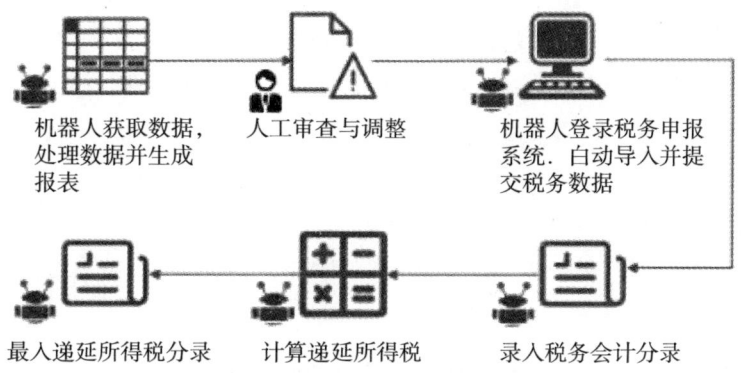

机器人获取数据，处理数据并生成报表　　人工审查与调整　　机器人登录税务申报系统. 自动导入并提交税务数据

最入递延所得税分录　　计算递延所得税　　录入税务会计分录

图 4-7　RPA 在纳税申报流程中的应用

5. 涉税账务处理及提醒

机器人不仅可以根据纳税和缴税信息编制税务分录，还可以自动计算递延所得、资产或负债，确保账务系统内的入账准确。此外，当完成这些操作后，它还会自动发送邮件提醒相关的责任人员。

6. 增值税发票开具

面对待开票信息，财务机器人可以快速操作专用的开票软件，准确无误地开具增值税普通发票和专用发票。

7. 发票验真

在当下税务风险管理愈发重要的背景下，财务机器人提供了自动校验发票真伪的功能，它还可以将增值税发票提交给国税总局的查验平台进行进一步的验证和认证，并及时地记录和反馈结果。

对于纳税主体数量众多的集团型企业，纳税申报带来了巨大的挑战。由于数据来源众多且分散，再加上申报的数据量庞大，仅依靠人工操作不仅耗时而且效率不高，更重要的是数据准确性难以确保。此时，RPA 技术的应用显得尤为关键。其高度的适配性使得纳税申报过程的许多步骤都可以实现自动化。以中兴新云纳税申报机器人为例，其将整个申报流程细分为四个子流程：数据准备、纳税申报、账务处理和评估审查，从而大大减轻了集团型企业的办税压力，具体流程如图 4-8 所示。

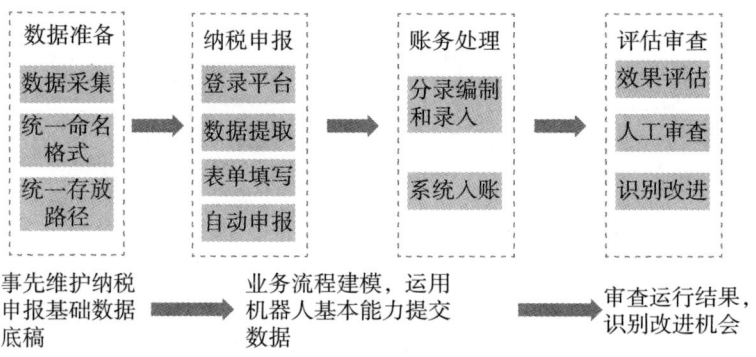

图 4-8　中兴新云纳税申报自动化流程

数据准备流程涉及财务机器人与企业本地数据的交互，这包括但不限于税务主体信息、开票信息和财务信息。在每个财务期末，机器人能够自动登录账务系统，导出所需财务数据，并进行税务差异的调整。纳税申报则涉及机器人与税务局系统之间的互动，其自动完成登录、填写申报表及提交等任务。在账务处理阶段，机器人根据纳税和缴税情况进行账务记录，自动编制和录入相关分录，确保系统内数据的准确入账。而最后的评估审查流程，则需要员工进行定期的评估，确保机器人的操作准确，并根据实际情况对其功能进行改进。

三、RPA 的实施步骤与关键要点

RPA 已成为现代企业提高效率与降低成本的关键工具。对于许多企业来说，实施 RPA 的过程并不是一蹴而就的，而是一个涉及多个步骤和关键考量的过程。

实施 RPA 的起点是明确自动化的目标与范围。企业需要对现有的业务流程进行全面审查，识别出哪些过程是标准化的、重复性的并且耗时的，从而成为 RPA 的理想候选。完成这一步骤后，下一步是选择合适的 RPA 工具。市场上有多种 RPA 工具可供选择，但关键在于找到一个与企业的 IT 基础设施和业务需求最匹配的。随后，是设计自动化流程。这涉及确定每一个步骤的详细操作，以及在出现问题时如何处理。这一阶段可能需要业务与 IT 部门的紧密合作，以确保流程的准确性和高效性。实施阶段开始后，RPA 工具将被部署在目标系统上，自动化流程会被进行测试，以确保其运行的稳定性和准确性。在成功的测试后，RPA 流程正式进入生产环境。

一旦 RPA 工具在生产环境中运行，持续的监控和优化变得至关重要。任何的流程变化或系统升级都可能对已部署的 RPA 流程产生影响。因此，需要有一个团队或者指定的人员来监控 RPA 流程的执行，确保其持续稳定地运行。同时，随着时间的推移，业务需求可能会发生变化，这就需要 RPA 流程进行调整或优化。需要注意的是，RPA 不仅仅是一个技术工具，更是一个长期的战略投资。为了获得最大的投资回报，企业需要确保其 RPA 流程与其业务策略紧密对接，同时保持对新技术和市场变化的敏感性。

第二节　会计引擎的建设与应用

会计引擎是连接业务数据库与财务应用系统并最终输出会计信息的数据处理器，它能够按照内嵌的核算规则将业务信息自动化、无差错和高效率地转换为包含复式会计分录的规范化记账凭证，实现交易明细和会计总账的互联。在业财一体化的背景下，对于实现会计信息处理自动化具有重要意义。

一、会计引擎的概念与核心功能

（一）会计引擎的概念

会计引擎，本质上是一个高度专业化的数据转换器，构建于业务系统与财务系统之间。前端的业务系统，经由数据接口与会计引擎相连，为之供应形成记账凭证所需的关键业务数据，从而完成业务信息的输入任务。中端的会计引擎，其内部配置了精准的转换规则。这些规则为指南，指导输入的业务数据，使其转化为预制记账凭证。而后端的财务系统，其任务在于审查预制记账凭证。只有审核合格的预制凭证才能进入系统，成为正式的记账凭证，这标志着会计信息输出的完成。会计引擎的基本原理如图4-9所示。

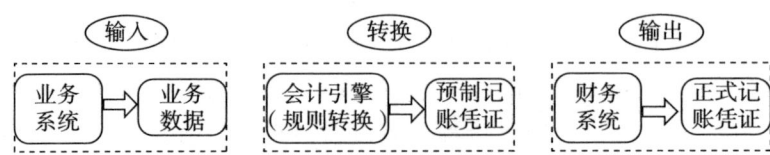

图4-9　会计引擎基本原理示意图

尽管会计引擎的基本原理较为直观，但在我国，它目前仍然处于发展的初级阶段，其在企业会计领域中的实际应用也是受到了限制。目前，真正能够作为独立产品进行应用的会计引擎数量相当有限，多数的应用依旧是模块化的。一些企业，为了满足特定的差异化场景需求，如专业财务系统或是业务系统，他们都各自构建了对应的会计引擎。这些各自独立、分散的会计引擎模块，虽然实施起来相对简单，但由于其功能差异大、成熟度不均，因此很难整合为一个完整的系统。再者，会计引擎在我国不同的行业中的应用程度各不相同。大部分行业中，会计引擎大多是嵌入于公司的电子报账系统和资金管理系统中，其应用相对单一，分布也相对分散。然而，对于金融和零售这样的行业来说，会计引擎不仅覆盖了专业财务系统，还涵盖了业务系统，使得其应用范围相对更广。

（二）会计引擎的核心功能

会计引擎的核心功能如图4-10所示。

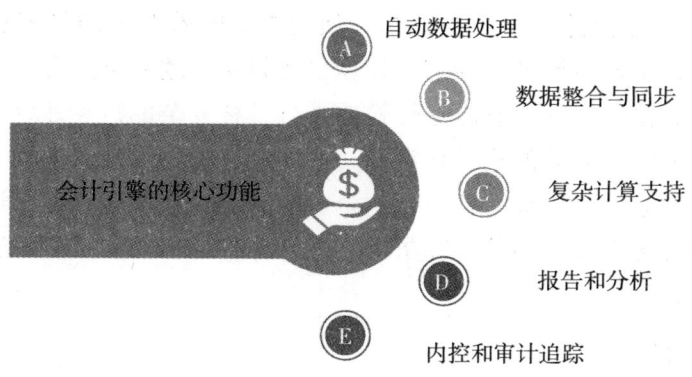

图 4-10　会计引擎的核心功能

1. 自动数据处理

在面对繁杂的财务交易时，会计引擎能够快速地自动识别、分类各种交易，并进行精确整理。这种自动化处理不仅大大提高了工作效率，避免了手工录入的重复劳动，更重要的是，它能确保数据的准确性，避免因人为错误导致的数据偏差。同时，考虑到财务数据的重要性，及时性同样不可忽视。会计引擎可以实时处理财务交易，确保所有相关的数据更新都能够在第一时间得到反映，从而使得财务报告、决策分析等基于这些数据的活动能够基于最新、最准确的数据进行。

2. 数据整合与同步

数据整合与同步是会计引擎的另一核心功能，它解决了众多企业面临的数据孤岛问题。现代企业中，不同的部门或业务单位可能使用不同的系统或工具来管理其数据，这导致了大量的数据分散在不同的系统中，难以实现数据之间的通信和共享。会计引擎通过连接这些不同的数据源，确保在整个组织范围内的信息都是一致和同步的。这不仅增强了数据的完整性，也提高了组织的决策效率。当决策者需要综合考虑多个部门或业务单元的数据时，他们不再需要花费大量时间来手工整合和核对数据，因为会计引擎已经为他们提供了一个完整、一致和实时更新的数据视图。这大大简化了决策过程，提高了企业的运营效率和响应速度。

3. 复杂计算支持

复杂计算支持是会计引擎所独特的一项功能。随着业务的扩展和运营模式的日益复杂，企业需要处理的财务计算也变得越来越复杂。会计引擎内置了一系列高级算法，这使得它能够轻松地进行各种复杂的财务计算，如资产摊销、设备折旧、多元化的税务计算等。这些计算过程中涉及的数学模型和公式可能非常复杂，但借助会计引擎，企业能够确保这些计算不仅迅速完成，而且结果精确无误。这不仅消除了因人工计算可能引入的错误，还显著提高了财务工作的效率。

4. 报告和分析

在日常运营中，企业需要生成各种财务报表，如资产负债表、利润表、现金流量表等，以及各种专题分析报告。会计引擎提供了强大的报告工具，允许用户按需生成这些报表，并进行深入的数据分析。此外，这些报告工具往往支持多种格式输出，方便与其他系统或应用程序之间的数据交换。更为重要的是，借助这些分析工具，决策者可以快速获取组织的经营状况、财务健康状况等关键信息，这为他们提供了有力的支持，帮助他们做出更为明智的决策。

5. 内控和审计追踪

会计引擎中的内置控制机制设计得既精确又全面，确保每一笔财务交易都经过适当的验证和授权。这些控制机制不仅检查数据的准确性，还确保数据的完整性，防止任何未经授权或恶意的修改。此外，会计引擎配备了多层次的安全防护，从基本的密码访问控制到高级的加密技术，都确保数据在存储、处理和传输过程中得到充分保护。为了进一步增强这些安全措施，会计引擎还会定期进行安全性评估和升级。会计引擎还具备审计追踪功能，它能生成并保留每一笔财务交易的完整记录。这意味着审计师可以追溯每一笔交易的源头，明确每个环节的责任人，并验证所有数据的真实性和准确性。这为企业在面对内部或外部审计时提供了极大的便利，并确保其始终满足各种合规和监管要求。

二、会计引擎的工作流程

会计引擎的工作流程主要包含以下几个步骤。

第一步，按照来源系统定义业务表。每一个来源系统都对应一个专门的业务表，这样做的目的是确保来自不同系统的数据能够得到专门的管理和存储。在这种设置下，不同的业务活动和交易类型都有它们对应的业务表。业务表的形成有助于对数据进行统计和分析，为决策者提供更加清晰和详尽的业务情况概览。

第二步，定义组织映射。组织映射的定义旨在为来源系统的数据建立一个映射体系，使得这些数据在转入会计凭证后，可以清晰地与相应的财务组织关联起来。这一步确保了数据的准确性，让财务人员可以明确每笔交易和数据的来源，从而提高了整体的数据管理效率。

第三步，准备核算基础资料。为确保数据转换的准确性，需要在会计引擎中预先维护一系列的核算基础资料。这包括账套、财务组织、科目体系、会计结构、汇率表等重要的财务管理元素。例如，如果外部核算系统中存在多个账套，会计引擎需要建立等量的账套和科目体系，以保证数据在转换时的一致性和准确性。这一步骤为会计引擎提供了必要的背景知识和参照系，确保了数据转换的无缝和准确。

第四步，设置凭证方案。在这一阶段，凭证方案不仅要确定其适用的来源系统，还需要确定来源系统中的业务分类，这样可以确保凭证方案准确地连接到相应的业务表。此外，选择合适的账套及相应的凭证模板也是关键。凭证状态的设定，如是否为暂存凭证或已提交的凭证，以及凭证的生成时效（如实时生成或调度生成）都为会计凭证的生成和管理提供了明确的方向。

第五步，基于已设定的凭证方案来定义映射表。映射表的核心在于根据目标值以及业务和财务的关键影响因素，配置相应的取值规则。这样可以确保业务数据在转换为财务数据时，能够保持其原有的意义和重要性，确保数据转换的准确性。

第六步，配置凭证模板。凭证模板不仅要考虑凭证头的各种要素如核算主体、账套、摘要、凭证编码等，还要为凭证行设定取值规则。凭证头为每一笔会计凭证提供了基本的描述和定位信息，如业务发生的日期、凭证的类型等，而凭证行则包含了该笔业务对应的会计科目和金额等详细信息。确保凭证头和凭证行的信息准确、完整是生成有效会计凭证的关键。

第七步，生成会计凭证。在这个阶段，根据前面的配置和定义，会计引擎自动地产生相应的会计凭证。这一步不仅要确保凭证的生成，更要确保生成过程的透明性和可监控性。因此，运营监控成为此阶段的重要部分。这种监控机制允许用户根据不同的字段信息，如来源系统和核算组织，进行凭证的查询，从而方便查找、核对和管理相关的会计凭证。

第八步，会计引擎与其他相关系统的交互。这是一个涉及多系统协同作业的环节，确保数据在不同系统间的流转是顺畅和准确的。对接共享运营系统时，需要将待审核的会计分录传递给该系统，再由共享运营系统返回审核后的状态。这种机制确保了分录的准确性和合规性。与外围核算系统的对接是为了将已经通过审核的会计分录传输到相关的系统中，确保数据的完整性和准确性。与来源系统的对接则是为了返回凭证生成的结果，这样可以避免因为多次数据交互导致的凭证重复生成。这一步骤的核心是确保会计引擎与各个相关系统之间的数据交互是流畅、高效且准确的。

三、会计引擎的建设方法

下面介绍三种会计引擎建设的方法，如图 4-11 所示。

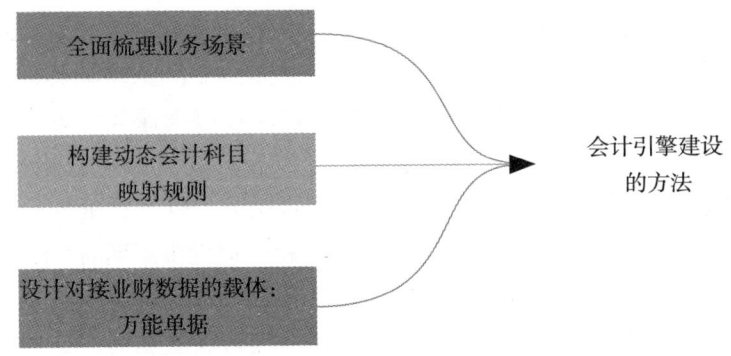

图 4-11　会计引擎建设的方法

（一）全面梳理业务场景

全面梳理业务场景是建设会计引擎的关键环节，首先，需要对所有系统中有必要生成会计凭证的场景进行全面梳理，因为每一个未被考虑的场景都可能导致会计报表的误差或不完整。这种梳理应当是细致且全方位的，确保从每一个交易到复杂的会计操作，所有可能产生会计凭证的活动都被纳入考虑范围。

其次，当涉及场景的细分时，仅仅从业务的角度去分类是不够的。必须深入到会计核算的层面，确保每个场景都能与适当的会计科目相对应，满足精确核算与报表编制的需要。这样的分类考虑不仅确保了数据的准确性，还使得后续的会计处理更为流畅和高效。以原材料领用的场景为例，同样的业务动作可能会因其用途的不同而需要不同的核算处理。这样的场景在库中可以通过"科目分类"标签进行识别，并在后续的科目映射中用于定位，如表4-2所示。

表4-2　原材料领用场景

细分场景		场景编码	借／贷	科目分类
原材料领用	成本消耗	LY01	借方	固定成本
			贷方	原材料
	大修理项目	LY02	借方	长期待摊费用
			贷方	原材料
	新建项目	LY03	借方	在建工程
			贷方	原材料

进一步的，对于那些有多个分支或子公司的集团性企业，必须从总公司的角度进行场景梳理。这包括横向比对各分支或子公司中的场景，确定是否所有实体都处理了同样的核实质业务，并将这些相似的场景合并，从而优化凭证规则库并避免不必要的重复或冗余信息。这一过程确保了整个集团的财务处理流程统一且高效。为了实现这一目标，采用最细分的业务场景为单位是至关重要的。这样不仅确保了所有业务流程都得到妥善的处理，而且为构建会计引擎凭证规则体系提供了坚实的基础。

（二）构建动态会计科目映射规则

构建动态会计科目映射规则是为了保障会计引擎在处理复杂多变的财务业务场景时，能够做到既准确又高效。考虑到企业经营环境和内部业务模式的持续演变，固定的会计科目映射方式难以满足实际需求。因此，动态映射规则的引入，不仅解决了因场景过多导致的规则库臃肿问题，更重要的是，为企业后期的调整和运维提供了极大的便利性。

动态会计科目映射规则的核心思想是，根据业务数据的实际内容和特点，自动地确定最恰当的会计科目，从而生成相应的凭证。此规则主要围绕

"费用类型"与"科目分类"两大核心维度进行工作，确保每一笔业务事项都能够与正确的会计科目相对应。以表 4-1 中 LY01 场景为例，假设在该场景下发生了"备件"及"物料"两种原材料的领用，可以借助在借方及贷方定义的"科目类型"及系统输出的"费用类型"映射科目并形成分录。动态映射规则能够确保每一种费用都能够准确匹配到对应的会计科目。这就意味着，同样是物料费用，根据其在不同业务场景下的应用，可能映射到原材料科目、主营业务成本科目、销售费用科目或其他相关科目，保证财务报表的精确性与真实性。不同业务场景会计科目映射如表 4-3 所示。

表 4-3 不同业务场景会计科目映射

费用类型编码	费用类型名称	原材料科目名称	在建工程科目名称	固定成本科目名称	长期待摊费用科目名称
001	备件	原材料 —备件	在建工程 —初始物资	固定成本 —备件	长期待摊费用 —备件
002	润滑油	原材料 —润滑油	在建工程 —初始物资	固定成本 —润滑油	长期待摊费用 —润滑油
003	物料	原材料 —物料	在建工程 —初始物资	固定成本 —物料	长期待摊费用 —物料

（三）设计对接业财数据的载体：万能单据

万能单据是一种颠覆传统思维的创新设计，它不再受限于具有财务属性的烦琐数据，而是基于非财务的、核心业务相关的最少量信息字段来承载全面的业务数据。这种设计理念旨在实现一个简化而高效的数据对接方式，将业务和财务之间的数据传输过程最大限度地优化。

在万能单据中，重要的信息字段如场景编码、费用类型代码等，作为该单据的核心数据存在。这些核心数据是连接业务数据和财务数据的桥梁，为数据之间的流通提供了通道。当这些简洁的万能单据数据输入到会计引擎时，引擎通过这些核心数据，从其庞大的映射规则库中自动检索与之匹配的映射规则。一旦匹配成功，会计引擎便能自动生成相应的记账分录、字段信息，并完成与会计科目的映射。

这种方法的巧妙之处在于，它避免了大量重复的、详细的财务数据输入，从而极大地提高了数据处理效率和准确性。通过这样的方式，万能单据确保了不同业务场景下的数据都能够得到准确、迅速的处理，同时简化了业务与财务部门之间的沟通和数据交换过程，为企业提供了一个更加流畅、高效的工作流程。

四、会计引擎在实际应用中的案例分析

A 公司作为某央企集团下的航运企业，面临着业财一体化的挑战。在 2017 年年底至 2019 年年中，公司完成了业财一体化的建设和上线对接。由于市场上缺乏可以完全覆盖航运调度管理、船舶管理、和船员管理这三个业务板块的成熟管理系统，A 公司发现其下属公司在此三大业务领域采用的系统都是不同的，总计有十几套业务系统。另外，各公司在船端都已安装系统以确保船岸连接。面对这样的情况，A 公司明白，简单地统一业务系统或进行大规模的业务系统改革都是不现实的，因此决定构建会计引擎，使其成为业财一体化的关键连接部分。

针对航运企业的两大特性，A 公司对会计引擎进行了特定的设计。其中，第一个特性是单船公司多。这意味着航运企业会以单一船只为基础注册一家公司，并为其设置独立的账套。然后，这些公司与管理公司签订管理协议，以此方式对其自有的单船公司进行管理，目的是规避因海域污染事故造成的巨额赔偿风险。第二个特性是单航次核算。每个航次都是一个独立的核算单位，这意味着一个航次可能会跨越多个会计期间。又因为远洋运输可能涉及海外供应商提前收款，其相关成本发票经常提供得不及时。为了应对这些情境，A 公司的会计引擎预设了以下几个相关的逻辑功能，旨在确保精确和及时的核算，从而提高了企业的运营效率和核算准确性。

（一）简要字段信息满足跨账套记账

A 公司面对的是航运行业的复杂性，尤其是在集中管理和采购环节，单据经常需要跨越不同的账套来为多个单船公司生成多张凭证。而在传统的业财一体化模式中，每一个业务系统都必须为各种复杂的业务场景分别设置生成凭证的逻辑，这无疑增加了操作的复杂性和成本。为了解决这一问题，A 公司采用了万能单据作为数据载体。这种单据只包含"场景代码、船名、航次、费用类型、币别、金额"等少数关键字段，且具有标准接口。当前端业务系统在各功能模块的管理流程中遇到需要核算的场景时，只需自动向会计

引擎传递这些简洁的字段信息。

当万能单据被传送到会计引擎时，引擎系统会自动利用"场景代码"来匹配预设的凭证记账规则库，并调用相应的记账规则。其中，"船名"作为单船公司的记账组织标识，与"航次"结合，构成了记账科目的成本中心和利润中心；接着，系统会使用"费用类型"来匹配相应的损益科目，并结合"币别"和"金额"完成完整的凭证信息。而由于核算精细化的需要，会计科目下经常设置了许多辅助核算项，如"费用性质"和"成本要素"。这些辅助核算项用来区分业务的会计属性，如通过"实际数"和"预估数"区分发票入账的实际成本和预估成本。为减轻业务系统的负担，A 公司决定在会计引擎中通过场景编码来映射所有这些属性，从而进一步轻量化万能单据所承载的信息，实现了业务和财务流程的简洁和高效。

（二）内部往来挂账逻辑优化

在 A 公司的实际运作中，船舶管理公司和单船公司的结构确实为会计和财务带来了特定的挑战。当涉及如"原材料调拨出入库"这样的经济事务时，这种双边甚至多边的核算需求变得尤为复杂。管理公司，为了充分利用规模经济，通常对船舶通用备件和物料进行集中采购，然后再将其分配给下属船舶。在传统的业财模式下，这意味着业务系统需要从管理公司和单船公司的双重视角来处理"调拨"这一业务操作，分别生成"调拨出库"和"调拨入库"的凭证。

而 A 公司的会计引擎则带来了一个高效的解决方案。引擎通过简单的"场景代码"能够定义出这种复杂的双边往来科目，同时利用原材料的"费用类型"来映射管理公司和单船公司的对应的借、贷方科目。这意味着，相对于传统的业财模式，会计引擎可以通过仅使用一张万能单据来达到完整的双边挂账效果。这种简化的操作流程不仅大大降低了错误的风险，而且在减少工作量和提高效率方面都表现出色，再次证明了 A 公司在业财一体化过程中选择构建会计引擎的智慧决策。

（三）单一业务单据多步骤处理

1.航次变动成本的会计预估

在月底，航运企业常常需要对已经发生但尚未获得原始凭证的航次变动成本进行临时估计。一旦取得原始凭证，这一暂估需要在次月初被红冲。在传统的业财一体化模式中，这意味着业务系统需要在两个不同的时点进行单据发送以完成记账。但在会计引擎模式中，场景编码可以轻松地识别"航次变动成本暂估"这一场景，并在适当的时机自动生成次月红冲的凭证，极大地简化了操作流程。

2. 权责发生制下的成本分摊

航运企业为了应对各种风险，如战争、海盗行为、设备故障、海难、员工伤亡等，需要购买各类保险。在支付保费时，公司将未来几个月的保险费用记录在资产类科目下，随后，在每个月的保险期间内进行费用摊销，并转移到成本中。在传统模式下，这意味着业务系统每次费用摊销都需要单独发送单据来完成记账。但在会计引擎模式中，业务系统只需发送一次关于待分摊总额的单据。会计引擎通过识别场景编码为"预交保费分摊"并根据万能单据上明确的起始分摊日期和分摊期数，可以在每个相应的期间生成适当的费用摊销凭证。

（四）依据科目余额的核算规则

A 公司会计引擎在处理依据科目余额的核算规则时，展现出了其在流程简化和准确性提升方面的卓越性能。根据《企业会计准则第 14 号——收入》的要求，航运企业面临合同执行周期长，且必须按照履约进度确定收入的挑战。这在传统业财一体化模式中涉及复杂的余额查询和会计判断步骤。但会计引擎模式为航运企业提供了一种高效的解决方案，通过自动处理合同负债科目余额，确保了收入确认的准确性。更为重要的是，该模式允许业务系统在确认收入时自动获取相关数据，并通过万能单据将其传递给会计引擎。这不仅简化了数据传输，还确保了数据的一致性。会计引擎能够利用这些信息自动生成对应的会计凭证，消除了可能的人为错误。

A 公司的会计引擎通过万能单据功能，高效地处理了企业的复杂会计需求。当涉及收入确认时，业务系统能够自动获取并转化核心数据，进而通过万能单据传输给会计引擎。这一数据包括但不限于场景描述、费用类别和船名。利用场景代码，会计引擎精准地确定记账的规范，结合科目余额和税额等关键信息，做出判断并完成会计操作。费用类型指引会计引擎找到明细科目，而船名不仅标记了损益的成本利润中心，还为不同的单船公司确定了记账组织。更进一步，船名能反映出会计要素的差异，如区分自有船舶和租赁船舶。借助这些核心数据，会计引擎能为各个单船公司生成准确的会计凭证。

A公司通过引入会计引擎，成功地重新定义了业务与财务系统间的操作界限，从而实现了业务与财务的高效整合。原先分散于众多业务系统中的会计核算逻辑，现在被集中处理。业务系统只需抓取各生产环节的关键数据，并通过万能单据将其传递给会计引擎。这意味着业务系统可以专注于其主要职责，即业务管理，而不再被复杂的财务逻辑所干扰。每当出现与会计有关的场景，数据会被自动发送。与此同时，财务部门则负责维护在会计引擎中的统一财务规则。若相关的法规、准则或公司内部指引发生变化，凭证规则可以被迅速地更新与配置。此外，对于专注于核算的财务人员，此种集中化的处理方式不仅有助于他们深入理解和熟悉公司的核算制度，还使得会计引擎的管理和维护变得更为便捷。

第三节　会计档案的电子化

在信息化时代的背景下，会计档案由传统的纸质形式逐步转向电子化，反映了会计行业与现代技术的紧密结合。会计档案不仅记录了企业的经济活动，也是决策、监督和分析的重要基础，其电子化不仅符合环保、高效的发展趋势，更在数据检索、分享和安全管理等方面带来了巨大优势。本节将重点探讨会计档案电子化的重要性及实施策略。

一、会计档案概述

（一）会计档案的含义

会计档案涵盖了单位在会计核算过程中接收或生成的所有资料。这些资料不仅以文字形式展现，还包括图表等多种方式，全面记录和反映了单位的经济业务事项。这些档案不仅是对单位经济活动的详细记录，更是展现其经济业务发展和变化的重要史料和证据。具有保存价值的会计档案，为企业提供了决策、审计和分析的基础，也是对外部利益相关者，如投资者、税务机关和其他监管机构，展示企业经济情况的关键证明。

（二）会计档案的属性和特征

会计档案作为一种专门性的档案信息资源，具有一些独特的属性和特点。概括起来主要包括突出的专业属性、形成过程的序时性、承载信息内容的严肃性、数据记录的平衡性、文件格式的规范性等，如图 4-12 所示。

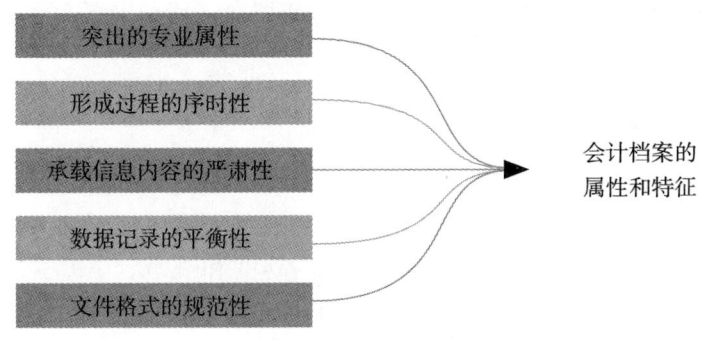

图 4-12　会计档案的属性和特征

1. 突出的专业属性

会计档案与其他档案存在明显的差异，其产生领域和内容性质具有突出的专业性特点。从产生领域看，会计档案的形成是在单位的会计核算活动中，是该专业活动的有机组成部分。它们不仅是经济业务活动的关键依据，而且为经济分析、研究和决策提供了不可或缺的信息参考材料。在内容性质上，不同形式的会计档案，无论是传统的会计凭证、账簿、报告，还是现代的会计电子数据记录与文档，都围绕着反映和记录会计核算活动及其结果。这种对专业性的专注不仅为会计档案赋予了独特的价值，同时也成为区分会计档案与其他类型档案的关键标志。这种专业属性不仅彰显了会计档案的核心地位，而且标志着其在各种经济和管理活动中的重要角色。

2. 形成过程的序时性

会计档案的形成过程展现出鲜明的序时性特征。在总体层面上，会计档案按照会计年度逐步构建，展现出时间的连续性。这种连续性体现在从会计凭证的生成，到基于凭证数据制作的会计账簿，再到根据账簿编制的会计报告的全过程。这个过程中的每一个环节都紧密相连，并按照时间的先后次序进行。如若偏离这一固有的顺序，就有可能违反现行的会计法规和相关的会计工作制度。

从更具体的、微观的角度来看，每一笔经济业务或财务支出，从其起始到结束，均通过连续的会计数据和信息记录进行加工和跟踪。在这一连续性工作中，会计人员依据现行的会计立法、制度和计划，形成了完整的会计记录，包括会计凭证、账簿和报告。这种会计文件和记录在内容以及形成程序上所展现的时间连续性，使会计档案与其他类型档案产生显著的区别，成为其核心特征。

3. 承载信息内容的严肃性

会计档案不仅仅是数字和数据的累积，而是国家和社会经济活动的历史原始记录，其所承载的信息的准确性和真实性关系到整个社会基础的稳定性。当会计档案的内容不符合会计工作立法、制度和规范，其后果是严重的，可能导致基于这些信息制定的社会经济计划和管理决策走偏失误，从而带来巨大的经济损失。因此，国家通过严格的会计立法和管理制度来确保会计信息的准确性、可靠性和真实性。强化审计工作、明确责任和从业人员的专业培训等措施，进一步确保了会计档案的严肃性和可靠性。

从企事业单位的角度看，为了保障正常的生产、工作以及科研秩序，单位会对会计文件和记录进行严格的管理和控制，确保其信息和数据的完整性、准确性和严肃性。但实际操作中，任何管理和控制的疏忽都可能导致会计记录和文件的错误或伪造，这不仅失去了档案的原始记录品格，还可能对社会造成严重危害，从而动摇国家的经济基础。因此，确保会计档案的严肃性，不仅是每个单位的责任，更是维护整体社会经济稳定的必要之举。

4. 数据记录的平衡性

会计档案的数据记录平衡性是确保会计信息真实性、完整性和可靠性的关键。在经济活动的反映中，会计凭证、会计账簿和会计报告三者之间的数据必须保持一致，不能存在相互矛盾、虚假记录或隐瞒真实情况的问题。在传统的手工会计时代，数据的不平衡性常常是由于操作失误或有意识地窜改等原因造成的。例如，由于人为失误或故意窜改，会计记录之间可能存在不一致性，这种情况直接影响了会计数据的真实性和准确性。

随着会计进入信息化时代，尽管技术的进步为会计数据的处理和管理带来了便利，但同时也面临着新的挑战。不准确的数据输入、系统操作人员的误操作，以及不法分子的非法干预都可能导致会计数据的不平衡。为了确保数据的平衡性，除了依法行事和严格遵循相关法规、政策和制度外，还需要在单位内部加强有效的管理和控制，确保每一步操作都符合会计准则。同时，对于违法或误操作造成数据不平衡的责任人，必须依法进行处罚，以确保会计档案数据的真实性、准确性和严肃性。

5. 文件格式的规范性

会计档案的规范性在于严格遵循预定的格式和标准，以确保会计核算工作的正常和有序进行。无论是国家、行业，还是地区与单位，均已详细制定了会计记录和文件的具体格式或范式，确保其内容与形式的一致性和准确性。从历史发展的角度看，虽然不同时期的会计档案格式可能存在差异，但在特定的时间框架内，都是按照统一的规范格式来形成的。这种规范性确保了会计记录和文件的名称、类型与其所记录和反映的会计数据性质之间的高度一致性。这种一致性不仅确保了会计档案的真实性、可靠性和完整性，而且也使会计档案与其他类型档案形成了明显的区别。

二、电子会计档案的优势

电子会计档案，凭借其独特的优势，为现代企业赋能，优化工作流程，提高效率，为决策提供更为准确和及时的数据支持。它标志着会计行业向更加绿色、高效、灵活的方向迈进，为企业和社会带来深远的影响。电子会计档案的优势主要体现在以下几方面，如图 4-13 所示。

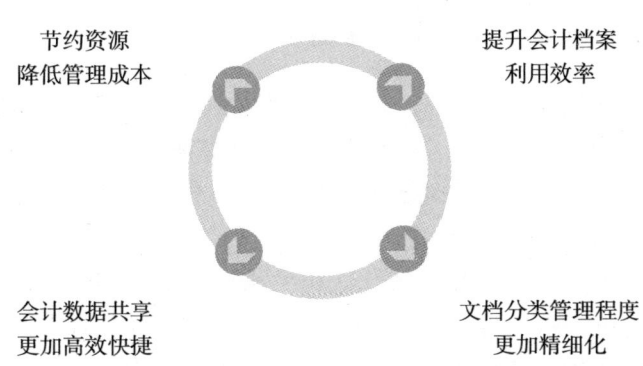

节约资源
降低管理成本

提升会计档案
利用效率

会计数据共享
更加高效快捷

文档分类管理程度
更加精细化

图 4-13 电子会计档案的优势

（一）节约资源，降低管理成本

与传统的纸质档案管理模式相比，电子会计档案省去了大量打印、装订、仓储、保管和运输的成本。这些活动不仅涉及了物质资源的消耗，而且往往包括低效率的重复性劳动。电子会计档案不需要纸质存储，有利于环保，同时可以实现快速归档。通过这种方式，财务人员可以从烦琐的文件管理工作中解放出来，专心从事更专业的财务工作，并更深入地融入业务前端。而管理人员则可以实现不受时间和空间的限制，随时随地查看和审阅档案，实现如远程审计等工作，从而节约了差旅成本和时间成本。

（二）提升会计档案利用效率

电子会计档案的引入极大地提升了会计档案的利用效率。与传统的纸质档案相比，电子格式的存储允许即时检索和访问，无需翻阅大量的文件或移动实体档案。通过几次点击或关键词搜索，用户可以快速找到所需的信息，极大地减少了查找时间和努力。此外，电子档案的灵活性也允许多个用户同时访问同一份档案，不受物理限制，进一步增强了工作效率。在数据分析和报告方面，电子档案可以与其他软件应用程序轻松集成，自动生成财务报告或进行数据可视化，从而提供更加深入的洞察。电子存储还为档案提供了额外的保护层，通过备份和加密，确保数据不会因意外损坏或丢失而丧失。简而言之，电子会计档案为财务专业人员和其他相关人员提供了一个更加高效、灵活和安全的方式，确保信息的流动性和准确性，从而提高了整体的工作效率和效果。

（三）文档分类管理程度更加精细化

电子会计档案的出现使得文档分类管理达到了前所未有的精细化程度。在纸质档案系统中，文档的分类和管理常受到物理空间和人工操作的限制，但在电子环境中，这些限制得到了明显的缓解。电子会计档案系统可以设计复杂的元数据和标签结构，允许用户根据多种维度对档案进行分类，如日期、项目、业务类型、金额或任何其他相关指标。这种多维度的分类方式不仅使得文档检索更为迅速准确，还有助于进行更深入的数据分析和跟踪。此外，自动分类和智能推荐算法的应用可以进一步简化文档的分类工作，确保每一份文档都被恰当地归档。在审计和监管的背景下，精细化的文档分类更便于相关部门深入了解会计事项，确保合规性和透明度。总的来说，电子会计档案为文档分类管理带来了革命性的改进，提高了档案管理的准确性和效率。

（四）会计数据共享更加高效快捷

电子会计档案的发展极大地促进了数据的高效快捷共享。在传统的纸质档案环境中，数据共享意味着复制、邮寄或传真，这往往涉及时间延迟、成本增加和数据丢失的风险。然而，借助现代技术，电子会计档案可以在几秒钟内跨越地域被多方安全访问。不论是企业内部的不同部门，还是外部的合作伙伴、审计师或监管机构，都可以根据权限实时查阅相关档案，大大加快了决策速度和业务响应能力。更重要的是，这种数据共享方式还支持多用户同时访问和编辑，从而促进了团队协作和知识共享。此外，云存储和高级加密技术确保了数据的安全性，同时还允许进行版本控制和备份，确保数据的完整性和一致性。而且，基于电子格式的数据共享还可以轻松地与其他IT系统集成，如ERP、CRM或BI工具，为业务运营和分析提供更大的便利。因此，电子会计档案不仅简化了数据共享的过程，还为企业带来了更广泛的战略和操作上的优势。

三、电子会计档案系统

（一）电子会计档案系统的概念

电子会计档案系统是一种信息系统，其目标是将企业会计档案纳入结构化管理，从而确保每一个会计凭证与其对应的电子影像自动匹配和整合。这个系统的核心功能不仅局限于电子化存储，它涉及档案的整个生命周期，从归档、检索到借阅，确保每一个步骤都在系统内有迹可查。电子会计档案系统处于整个财务体系的核算层中，并且作为财务运营系统的关键组成部分。它采用先进的影像技术为支撑，同时基于企业的会计核算系统，以实现会计数据的自动化加工。

电子会计档案系统为企业提供了一个桥梁，将电子会计档案与实体档案紧密关联，从而实现档案的完整性和一致性。电子会计档案系统的出现解决了长期以来的一个问题，即企业内部各种会计数据系统之间的信息孤立现象。而通过与网上报账系统等其他企业信息系统的集成，电子会计档案系统不仅提高了企业会计数据处理的自动化水平，而且增强了企业会计信息与外部环境的连接。这种集成体现在多个方面，如异地的财务共享，凭证的采集、传输和管理，以及实时在线的档案调阅，这一切都在提高各方如审计、纳税申报及税务机关等的工作效率。这个系统不仅简化了会计过程，提供了一个无纸化和一体化的办公环境，还确保了纸质原始档案的有效保护。

（二）电子会计档案系统的流程

电子会计档案系统是一个综合性的解决方案，专门针对财务电子凭证文档的集中管理而设计。通过与网上报账系统、核算系统、电子影像系统等相关业务系统的深度融合，它确保形成的电子凭证与实物凭证完全一致。在完成电子凭证的生成后，系统按照实物凭证的归集方法进行分册和归档，从而实现了凭证的电子化管理。

电子会计档案系统的工作流程是明确且结构化的。从开始到结束，数据流经过几个关键阶段。信息采集阶段负责从各个数据源收集相关信息，并确保其准确性和完整性。接下来，进入凭证管理阶段，此时会将采集到的信息转化为电子格式的凭证，同时确保它们与实物凭证一致。归档管理阶段则负责按照特定的标准和规范对这些电子凭证进行归档和整理。最后，在档案管理阶段，所有的电子凭证都会被安全地存储和维护，确保能够在需要时方便地检索和使用。这个流程不仅提高了凭证处理的效率，还增强了数据的安全性和可靠性。

（三）电子会计档案系统的功能

电子会计档案系统功能框架主要分为归档和查询借阅两大模块。

1. 档案归档模块

档案归档模块是电子会计档案系统的核心，它的主要任务是确保企业自制的记账凭证电子文件与内外部的原始凭证影像文件匹配完美。该过程确保生成完整的电子记账凭证档案数据，并以册为单位在系统内进行统一管理。这种统一管理确保纸质会计凭证与电子会计凭证的一致性，降低对纸质会计凭证的依赖，从而保护纸质档案免受人为和机械损害。档案归档模块的功能主要有以下几部分。

（1）凭证打印。电子会计档案系统中的凭证打印功能已经得到了优化，更好地考虑了凭证、报账单和原始单据之间的关联。除了常规打印外，该系统还支持四种打印方式，从而提高打印效率。这四种方式是：按照纸质报账单的顺序打印，以便于匹配和粘贴；允许用户自定义打印顺序；区分已打印和未打印凭证，以及关联报账单的打印。

（2）凭证匹配。电子会计档案系统在构建完整财务档案时，高度依赖凭证匹配功能，确保会计凭证与其对应的实物档案和电子报账单之间的精确关联。在这一复杂过程中，每个电子报账单提交都会生成一个具有唯一编码的单据号，与此同时，与其相关联的实物档案单据也拥有其特定的票据号。进一步地，当这些实物档案被扫描并转换为电子形式，系统便为其分配一个扫描索引号。与此过程并行，基于电子报账单的信息，会计凭证被自动生成并被赋予一个独特的凭证号。在这种高度结构化和自动化的过程中，所有这些不同的标识符，包括单据号、票据号、索引号和凭证号，都被有机地关联起来。这不仅确保了数据的完整性和准确性，而且通过这种细致的匹配，会计凭证和实物档案之间的链接被牢固地建立，确保了财务数据的一致性和可追溯性。

（3）凭证分册。电子会计档案系统的凭证分册功能高度优化了会计凭证的组织和管理流程。在系统内部，每一张会计凭证都根据其专属的会计凭证号进行排列，确保顺序的完整性和连续性。借助这种高度自动化的机制，系统能够依据凭证的数量，智能地实施电子档案的分册处理。与此同时，纸质会计凭证在实际操作中也遵循相同的凭证号顺序，人工地进行分册整理。此外，电子会计档案系统具备先进的缺号识别技术，能够实时地检测是否存在中断或遗失的凭证号，并自动启动缺号分析程序。一旦系统发现缺失的凭证，便会自动发出提醒，要求相关负责人解决此问题，从而确保档案的完整性和流程的连续性。这样的设计不仅提高了会计凭证管理的效率，而且增强了财务数据的准确性和完整性。

（4）凭证入柜。电子会计档案系统为会计凭证的存储和检索提供了一种高效的方法。经过系统自动分册处理后的凭证册，基于预设的规则，被整合并放入特定的凭证盒。考虑到每家企业的实际存储空间和场地限制，这些盒子进一步被组织并储存在特定的凭证柜内。每一步的操作，从凭证册的归档到实物档案的具体存放位置，都在系统中得到精确的记录和追踪。因此，当档案的使用者需要查询某个具体的实物档案时，他们可以直接通过系统查看存储信息，快速并准确地定位到所需的实物档案。这种自动化和数字化的管理方法大大减少了查找和处理纸质档案的时间，同时也降低了因人为错误造成的档案丢失或损坏的风险。

2. 档案查询借阅模块

（1）档案查询。电子会计档案系统拥有强大的查询功能，允许用户追踪从明细账到各种会计凭证、应付票据、报账信息以及原始单据的全部会计信息。这种一体化的查询体验确保了数据的连贯性和完整性。电子会计档案系统还可以查询不同的法人、账簿和类别的电子档案状态，提供有关累计册数、实物存放位置等的细节，并能够生成多维度的档案管理报告，使得档案管理变得更加精确和高效。

（2）档案借阅。电子会计档案系统完整地处理了档案借阅的全流程。从借阅申请的启动，到系统内的电子审批流程，再到档案的归还、催还和续借申请，每一步都经过精心设计以确保流程的顺畅和透明。尽管档案的借阅过程主要侧重于电子会计档案，但纸质档案的借阅也得到了充分的支持和考虑。

（3）库房管理。库房管理是电子会计档案系统中至关重要的部分，负责处理企业的电子和纸质档案的存储和流转，包括入库、出库、归还和盘点等任务。系统可以准确地确定每一本纸质档案的库存状态和确切位置，使得档案的调阅和查找变得非常便捷。更进一步，系统利用条码技术对纸质档案进行严格的监控和管理，确保实物档案与电子数据的完全一致性，从而提高档案管理的整体水平。

四、电子会计档案的管理原则

为确保电子会计档案的完整性、可靠性和有效性，管理者需遵循一系列核心原则，从而为企业创造真正的价值并保障其长期利益。这些原则包括合法性、效益性、形式保真、安全性、规范性和实用性原则，如图 4-14 所示。

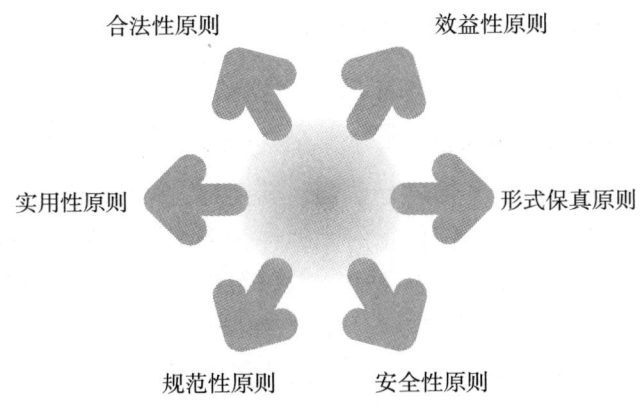

图 4-14 电子会计档案管理的原则

1. 合法性原则

合法性原则是电子会计档案管理的核心和基石。这意味着在创建、存储、传输、使用和销毁电子会计档案的整个过程中，必须严格遵守国家的法律、法规和相关政策指导。不仅如此，企业或机构还需要密切关注行业的标准和最佳实践，确保其行为总是在法律允许的范围内。违反法律可能会导致严重的法律后果，如罚款、资格剥夺或其他刑事处罚。此外，非法的档案管理活动可能损害公司的声誉，影响其与客户、供应商和其他利益相关者的关系。因此，合法性原则不仅要求公司遵守法律，而且要求公司在其每一个决策中都充分考虑法律和道德因素。为此，企业需要定期进行法律培训，确保其员工了解并理解与其职责相关的所有法律规定，并时刻遵守。只有这样，企业才能确保其电子会计档案的管理是合法、合规的。

2. 效益性原则

效益性原则强调电子会计档案管理应追求高效、节约资源并为企业创造实际价值。这意味着电子会计档案的创建、保存、检索和使用应在满足法律和规定的基础上，实现成本效益的最大化。为达到这一目标，电子会计档案系统应采用先进的技术和方法，确保快速、准确地检索和访问信息，同时最小化冗余和不必要的存储。效益性原则还要求企业定期评估其档案管理系统的性能和效率，通过持续改进来提高其效益。此外，档案管理不应仅被视为行政任务，而应被视为战略资产，有助于提高决策效率，促进知识共享，进而为企业带来长期的经济效益和竞争优势。

3. 形式保真原则

形式保真原则强调档案的电子形态应与其原始形态保持高度的一致性。这意味着，无论是文本、图像还是数据，其内容、结构和格式在电子化过程中都应得到精确的保留，确保信息的完整性和真实性不受损。该原则的遵循可以确保在审计、查询或法律事务中，电子会计档案能够作为真实、可靠的证据被接受。同时，形式保真也有助于减少因格式转换或技术升级而导致的数据丢失或损坏。在实际操作中，采用高质量的扫描技术、有效的数据转换工具和严格的档案保存标准是实现形式保真的关键。此外，为维护档案的长期可访问性，应考虑技术的持续发展，确保档案在未来的技术环境中仍然可读和可用。

4. 安全性原则

电子会计档案包含关键的财务信息，其完整性和保密性直接关系到企业的运营、信誉和合规性。遵循安全性原则要求对档案的存储、传输和访问进行严格的控制和监督。具体措施包括：设置权限限制，只允许特定的用户或用户组访问特定的档案；采用加密技术，保护档案在存储和传输过程中的数据安全；定期备份，确保在数据丢失或损坏时可以恢复；采用防病毒和防恶意软件工具，防范外部威胁；进行定期的安全审查和风险评估，确保系统的安全性和更新性。此外，为员工提供相关的安全培训和意识，确保他们了解并遵守相关的安全政策和操作规范，也是确保电子会计档案安全的关键措施。

5. 规范性原则

规范性原则强调电子会计档案管理的系统性、有序性和一致性。电子会计档案作为企业财务活动的核心记录，其管理和操作必须遵循一系列明确、统一的规则和标准。规范性原则保证档案的创建、存储、查询、维护和销毁都在既定的流程和规定下进行。为实现这一原则，通常需要制定详尽的档案管理规范和操作手册，确保各级员工对电子档案的处理都遵循统一的要求。此外，档案的命名、分类、存放位置和格式等都需要遵循统一的标准，以方便跨部门和跨团队的沟通与协作。规范性原则还要求定期对档案管理流程进行审查和优化，以应对企业运营和技术环境的变化，确保电子会计档案的管理始终处于高效、有序和合规的状态。

6. 实用性原则

实用性原则着重于电子会计档案管理的实际应用和效用，确保档案不仅作为被动存储的信息，而是能为企业提供真正的价值。电子会计档案的主要目标是支持企业的决策、审计、分析和其他业务需求。为满足这些需求，档案应被设计成易于访问、查询和解读的形式。实用性强调档案的整合和关联，使得相关的财务信息能够快速串联，为决策者提供全面的视角。同时，档案系统应具备强大的搜索和过滤功能，能够迅速定位到具体的档案或信息。电子会计档案的展示和输出也应当适应多种格式和场景，以便不同的用户根据自己的需求进行使用。简而言之，实用性原则强调电子会计档案不仅要准确和完整，还要易于操作和使用，真正服务于企业的各项业务和决策过程。

第四节 会计报表的可视化

随着企业信息化的发展，传统的会计报表已经不再满足当下企业和投资者的需求。一个清晰、直观的可视化展示，可以迅速传达复杂的会计信息，助力决策者快速把握公司的财务状况和业务趋势。因此，会计报表的可视化成为现代会计信息化的关键环节，它不仅优化了数据解读，更提升了信息透明度和决策效率。本节将重点探讨会计报表可视化方法。

一、会计报表可视化的概念及意义

（一）会计报表可视化的概念

会计报表可视化是指利用图形、图表、颜色和其他视觉元素来呈现会计数据和信息的过程，从而使信息接收者能够更快速、直观地理解财务数据的内涵和变化。这种呈现方式不仅限于传统的柱状图、饼图或折线图，还包括更为复杂的仪表板、地理信息系统以及交互式数据探索工具。通过将复杂的会计数据转化为直观的视觉元素，会计报表可视化能够帮助读者捕捉关键数据点，识别趋势以及发现潜在问题。相较于传统的文字和表格方式，视觉化方法更容易引起注意，更有助于用户进行数据对比、归纳和解析，从而更好地支持决策制定和战略规划。

（二）会计报表可视化的意义

会计报表可视化的重要性在当今的商业环境中日益凸显。现代企业处于一个数据驱动的时代，每天都会产生大量的财务数据和其他相关信息。对于管理者、投资者和其他利益相关者来说，快速、准确地理解这些数据并从中获取有价值的洞察是至关重要的。而传统的会计报表，尽管内容丰富，但其以数字和文字为主的表达方式可能会导致信息接收者难以迅速把握关键信息和数据趋势。

1. 会计报表可视化有利于提高数据利用效率

在数字化、网络化的背景下，企业的运营和决策需要越来越高的效率。传统的数字和文字报表在处理复杂的数据分析时可能会显得笨重和低效，特别是在需要对比分析、时间序列分析或多维度分析时。而会计报表可视化提供了一个简洁、直观的方式来呈现数据，使得数据的关键点和趋势能够迅速被捕捉。例如，通过颜色的差异，用户可以快速识别出业绩好坏的部门或产品；通过大小不同的气泡图，可以直观地看出不同产品或服务的利润贡献大小。这种直观性为企业提供了更高的数据利用效率，支持快速响应的决策制定。

2. 报表可视化有利于提高决策制定的效率

在决策过程中，时间往往是关键因素。决策者需要快速地评估各种信息，确定最佳的策略和方向。会计报表可视化通过提供清晰、直观的数据呈现，极大地简化了信息的解读过程。不再需要深入研究复杂的数据表格或长篇的分析报告，决策者可以直接从图形中获得所需的信息，如收入趋势、成本结构或利润率等。此外，许多现代的可视化工具还支持交互功能，用户可以通过简单的点击或滑动进行数据钻取、筛选或对比，这进一步加速了数据分析和决策制定的过程。因此，会计报表可视化不仅提高了决策的速度，更重要的是，它能够提高决策的质量，因为决策者可以基于更加清晰、全面的数据进行评估和选择。

二、会计报表可视化工具和技术

（一）基于 R 语言的会计报表可视化

1. 散点图

在 R 语言中，散点图作为一种基本的数据可视化手段，经常被用于描述两个变量间的关系。每个点在散点图中代表目标数据集中的一个样本，能够在直观地展示各变量间的关系。企业在经营过程中产生的财务数据量众多。为了与同行业进行有效的对比，财务专家需要处理大量的数据，而传统的图形展现方式往往不能够精确地展示所有关键数据。这导致在传统财务报告中，对变量之间的关系的判断变得不够准确，很容易受到多种因素的干扰。

散点图的引入则为这一问题带来了解决方案。每一个点都代表着一个独立的数据，这种展示方式使得数据之间的关系在一张图上被清晰呈现，而不再受到其他因素的影响。通过分析散点的分布，可以快速捕获数据的内在逻辑关系，并预测各个数据点之间的相关性。这种直观性在数据分析中具有无可替代的重要性。

同时，在 R 语言的环境中，散点图不仅仅是数据的直观展示。利用 R 语言内部的各种功能和特定函数模型，财务数据分析师可以对图上的点进行多种标记和操作，使得数据分析更加细致和准确。这样，会计数据整理者不仅能进行基本的数据展示，还能进行深入的数据分析，从而为会计报告的用户提供更加翔实和精准的数据解读，确保关键信息能够被准确把握和传递。

2. 脸谱图

脸谱图作为 R 语言在会计数据可视化中的一个独特方法，得到了广泛的应用和关注。该图通过绘制变化的人脸形状和大小来代表不同维度和数据的变量。每一个数据样本点都可以通过一张特定的脸谱进行表示，将复杂的数据点转化为直观的脸部表情和特征。

相比传统的会计报表，脸谱图带来了更加直观和高级的可视化效果。由于其独特的表示方式，它能在人脑中留下更加深刻的印记。在传统的数据分析中，会计报表通常采用折线图、柱状图等方式来展示数据，而这些方式虽然能够全面展示数据，但其复杂性常常让观察者感到困惑，且很难记住具体的细节和变化。脸谱图通过简单直观的方式克服了这一问题，使得观察者能够更容易地理解和记住数据的变化趋势。更为重要的是，当面对众多的会计数据时，观察者在接触脸谱图时，往往能够自然地筛选和留下那些他们认为有价值和关键的信息，而忽略那些不重要的数据。这种自然的筛选和留存效应，进一步提高了数据的传递效率和准确性。

3. 标签云

标签云是 R 语言中应用广泛的数据可视化方法，特别适用于对非结构化数据进行视觉化呈现。通过标签云，关键词以一种直观的方式呈现，使得观察者能够迅速捕捉到数据中的核心信息。标签的字体大小通常与其词频成正比，字体越大意味着该词汇在数据中的频率越高，这样的设计可以让人们迅速识别出文本中的关键信息。

在会计数据分析中，非结构化数据，如文本和图片，往往占据了大量的份额。传统的处理方式是依赖人工阅读，这不仅消耗大量时间和精力，而且效果可能并不理想。人的记忆和阅读质量是有限的，尤其在面对大量复杂的财务报表时，很难完全捕捉和记住其中的所有关键信息。标签云的引入为此带来了有效的解决方案，它可以帮助用户迅速锁定关键词，从而快速理解文本的主要内容。

在实际应用中，标签云的绘制不仅仅是对词频的简单统计。操作者可以深入挖掘文本内容，绘制出富有深度的标签云图，从而更加直观地展示企业会计信息。R 语言为标签云的绘制提供了强大的支持，操作者可以调整各种参数，如标签的形状、颜色、排列方式等，以创造出丰富多彩、满足不同需求的标签云图。这种高度的自定义性使得标签云在会计数据分析中发挥了不可或缺的作用，它为分析师提供了一种既高效又直观的工具，帮助他们更好地理解和掌握数据的关键信息。

（二）基于 Power BI 的会计报表可视化

Power BI 是一款由微软公司推出的业务智能工具，专为数据可视化和业务分析而设计。近年来，随着数字化和大数据的崛起，Power BI 已经在全球各地的企业和机构中广泛应用，特别是在会计报表的可视化领域，它凭借其独特的功能和特点成为一款颇受欢迎的工具。

Power BI 具有强大的数据连接能力。它可以与众多的数据源进行连接，无论是本地的数据库，还是云端的数据服务，或者是 Excel 等常见的数据文件，Power BI 都可以轻松进行数据提取和导入。这对于会计人员来说，意味着他们可以快速地从各种不同的财务系统或数据库中获取数据，无需进行复杂的数据迁移或转换。

数据建模与 DAX 公式的应用是 Power BI 的另一个显著特点。DAX（数据分析表达式）为用户提供了一种灵活而高效的方法来处理和分析数据。会计报表中经常涉及一些复杂的计算和数据逻辑，利用 DAX，分析师可以轻松实现各种复杂的数据操作，如同期比较、增长率计算等。

Power BI 的可视化组件库丰富，用户可以根据需求选择各种图表、表格和仪表板等，进行个性化设计。这种设计既可以是静态的，也可以是动态的。例如，对于经常变动的月度财务报表，用户可以创建动态仪表板，实时显示最新的财务数据。而对于年度或季度报告，则可以制作精美的静态图表，详细展示各个财务指标的变化和趋势。

Power BI 的协作和分享功能也受到许多用户的青睐。在完成报表设计后，用户可以将其发布到 Power BI Service，与团队成员或外部合作伙伴共享。而通过 Power BI Mobile，用户还可以在移动设备上随时查看和分析报表，确保关键决策基于最新、最准确的数据。

三、会计报表可视化的具体步骤

虽然具体的会计报表可视化步骤可以因项目和需求而异，但通常包括以下几个关键步骤，即确定目标、选择合适的图表类型、设计可视化、交互和分享、迭代和改进等，如图 4-15 所示。

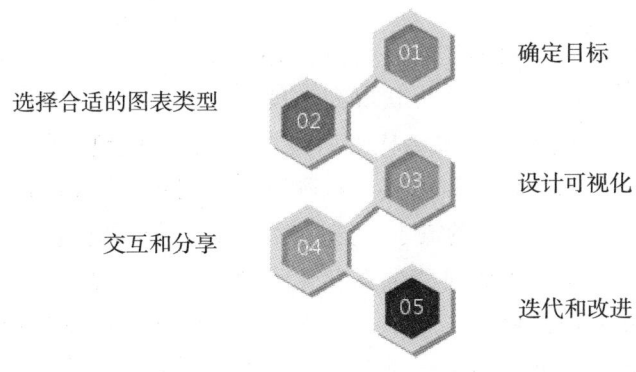

图 4-16　会计报表可视化的具体步骤

1. 确定目标

确定目标是会计报表可视化的首要步骤，因为只有明确了目标，才能进行有针对性的数据分析和设计有效的可视化。目标的确定关乎数据的选择、信息的展现和视觉效果的设计等一系列后续步骤。这需要明确答案两个核心问题：首先，会计报表可视化需要解答什么样的问题或表达什么样的信息？可能是关于业务的洞察，如销售趋势、市场占有率或者客户行为等；也可能是关于数据本身的特性，如数据的分布、关系或者模式等。其次，会计报表可视化的受众是谁？理解受众的背景和需求，可以帮助选择合适的信息、设计合适的视觉效果，以及提供合适的交互方式，使得受众能够更好地理解和使用数据可视化。

2. 选择合适的图表类型

不同的图表类型适合表示不同的数据类型和信息。因此，需要根据数据的特性和目标的需求，选择最能表达信息的图表类型。比如，如果要展示一组数据的分布，可以选择直方图或者箱线图；如果要比较多组数据，可以选择条形图或者饼图；如果要展示数据的关系，可以选择散点图或者气泡图；如果要展示数据随时间的变化，可以选择折线图或者面积图。此外，还需要考虑图表的可读性和美观性。一个好的图表不仅能准确地表达信息，而且能吸引人的注意，使得人们愿意去理解和探索它所展示的数据。

3. 设计可视化

设计可视化是将选定的图表类型转化为实际的可视化图形的过程。在设计阶段，需要考虑以下几个方面。

（1）数据映射。确定数据的映射关系，并将数据的维度、值、关系等映射到图形的位置、大小、颜色、形状等视觉属性上。数据映射的选择可以大大影响到可视化的信息表达效果。比如，位置和大小是最直观的视觉属性，适合表示强烈的对比和关系；颜色和形状则更适合表示类别和属性。数据映射需要结合数据的特性和目标的需求，选择最有效的视觉属性。

（2）视觉编码。视觉编码是将数据转化为视觉元素的过程。在进行视觉编码时，要考虑如何使用色彩、形状、大小等视觉元素，以及如何结合这些元素，来最好地表达数据和信息。例如，色彩可以用来表示数据的类别，形状可以用来表示数据的属性，大小可以用来表示数据的数量。此外，还需要考虑如何结合这些元素，来表达数据的关系和模式。

（3）布局和组织。布局和组织是设计可视化中的一个重要环节。好的布局和组织可以帮助用户更好地理解和使用数据可视化。布局是指如何将各个视觉元素放置在图表中的位置，如哪些元素应该放在中心，哪些元素应该放在边缘。组织是指如何将各个视觉元素按照某种逻辑关系进行组合，如哪些元素应该放在一起，哪些元素应该分开。布局和组织需要结合数据的关系和用户的视觉习惯，创建出清晰和有序的可视化。

（4）风格和主题。风格和主题是设计可视化中的点睛之笔。好的风格和主题不仅能增强可视化的美观性，也能增强可视化的易读性和吸引力。风格是指可视化的整体外观，包括颜色方案、字体、线条样式等。主题是指可视化的背景和情境，可以是具体的场景，也可以是抽象的概念。风格和主题需要根据数据的特性和目标的需求，选择最能表达信息和吸引注意的风格和主题。

4. 交互和分享

交互和分享是将会计报表可视化的成果与世界连接的重要桥梁。交互元素的添加，使得数据可视化不仅是单向的信息展示，而是可以引导用户深入探索，发掘数据背后更深层次的含义。利用筛选器、滚动条、鼠标悬停提示等交互方式，用户可根据自己的兴趣和需求进行数据的深入探索，尽可能挖掘出数据的潜在价值和意义。这种交互性不仅提升了用户参与感，更大大增强了数据分析的准确性和深度。而分享，是将个体的洞见和理解推广到更广阔的人群。通过将可视化结果嵌入到网页、报告或演示文稿中，分析结果和洞察可以轻松地传递给其他人，实现知识和信息的交流和传播，提升团队的协作效率和决策效力。

5. 迭代和改进

任何一个设计都不可能一蹴而就，都需要经过反复的试错和改进，才能接近理想的状态。在设计会计报表可视化时，也需要不断收集用户的反馈，对设计进行评估和修正。有时候，可能需要改变视觉编码的方式，有时候，可能需要调整布局和组织的结构，有时候，可能需要增强交互的体验。每一次的迭代都是对设计的一次深化和提炼，都能让数据可视化更加贴近用户的需求，更好地表达数据的信息。因此，只有不断迭代和改进，会计报表可视化才能不断进化，不断创新。

第五章 信息化环境下企业会计流程与模式的变革

信息化不仅改变了会计信息处理的工具和手段，更是在深层次上对传统会计流程和模式的重新塑造，本章将全面深入地探讨信息化环境下，企业会计流程与模式的变革。首先整体介绍了信息化环境下所带来的会计流程变革，然后深入解析财务共享模式下的会计流程变革，最后分析了基于财务云的会计服务模式及其发展趋势。

第一节　信息化环境下会计流程变革概述

一、传统会计流程变革的必要性

会计是以货币为主要计量单位，反映和监督一个单位经济活动的一种经济管理工作。从整个会计流程来看，可以将会计流程分为以下三个部分。

（1）数据采集流程，主要是从经济业务中采集数据，其载体主要是原始凭证。

（2）数据加工与存储流程，是将原始凭证数据进行分类、计算等加工处理。

（3）数据输出（报告）流程，是根据需要编制财务报表，并提交给相关人员或部门。

传统财务会计流程是建立在劳动分工理论下的一种顺序化流程，财务人员使用会计科目和复式记账法，按照"原始凭证—记账凭证—账簿—报表"的顺序把会计主体的资产、负债、所有者权益、收入和费用等的财务度量结果分类汇总，使用标准格式和项目内容的会计报表将汇总的数据定期提交给利益相关者。然而，在信息化的时代背景下，传统财务会计流程逐渐显露出其弊端，主要体现在以下几方面。

第一，传统会计体系深受劳动分工理论的制约，企业在会计核算自动化时，往往直接模仿手工会计流程，这种做法导致了信息系统内部形成了以子系统为单位的信息孤岛。这种现象不仅阻碍了信息的畅通与流动，还可能导致数据的冗余和不一致性，增加了企业管理的难度。

第二，传统财务会计流程往往不能满足现代管理的需要。从对传统会计流程（图5-1）的分析中可以看到，财务数据采集过程只关注与会计直接相关的数据，而遗漏了大量的管理相关数据。此外，传统的数据加工和存储模式偏向于高度汇总，导致信息使用者难以获知经济业务的具体细节。这种情况下，财务报告很难为信息使用者提供全面、准确的决策依据。更为严重的是，传统的财务会计只关注企业的货币交易，很难对企业非货币交易的价值创造进行有效的记录和反映。

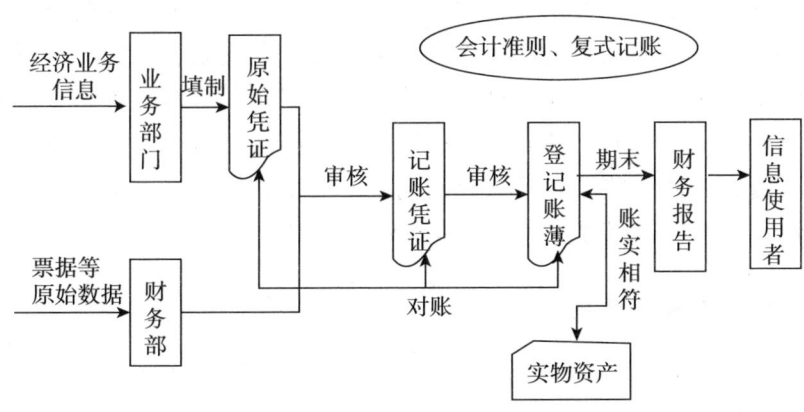

图5-1　传统财务会计流程

第三，传统财务会计流程在面对企业实时监控需求时表现得力不从心。传统的会计流程及其计量属性使得会计信息系统反映的资金流通常滞后于物流，这意味着账簿和报表所呈现的都是企业的历史数据。在如今这个经济环境瞬息万变的时代，信息的即时性对其有用性的影响越来越大。如果会计信息不能满足企业实时监控的需求，那么这些信息的价值就大大降低了，相应的，会计信息系统的价值也随之减少。

通过上述分析可知，随着科技的快速进步和信息化时代的到来，会计流

程的变革不仅是一种趋势，更是一种必要。

二、会计流程变革的理论基础

（一）资源配置理论

资源配置理论主张组织的效率和成功取决于其如何配置和使用有限的资源。在会计领域，这意味着有效地配置和管理财务和非财务资源，确保组织目标的实现。随着经济环境和商业模式的快速变化，企业面临着日益复杂的决策过程，其中，会计信息作为核心决策依据，其准确性、及时性和相关性显得尤为重要。

基于资源配置理论，会计流程变革的目标是确保会计信息的生成、处理和传递过程中，资源得到最优化的配置。这意味着，会计流程应该被设计为尽可能地减少资源浪费，提高操作效率，并确保信息的质量。例如，通过自动化和数字化技术，可以大大减少人工录入、核对和传输数据的时间和成本，从而释放更多的资源去进行更高价值的分析和决策。此外，资源配置理论还强调组织应当在其活动中进行持续的资源评估和重新配置。这要求会计流程不仅要满足当前的业务需求，还要具有足够的灵活性，以适应未来的变化和挑战。通过持续监控和评估会计流程的效率和效果，组织可以不断进行优化和调整，确保其资源始终得到最有效的利用。

（二）流程再造理论

流程再造理论的核心思想是彻底重新考虑和重塑组织的关键业务流程，以达到根本性的改进和显著提高组织的性能。这种变革往往涉及突破现有的组织结构、文化和操作方式，以创造更为简洁、高效和客户导向的流程。

在会计领域，随着信息技术的进步和商业环境的变化，许多传统的会计操作和流程开始显得过时或低效。流程再造理论为会计提供了一个理论框架，用于审视、改进或完全替代现有的流程。它不仅仅关注微观的操作改进，而是从整体和战略的角度，对会计流程进行根本性的改革。例如，传统的会计流程可能分散在多个部门和团队之间，涉及大量的手工操作、文档传输和数据重复录入。流程再造可能意味着重新设计这些流程，通过集成化的系统和自动化的工具，实现数据的一次录入、实时更新和多方共享。这不仅减少了人为错误和操作延迟，还提高了数据的准确性和及时性。

流程再造还重视对外部环境和客户需求的响应。在会计领域，这意味着不断地调整和优化会计流程，以满足投资者、管理者和其他利益相关方的变化需求。例如，随着可持续发展和社会责任日益受到重视，会计流程可能需要再造，以确保非财务信息的准确记录和报告。

但值得注意的是，流程再造可能涉及显著的成本和风险。因此，在进行流程再造时，组织需要进行充分的调查和分析，明确再造的目标和预期结果，并确保各个层级的员工都能理解、支持和参与这一变革过程。

（三）信息对称理论

信息对称理论关注于市场中参与者之间信息的平等分配。在一个完全对称的信息环境中，所有参与者都可以获得相同的信息，从而做出合理的决策。然而，在实际的市场中，经常存在信息不对称的情况，其中一方拥有比另一方更多的信息，可能导致市场失效或者不公平的交易。

在会计领域，信息对称理论具有显著的意义。会计信息作为组织与外部利益相关者沟通的桥梁，其透明度、准确性和及时性对于保持市场的公平性和效率至关重要。当企业提供不准确或不完整的财务报告时，可能导致投资者和其他利益相关者做出误导性的决策，进一步影响市场的健康运作。

为了减少信息不对称，会计流程的变革变得尤为重要。信息在生成、处理和传递的每一个环节都有可能出现误差或遗漏，这不仅会影响利益相关者的决策质量，还可能导致法律或合规风险。通过对会计流程进行细致的审查和调整，企业可以确保数据的完整性和准确性。同时，流程中的信息传递应当更为透明，以便各方都能对数据的处理和变化保持清晰的认知，确保在整个会计流程中，信息对称性得到充分的维护。

三、会计流程变革的原则

会计流程变革应当遵循一定的原则，具体如图 5-2 所示。

图 5-2　会计流程变革的原则

（一）顾客导向

顾客导向是会计流程变革的核心原则，确保以信息使用者的需求为中心来优化和改进流程。在会计领域，产品不仅仅是物质商品，更多的是以报表等为载体的信息。因此，真正的顾客包括企业的管理者、员工以及与企业有关的外部利益相关者。每个顾客都有其独特的信息需求，这些需求是多样的，涵盖了从日常运营到战略决策的各个层面。满足这些需求不仅要求会计信息的准确性和及时性，还需要考虑信息的格式、可访问性和相关性。因此，会计流程的变革必须始终围绕信息使用者的实际需求进行，确保每一步流程都有助于生成和传递对顾客有价值的信息。只有这样，会计流程的优化和改进才能真正实现其目标，即为不同的信息使用者提供他们所需的、高质量的会计信息。

（二）团队合作

在由流程团队构成的流程导向型组织中，传统上相互独立的会计工作方式已不再适用，取而代之的是以团队为单位的工作模式。这种变革意味着会计人员不再只是单独完成各自的任务，而是需要与团队内的其他成员紧密合作，共同实现流程的目标。每个团队成员不仅要对自己的工作内容负责，还要对整个流程的结果负责。绩效和报酬的计算也已经与团队的整体业绩紧密相关，这进一步强化了团队合作的重要性。

此外，为了更好地实现团队目标，会计人员需要与其他团队成员进行深入的交流和合作，相互学习和分享经验。这种协同合作不仅能够提高工作效率，还能够促进团队成员之间的互相信赖和理解，从而创建一个和谐、高效的工作环境。

（三）价值创造

价值创造在会计流程变革中起到决定性的作用。会计不仅是数字和数据的统计，更是一个可以为企业和利益相关者创造价值的关键环节。在经济环境日益变化的今天，单纯地追求流程的效率和速度已经不再足够，更重要的是确保每一个流程都有助于为企业创造更大的价值。这包括优化资本结构、提高资金利用效率、为决策者提供有助于增长和创新的信息，以及更好地满足外部利益相关者的需求。

为了实现价值创造，会计流程需要进行持续的创新和完善。这意味着不仅要关注流程的内部操作，还要关注流程如何与企业的整体战略和目标相结合，确保每一步都符合企业的长期利益。此外，价值创造也要求会计人员具备更高的综合素质，不仅要有扎实的专业知识，还要有广阔的商业视野和敏锐的市场洞察力，以确保会计流程能够真正为企业和利益相关者创造持续的价值。

（四）面向未来

面向未来是会计流程变革中不可或缺的一个原则。在动态的经济环境中，企业不能仅仅依赖于过去的数据和经验进行决策，必须具备前瞻性的思维，预测和应对可能出现的各种变化和挑战。因此，会计流程也应具备这种前瞻性，确保所产生的会计信息不仅反映过去的业务活动，还能为未来的决策提供有价值的参考。

为实现这一原则，会计流程中应引入更多的预测和分析工具，如风险评估、预测模型和趋势分析等。这些工具不仅能帮助企业更好地理解现在，还能为未来的发展提供有力的支持。同时，会计人员也应持续学习和培训，确保他们具备最新的知识和技能，能够灵活应对市场和技术的变化。总的来说，面向未来的会计流程是为企业创造持续竞争优势的关键，它确保了企业在变化中保持领先，持续创造价值。

（五）全面集成

全面集成强调会计流程与企业的其他部门和系统之间的无缝连接。在当今的复杂经营环境中，企业各个部门的活动与信息需求都紧密相关，分离的、孤立的流程或系统无法满足这种复杂性。全面集成意味着会计流程不仅需要与其他财务管理过程相结合，还需要与企业的其他关键功能，如市场营销、生产和供应链管理等，实现深度的整合。这种整合确保了信息流动的畅通，减少了数据冗余和不一致，从而提高了信息的准确性和可靠性。全面集成的会计流程能够为企业决策者提供一个全面、统一的视角，帮助他们更好地理解企业的整体状况，并做出更为合理和准确的决策。此外，全面集成还能够提高工作效率，减少不必要的重复劳动和浪费，从而为企业创造更大的价值。因此，全面集成不仅是会计流程变革的重要原则，更是实现企业长期发展和竞争优势的关键。

四、会计流程变革的目标

（一）系统集成化的信息收集方式

在信息化时代背景下，系统集成化的信息收集方式已经成为会计流程变革的关键目标之一。这种方式涵盖了跨越各个管理子系统的数据整合与沟通。传统的数据采集方法过于分散，容易导致信息的冗余和矛盾。但是，随着局域网、信息技术及其他先进工具的发展，企业有能力构建一个集成的信息系统，实现数据的一体化管理。通过将各管理子系统集成，企业不仅能够实现内部信息流的无缝连接，还能够与外部的供应商和客户建立紧密的信息联系。利用文件传输、电子邮件和电子数据交换等工具，企业可以迅速接收来自各个业务事件的信息，并将其存储在一个共享的数据库中。这种方式大大简化了数据处理的步骤，避免了重复录入的情况，从而确保数据的准确性和一致性。当信息被存储在共享数据库中后，财务会计人员可以在需要时轻松地访问这些数据。这不仅大大提高了工作效率，而且确保了数据的完整性和及时性。

（二）业务事件驱动的信息处理方式

信息化环境下的会计流程是由业务事件驱动的。当业务事件发生时，根据数据处理规则，各业务部门将业务事件数据存入业务事件数据库，业务事件数据库中的数据为只经过初步加工的源数据，当信息使用者想从系统中获取信息时，由信息使用者输入信息处理代码，系统启动相应的信息处理程序，对业务数据库中的信息进行加工处理，并将处理结果实时反馈给信息使用者。企业通过 ERP 系统将各信息系统集成，使得原始数据收集分散化，而数据处理和存储集中化，从而实现财务和业务的协同。

ERP 应用过程中对会计数据的处理，强调业务处理和会计核算的整合，利用集成化的信息系统实现双向、迅速的信息沟通。一方面，各业务部门在业务处理过程中实时地采集业务信息，自动生成会计核算信息；另一方面，财务模块通过执行处理和控制规则，实时地对业务的合理性、经济性进行监测，从而使财务模块具有事中控制能力。

（三）实时报告的信息使用者自助式信息获取方式

变革后的会计流程着眼于实现实时报告的用户信息定制，为企业提供了高度的信息灵活性和自定义能力。在这种新的流程中，模型工具起到了核心的作用。其中的加工模型库存储了各式各样的会计处理程序，这些程序可以为不同的业务场景提供相应的数据处理方法。而报告生成器则作为一种智能工具，可以根据用户的具体需求，调取加工模型库中的适宜程序，对业务事件数据库中的原始数据进行加工，并生成符合用户需求的实时报告。

此外，ERP 系统作为一个广泛使用的企业资源管理工具，其通用设计特点意味着在实际应用时，需要根据企业的具体行业特性和管理信息需求来进行配置。尽管 ERP 系统的加工模型库提供了众多的预设处理程序，但考虑到不同的企业和行业之间的差异，以及不断变化的管理需求，ERP 系统也提供了模型工具，使得用户可以自行设计符合自己需求的事件驱动模型。这样，当加工模型库中没有现成的、满足用户需求的处理程序时，用户可以通过自定义模型工具来设计专属于自己的处理流程。

再者，这个重新设计的财务会计信息系统也包括了面向企业内外部信息使用者的模型化查询工具。这些查询工具具有高度的自定义性和友好的用户界面。信息使用者可以轻松地为工具设置模型参数，并从业务事件数据库和财务信息数据库中提取所需数据。通过这样的方式，不仅确保了报告的实时性，还能够确保信息的准确性和完整性，为企业决策提供强有力的支持。

第二节　财务共享模式下的会计流程变革

一、财务共享模式概述

（一）财务共享模式的概念

财务共享模式是一种企业管理创新，旨在集中、标准化和自动化财务和会计过程，以提高效率、降低成本并确保财务过程的一致性。在这种模式下，企业通常设立一个共享服务中心，负责为整个组织提供财务和会计服务。通过这种方式，各个业务部门可以专注于其核心业务活动，而将标准化的财务任务交由共享服务中心处理。此模式不仅节约了资源，还能确保财务数据的准确性和及时性。共享服务中心可以通过最新的技术平台和自动化工具，如 ERP 系统，实现财务过程的自动化和标准化，从而大大提高了整个组织的工作效率。此外，这种集中式的财务管理方式也为企业提供了更好的内部控制，确保了财务数据的完整性和安全性。

（二）财务共享模式的特点

财务共享模式具有以下特点，如图 5-3 所示。

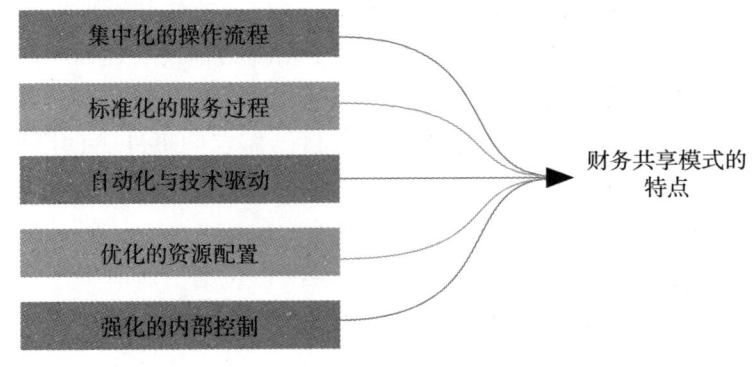

图 5-3　财务共享模式的特点

1. 集中化的操作流程

财务共享模式通过将分散在各个部门或子公司的财务活动整合到一个共享服务中心，显著地提升了整体的财务管理效率。这种集中处理方式避免了多处独立操作可能带来的数据不一致性，确保了全公司范围内的数据标准和流程的一致性。由于集中处理，共享服务中心可以更容易地引入和采纳最佳实践，从而进一步优化财务流程。同时，此模式降低了跨部门或跨子公司的沟通障碍，促进了更快速、更透明的信息传递。集中化不仅消除了重复工作，还使得流程的改进、创新和标准化更为容易实施，为组织提供了更为稳健和高效的财务运作基础。

2. 标准化的服务过程

财务共享模式强调为组织内的各个部门或子公司提供一致和统一的财务服务。这种统一性源于一个明确和详尽的服务标准，确保无论部门或子公司的业务特点和地理分布如何，其接收到的财务服务都是持续、一致的。此外，这种标准化方式降低了培训成本，因为员工不需要适应多种变化的流程和操作规程。同样，标准化服务还减少了误解和混淆的可能性，从而提高了服务质量和客户满意度。当财务服务标准化，整体运营风险得到有效控制，而对外的财务报告也更加透明和可靠。

3. 自动化与技术驱动

在财务共享模式中，现代技术被赋予了至关重要的角色。使用高级自动化工具和系统能够有效地处理庞大的数据量，实现准确、快捷的财务操作，并显著降低人为犯错的风险。这不仅优化了日常财务操作的速度和效率，还确保了数据处理的准确性。进一步地，通过集成的分析工具，财务人员能够对财务数据进行深入洞察，揭示数据背后的业务趋势和潜在风险，从而为企业的战略决策提供强有力的支持。技术的介入也促进了远程工作和跨地域合作的可能，确保即使在复杂的组织结构中，财务服务也能够顺畅无阻地进行。

4. 优化的资源配置

在财务共享模式中，资源的集中化管理变得尤为关键。当企业将其人力和资本资源集中于一个共享服务中心时，它实际上是在实现资源的最大化利用。这种配置方式降低了企业运营的总体成本，因为它消除了不必要的重复任务和流程。每个员工在这个模式下都有更明确的职责和专长领域，从而确保他们的专业技能和知识都能在适当的地方得到应用。此外，集中的资源管理还提供了更大的灵活性，使企业能够更快速地应对市场变化或内部需求的调整。在长期运营中，这种优化配置方式不仅提高了财务操作的效率，还为企业创造了更多的增值机会。

5. 强化的内部控制

财务共享模式中的集中操作意味着所有的财务流程都在同一个屋檐下进行。这种集中式的处理方式为内部控制创造了有利的条件，因为所有的财务信息和活动都在同一个控制环境下。随着流程的集中化，更容易建立统一的审计轨迹和监控机制，从而在较短的时间内检测到任何潜在的问题或不规范的操作。这也使得内部审计变得更加高效，能够更早地发现和纠正问题。同时，强化的内部控制可以帮助企业更好地满足各种监管要求，降低合规风险。此外，一个集中、高效且受到严格监控的财务环境能够增强外部投资者和利益相关者对企业的信心，因为它代表了企业对其财务报告的准确性和透明度的承诺。

二、财务共享模式下企业会计流程变革的途径

财务共享模式下企业会计流程变革的途径如图 5-4 所示。

图 5-4　财务共享模式下企业会计流程变革的途径

（一）通过财务共享模式简化会计流程

在传统模式下，企业会计流程往往不能与日益变化的企业经营发展需求相匹配，导致效率低下、响应迟缓。为了有效提高工作效率和优化财务结构，简化会计流程成为迫切需求。财务共享模式为此提供了一个创新解决方案。通过搭建财务共享平台及信息服务平台，企业能够对原有的会计流程进行重构，丢弃多余的步骤，仅保留那些真正对企业有价值的核心业务流程。这不仅有助于提高财务服务信息的工作效率，还能够强化企业在经济与社会效益规划方面的能力。优化后的会计流程能更加灵活地满足企业的实际需求，推动企业不断提升会计核算能力。而当会计核算水平得到显著提高后，无疑也将为企业的持续健康发展提供有力的财务支撑。

（二）通过财务共享模式优化会计流程的实施步骤

财务共享模式下的会计业务流程变革，彻底颠覆了传统会计的顺序化工作模式。在这种新模式下，财务信息数据的输入工作得到了显著的优化，使得数据可以快速操作并得到及时处理。这种变革减少了原有流程中的多余步骤，如传统的记录、人工做账和对账等，让整个流程更为精简、高效。更进一步的，财务共享模式还确保了数据的透明度和易读性，使得数据应用者能够迅速理解和使用相关的财务信息，大大提高了决策效率。这种流程的优化，不仅避免了人员的重复劳动，降低了不必要的成本，同时还确保了工作效果的大幅提升，让企业的财务管理更加敏捷和高效。

（三）合理规避管理风险

在财务共享模式下，合理规避管理风险是至关重要的。随着会计流程的整合和优化，信息的集中度增高，任何小的过失都可能导致巨大的经济损失。因此，实施有效的内部控制系统成为缓解这种风险的关键。强化内部审计机制，定期检查和评估流程的有效性，确保制度的执行力度。此外，数据安全也是一个重要领域。应采取先进的加密技术和安全防护措施，确保数据在传输、存储和处理过程中的安全性。同时，对于人员的培训和教育也不容忽视，确保每位员工都理解并遵循相关的财务和会计规范，从源头上预防误操作和违规行为。在遭遇不确定性和外部冲击时，应有预案并及时调整策略，如市场波动、法规变化等，确保企业的财务稳健并能快速适应环境变化。只有全面评估潜在风险，并制定相应的对策，企业才能确保在财务共享模式下的运营稳健、高效且安全。

三、财务共享模式下企业会计流程变革的具体内容

在财务共享模式下，要实现企业会计流程的不断优化，必须要把握关键的财务业务处理流程。

（一）总账管理流程变革

在财务共享模式下，总账管理的核心是构建一个集中、标准化且高度自动化的处理环境。这样的环境下，从各个部门或子公司汇总的数据能够直接进入总账，大大减少了人工干预和处理的可能性，降低出错率。为了适应这种模式，许多企业选择引进先进的财务软件，这些软件能够提供实时的数据整合、自动的科目匹配以及高效的报表生成功能。与此同时，会计政策和准则也被重新审查和标准化，以确保在整个组织中的一致性和准确性。这种变革不仅加速了月末和年末的结账过程，还增强了总账数据的可靠性和透明性。总账管理业务流程变革的另一个关键点是对内部控制的强化，包括对总账数据的访问权限设置、对数据的核查以及对异常数据的处理。这种集中和标准化的操作方式确保了财务数据的完整性和准确性，并为高层管理提供了更加清晰、准确的财务视图。

（二）应收账款务流程变革

在财务共享模式中，对应收账款的处理经历了深刻的优化和整合。应收账款整个流程涵盖了订单与管理合同、开票、确认收入、收款及票据管理以及对账和反馈等关键环节。订单与管理合同环节，财务人员依赖企业的合同管理及电子商务系统应用，实时捕捉订单信息，保障应收账款管理的精确性和时效性。在开票与确认收入环节，会计工作人员需根据合同条款进行严格的审核，并在满足确认收入条件时，迅速在财务系统中录入数据，确保收入的正确性。随后，收款与票据管理环节成为关键，财务共享中心的专员在收到客户付款后，会立刻核对付款记录，以确保每笔款项都被正确处理和录入，大大提高了信息处理的效率和准确性。最为关键的是，对账与反馈环节，完成应收账款的确认和入账之后，会计工作人员必须将这些信息及时

地传递给客户，同时进行定期对账，确保任何异常都能够被迅速识别，从而减少呆账和死账的风险。此种优化的应收账款业务流程，不仅提高了操作效率，也确保了数据的完整性和准确性。

（三）应付账款流程变革

在财务共享模式的背景下，应付账款业务流程得到了强化和优化。发票信息采集环节是初步的重要步骤，会计专员通过技术手段，如扫描实物发票并存档，从而实时获取相关数据，并确保系统内的其他利益相关人员能够自主下载发票。接下来是数据与处理业务环节。此阶段注重发票信息的准确采集与审核，对应付账款信息进行精细的转换处理。在审核过程中，根据权限设置对相关数据进行审批，经过确认与核实后，符合标准的发票信息会被及时推送到财务共享中心。至于支付业务处理环节，财务共享系统引入了更为先进的支付手段，如采用银企联动或网银互联方式完成支付。支付后，系统中的工具和功能允许供应商及时获取支付状态和详情，同时，客户也能实时查询自己的相关支付信息。整体上，应付账款业务流程变革使得发票处理、数据审核和支付等关键环节更为高效、透明和互动，大大提高了企业的财务管理效率和准确性。

（四）资金管理流程变革

1. 资金预算管理流程变革

首先，在资金预算编制阶段，集团资金管理部与集团及其下属成员单位财务部基于全集团的经营与资金预算目标，通过云平台多次调整、交流和确认，确保预算的精准性和科学性。接着，财务共享服务中心运用人工智能技术在设定的示警阈值（如 5% 或 10%）下，对预算数据和实际经营数据进行比较。一旦单项业务实际支出变动额的绝对值达到或超过设定的示警阈值，即触发预算警报。云平台内的人工智能进一步分析预算变动的原因及其可能产生的后果，使资金预算组能够及时调整预算方案。最后，整个资金预算流程所留下的历史数据将被汇入资金预算知识库，助力人工智能更精确地执行其功能，并为未来的资金预算管理评估提供依据。资金预算执行之后，集团、下属成员单位各业务部门会获得拨付的资金，从而产生大量的资金控制、监督和考核相关数据。这些资金数据都会被安全存储，资金知识库则通过接收这些数据生成对应的资金知识，进一步分类并为最终的资金管理评价提供支持。评价内容也会反馈给知识库，为来年的决策提供数据支持，形成一个完整的循环系统。财务共享模式下资金预算管理流程如图 5-5 所示。

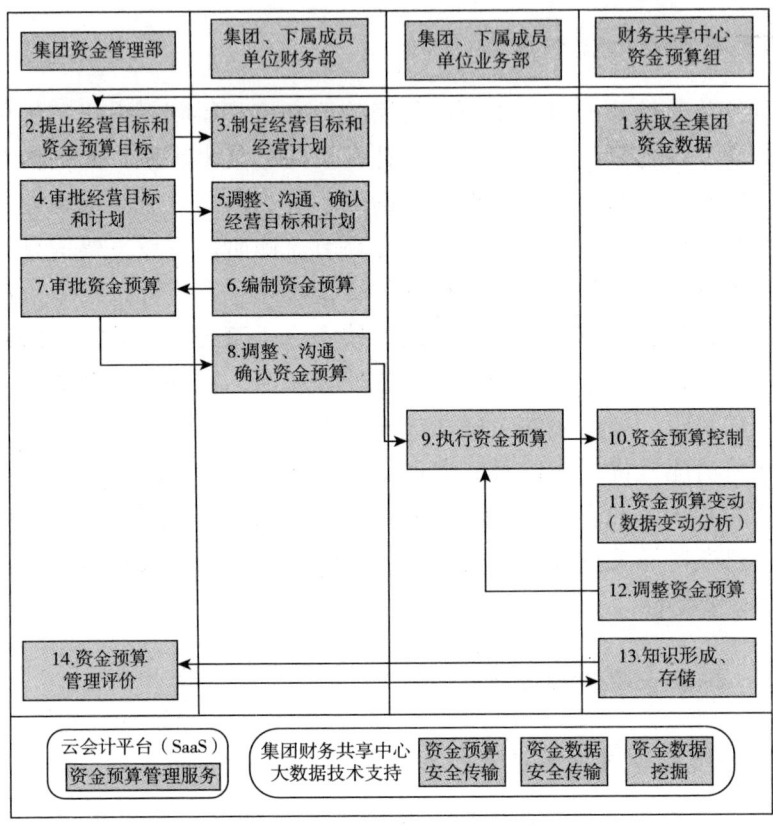

图 5-5　资金预算管理流程

2. 资金控制管理流程变革

资金控制管理由财务共享中心财务部承担，此部门独立于资金管理部，且其核心日常业务责任在业务单位本身。这要求业务单位根据企业资金制度的标准进行相应的资金控制。该管理分为几个关键环节：账户设置、账户支付结算原则、现金归集、内部融资和资金风控。

账户作为集团、下属成员单位与银行间资金核算的基石，被细分为对外账户与对内账户。在账户支付结算原则上，采用了以收定支和超额定支两种方式。现金归集则涉及财务共享中心创建的现金池账户，它根据云平台的设定规则，自动将下属成员单位超过限额的现金划入此账户，从而优化了整个集团的现金管理效益。这种操作同时也会对应地调整成员单位结算账户的日常经营现金限额，而在整个过程中，现金的所有权并未改变。内部融资环节的变革体现在企业高管如何借助财务共享中心云平台，将闲置的资金在集团内部进行有效融资。这些闲置资金可能来自集团或其下属成员单位。不过，在使用共享中心云平台时，必须密切关注这笔资金对流出单位产生的影响以及其后续的利用情况。得益于财务共享中心对整个集团财务的深度把控以及云平台的高度共享性，内部融资的控制能力得到了显著增强。最后，资金风控在财务共享中心中主要关注业务的资金周转和营运风险，确保集团资金的安全和稳定。资金控制管理流程如图 5-6 所示。

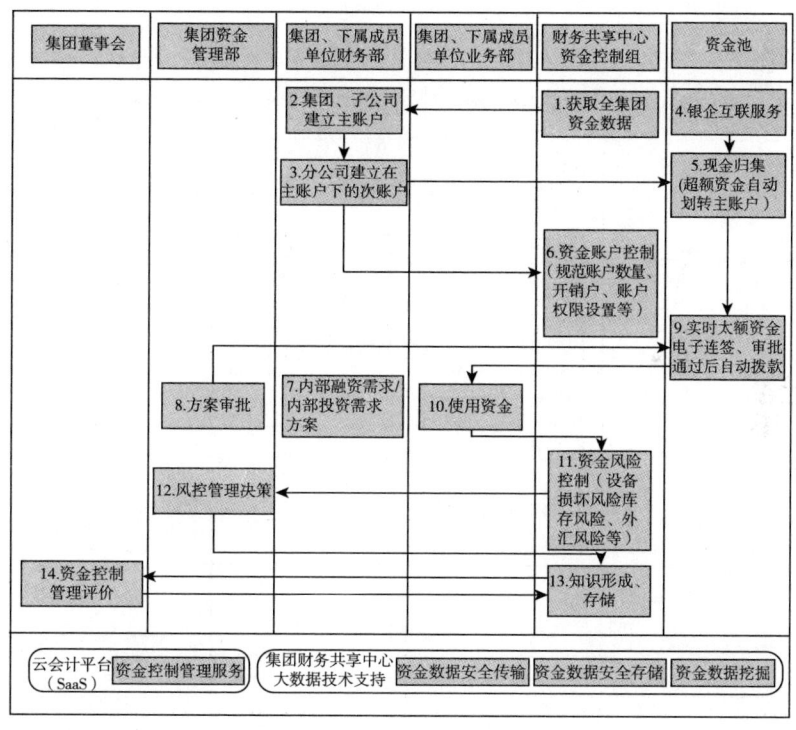

图5-6 资金控制管理流程

3. 资金监督管理流程变革

资金监督管理位于财务共享中心的核心位置，由具有专业财务背景的高管领衔，包括财务主管、财务总监、信息部负责人以及销售、生产领域的副总和总经理，他们全面涉足企业的资金管理工作。这个部门的核心职责是针对资金管理环境的内外部变化，迅速制定策略，指导资金预算制定和资金控制实施，如活跃存量资金、更新资金制度及奖惩安排。为了更高效地进行资金监督，财务共享中心利用云平台，其中包括数据仓库和数据挖掘两大功能。数据仓库负责整理和组织资金相关数据，如资金预算和控制制度的更新、存量资金的动态等，而数据挖掘则从这些数据中提炼出有用的信息，通过各种算法找出隐藏的关联性规律，为高管提供深度洞察。当面对需要凭经验做判断的资金管理决策时，财务共享中心的云平台便成为关键工具，它不仅为企业高管提供准确的资金数据和业务跟踪，还能刺激他们的直觉判断，确保资金控制和预算管理得到最佳的监督、调整和完善。资金监督管理流程如图 5-7 所示。

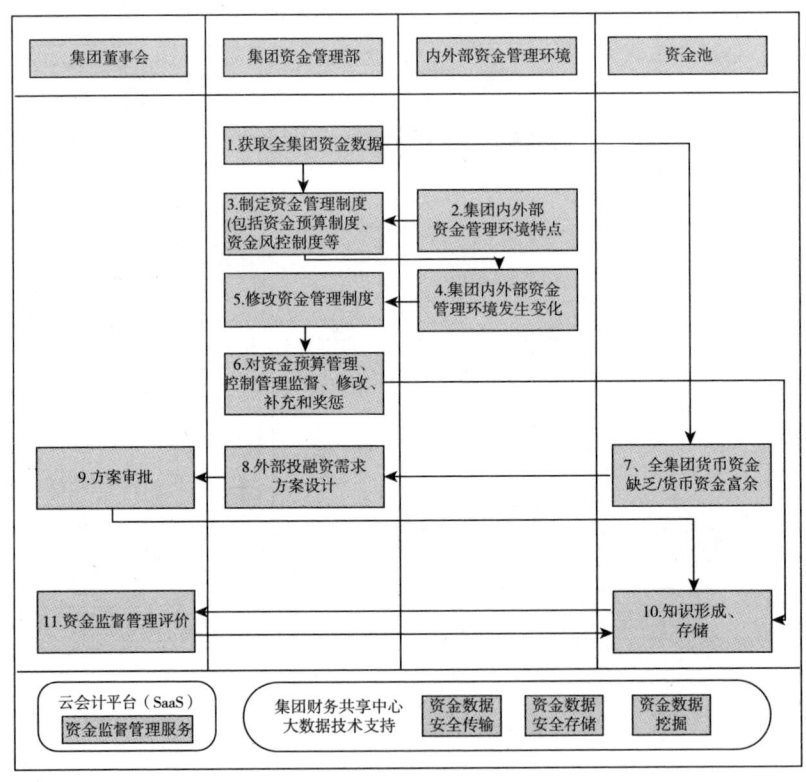

图 5-7　资金监督管理流程

4.资金考核管理流程变革

资金考核管理由财务共享中心的财务部负责，核心在于制定一系列资金考核标准，并根据报告期内的实际完成率与这些标准进行比对，从而评估资金使用的效率。在财务共享中心的云平台中，财务部具备资金考核管理模块，这个模块能够为其制定包括绝对指标、相对指标、评分和指标完成百分比等在内的考核标准。随着集团及其下属成员单位的资金流动信息集中到云平台，大数据相关性功能发挥关键作用，按照同质性、可分辨性和可描述性等标准对结构化、半结构化和完全无结构化的海量数据进行规整。这种数据整合有助于准确地确认问题出现在哪一步的细节，并明确各责任单位应对的资金责任指标。通过这种明确的划分，资金考核标准的实施更为严格和精确。综合考核标准的完成度，财务部的管理者可以对责任单位进行奖励或惩罚，并据此做出响应的决策，特别是在资金管理环境出现变化时，可以及时调整策略。资金考核管理流程如图5-8示。

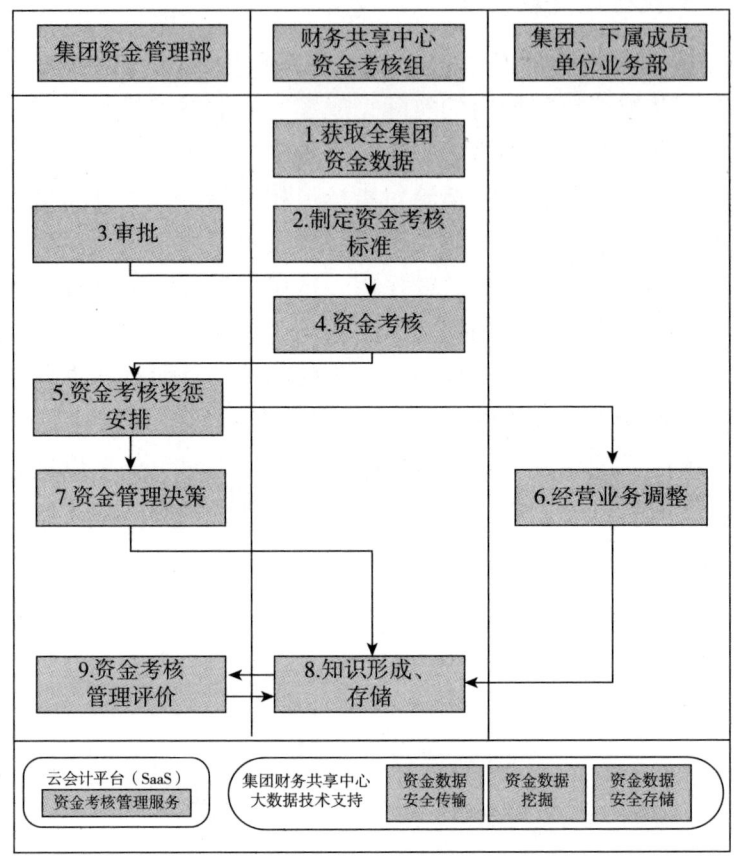

图 5-8　资金考核管理流程

第三节　基于云平台的会计服务模式及其发展趋势

　　财务共享的本质是由信息网络技术发展而推动的企业运营管理模式的变革与创新，是一种能够有效降低企业成本、提高服务水平的管理体系。然而，财务共享模式由于投入巨大并且技术门槛太高，从而使得占我国大部分企业，尤其是中小企业望而却步。如何使中小企业也享受到技术进步及推动财务共享服务过程中向标准化、专业化、流程化、信息化和智能化发展所带来的诸多便利，同样是会计信息化建设的重要内容之一。随着云平台服务会计（代账公司服务云）的普及，越来越多的中小企业开始采用云会计模式实现会计核算与企业管理，或者将会计工作委托给代理记账公司来享受社会化、产业化、系统化、专门化、流程化，标准化、智能化的云会计服务。通过云会计平台实现代理记账已经成为代理记账公司的主流业务模式，与集团公司的财务共享服务中心相对应，云会计模式下的代理记账公司也被称为社会共享服务中心，本节将重点介绍云平台服务会计（代账公司服务云）的概念、特点和应用现状及未来发展趋势。

一、云平台会计服务的相关概念

（一）云平台

云平台，更准确地说是云计算平台，为企业和个人提供了基于强大的硬件和软件资源的服务，覆盖了计算、网络和存储的多个方面。这种平台可以细分为三大类别，根据其主要功能和特点而定。存储型云平台主要关注数据的储存，确保用户数据的安全性和可访问性，满足大量数据储存和备份的需求。计算型云平台则着重于数据处理，为那些需要大量计算资源的任务提供高效和弹性的解决方案。而综合云计算平台则在计算和数据存储处理两个方面都表现出色，为用户提供了一个一体化的、全方位的服务体验。这些平台使得企业无需进行大量的前期投资，就能够享受到先进的计算和存储资源，极大地促进了数字化转型和业务创新。

（二）财务云

财务云是一个新型的财务管理理念，由国内知名的云计算整体解决方案供应商浪潮提出。其核心思想在于将财务共享管理模式与当下先进的技术，如云计算、移动互联网和大数据等技术完美结合，从而为企业带来全新的财务管理体验。这种模式下，企业可以创建一个集中和统一的财务云中心，达到将财务共享服务、财务管理以及资金管理三大中心功能融合为一体的效果。而且，由于支持多终端接入模式，它确保了在整个集团内部的"核算、报账资金、决策"流程都能得到高效的协同应用。这不仅极大地提高了财务管理的效率，还确保了数据的实时性和准确性，帮助企业在复杂的商业环境中做出快速和精准的决策。通过财务云的引入，企业可以更好地应对现代商业挑战，实现财务数字化转型。

（三）云会计

云会计代表着大数据和云计算在会计领域的应用融合，它基于云计算技术在大数据背景下构建了一个虚拟的会计信息系统。这个系统不仅对企业的各种信息资源进行整合，而且确保为企业生存和发展提供了必要的、可靠的信息数据。此外，云会计不仅仅满足了传统会计核算的需求，更进一步实现了会计管理的数字化和智能化。

财务云与云会计在很多方面都存在交集，它们都强调利用大数据和互联网技术来整合企业的资源信息，以实现高效的会计与财务管理。尤其值得注意的是，云平台作为这两者的背后支撑，使得财务云与云会计得以实现和发挥其功能，为企业的会计和财务管理带来了创新和便捷。

二、云会计服务模式的优势

云会计服务模式具有以下几方面的优势，如图 5-9 所示。

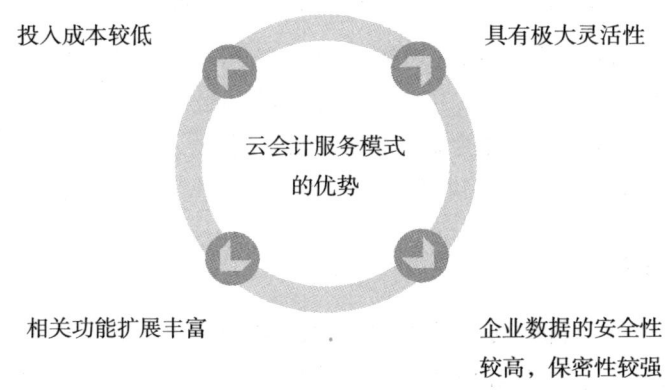

图 5-9　云会计服务模式的优势

（一）投入成本较低

投入成本较低是云会计引领企业会计信息化发展的核心优势之一。云会计系统由专业供应商提供，整合了软件服务和硬件服务，使企业可以根据自己的需求灵活购买或租赁。这样的模式免去了企业购买服务器和其他硬件设备的必要性，从而也避免了硬件折旧和维护的额外成本。与传统的会计系统相比，企业只需支付与供应商预先商定的使用费，这种按需支付的模式明显降低了企业的财务负担。更为重要的是，采用云会计系统还可能为企业节省会计核算人员的工资费用，这些经济资源可以被重新分配，用于雇佣更多具有管理会计和财务管理能力的人才，从而进一步提高企业的市场竞争力。

（二）具有较大灵活性

由于企业在采纳云会计时不需要购置任何硬件设备，因此，它们可以摆脱储存空间不足或设备损坏导致的限制。此外，由于所有系统维护工作都由服务商承担，企业可以将更多的关注和资源集中在其核心业务上，而非系统的日常运维。另一个值得关注的优势是云会计系统可以实现随时随地的访问，无论员工身处何地，只要有网络连接，就可以登录系统，这无疑增强了企业的运营灵活性。而且，利用云会计系统，企业的各个相关部门可以及时访问和分析经营数据，从而有效地提高信息传递的效率。这样的即时数据共享和分析能力不仅增强了部门间的协同作战，还有助于加速决策过程，使企业能够更迅速地响应市场变化，确保在激烈的竞争环境中保持领先地位。

（三）企业数据的安全性较高，保密性较强

企业数据的安全性与保密性在采用云会计时得到了显著的增强。传统的手工记录方式相较于电子方式存在很多局限性，而采用云会计，企业不仅可以大大减少物理资料的存储需求和相关费用，更重要的是，云端数据备份的存在使得数据丢失的风险大大降低。由于专业的云会计服务商都配备有资深的技术团队，这些团队负责定期升级和维护系统防火墙，这进一步确保了企业数据的安全性。意外灾害或其他人为因素导致的数据损失已不再是企业需要担忧的问题。此外，云会计系统中的身份认证和权限分配机制使得企业可以对不同工作人员进行精细化的管理，根据他们的工作角色和需求赋予相应的权限。这样的权限设置不仅确保了数据的完整性，而且增强了其保密性，因为只有获得相应授权的人员才能访问到特定的财务信息。这为企业的数据安全提供了双重保障。

（四）相关功能扩展丰富

与传统的会计软件相比，云会计在功能升级与维护时明显更为流畅。传

统软件在升级和维护过程中常常会遭遇系统暂停使用的情况，这直接影响企业的日常运营。而依赖于互联网技术的云会计则避免了此类问题，保障了企业的连续性运作。更为关键的是，云会计允许企业在系统中建立个性化的资料库，确保数据能够实时地被调整和更新，从而确保企业随时都能获得最新、最准确的数据和技术支持。这种即时性和个性化的功能扩展不仅满足了企业日常的会计需求，还为企业在市场竞争中提供了更为准确的决策支持，确保了企业在竞争激烈的市场环境中始终保持主动地位。

三、云会计服务模式的应用现状及推进策略

（一）云会计服务模式应用现状

1. 云会计在我国企业的使用率仍未达预期

在我国，云会计服务仍然处于初级阶段。大多数现有的云会计平台主要提供基础的财务核算和信息管理功能，而缺乏更加全面和深入的服务。这导致云会计软件未能充分展现其核心优势，因此不受许多企业的青睐。尽管一些大型企业已经开始尝试构建自己的财务云平台，但这些平台的完善度仍然有限。中小企业对此尤为消极，这部分是因为这类企业往往规模较小，管理层更希望通过传统的方式来掌控企业。他们没有充分认识到，云会计模式在降低企业成本、增强外部联络、促进团队协作和提高财务工作效率等方面都具有显著优势。然而，随着技术的日新月异进步，企业对财务云的便利性和重要性有了更深入的了解，预计未来云会计的应用率将会持续增长。

2. 云会计服务平台的建设和应用尚不成熟

许多中小型企业对云会计的了解仍然停留在表面，持有传统的、守旧的观念。国内的互联网安全问题仍然突出，财务信息作为企业的核心机密，这使得多数企业在选择是否使用云会计时持谨慎态度，害怕将这些敏感信息上传到网络中。当前，国内的云会计仍在摸索、发展之中，云会计市场呈现出一种混乱的态势。由于提供的服务缺乏全面性和成熟度，产品的质量也并不统一，这都进一步加强了中小企业对云会计的疑虑，使他们对此持观望或迟疑的态度。而政府在对待云会计平台的监管上，目前的力度尚显不足，不能为企业提供充分的信息安全保障。这种情况下，对于注重信息安全的企业而

言，他们可能更倾向于选择传统的会计方法，而非冒险尝试云会计平台。

3. 相关法律法规尚不完善

我国目前在云会计信息泄露方面的法律法规体系显得不够健全。当企业的信息在云会计系统中发生泄露导致损失时，现有的法律法规难以为企业提供足够的合法权益保护。这种情况使得众多企业对于采用云会计持有疑虑，担忧信息安全无法得到充分保障。为了真正推广云会计并让企业安心使用，只有完善政府对于互联网和云会计系统的监管力度，及时更新和修订相关法律法规，才能真正加强云会计系统和网络的安全保障，使企业在使用过程中更为放心。

（二）推动云会计服务模式在中小企业应用的策略

1. 中小企业管理者层面

中小企业管理者在推进云会计服务模式时需提高其对此服务的重视度。管理者应洞悉信息化数据共享时代的发展趋势，放眼未来，及时把握并接受与时俱进的云会计服务。了解云会计在成本、灵活性和功能扩展等方面所带来的显著优势，及其在企业财务管理、数据储存与安全上的巨大价值，是至关重要的。同时，应认识到随着技术进步，传统的会计方法终将被新技术所取代。为此，管理者需摒除过时的观念，敏锐地感知并采纳新时代的云会计服务。强化企业内部的人才引进，特别是在云会计领域，以确保企业技术上的领先地位。然而，也应注意到，云会计并非无懈可击，必要的环节仍需安置专业的人员，以补足系统潜在的不足之处。随着企业不断地创新与改革，它将焕发出更强的生机与活力，确保在未来市场竞争中立于不败之地，紧跟时代步伐，掌握自身发展的先机。

2. 中小企业员工层面

面对新时代，员工需清醒地认识到，坚守传统会计模式将被新技术淘汰是大势所趋。云会计不仅意味着数字化、智能化的财务管理，更代表着工作效率的显著提升和企业资源的合理利用。因此，为适应这种变革，员工应积极主动地学习计算机技能和与云会计相关的专业知识，努力增强自己的创新意识和能力，引领企业走向更先进的发展阶段。企业在这方面也应尽到职责，定期组织有关部门和关键岗位的员工参加云会计相关的培训，确保技术应用的顺利推进。随着知识的普及，这种培训可以逐步推广到全体员工，使整个团队对云会计的应用达成共识，为企业的长远发展奠定坚实基础。在此基础上，企业能够运用先进的技术手段对员工的工作绩效进行精确评估，并据此进行薪酬分配，这样不仅激发员工的工作热情，还确保了工作效率的持续提高。

3. 云会计服务供应商层面

中小企业市场的迅速发展和业务多样性为云会计服务供应商提供了巨大的机会。为了确保自己的产品在这个市场中受到欢迎，供应商必须深入了解中小企业的具体需求。这意味着进行广泛的市场调查，收集和整理来自不同企业的反馈和要求，以确保其产品具有广泛的吸引力。其中，云会计系统的在线财务预测、运营分析和投资决策等功能显得尤为重要。宣传活动不仅要提供详细的产品信息，还要针对性地强调其与中小企业需求的匹配度。个性化定制的服务也成为供应商竞争力的关键，这意味着供应商需要根据每家企业的特点为其提供定制的云会计解决方案。为了确保这些服务的安全性和可靠性，供应商必须不断投资于云会计系统的开发，提高数据传输和存储的安全性，增加数据管理功能，确保在数据发生异常时，系统能够及时发出预警，并快速进行错误检测和数据恢复，从而为客户提供安全、高效、可靠的服务。

4. 政府层面

随着经济从高速增长转型至高质量增长，政府对云会计服务的支持显得尤为重要。为了加大对此新兴行业的支持，政府可设立专项基金以增强财政扶持，激励云会计服务供应商投入更多研发和创新资源，旨在培育一批具有国际竞争力的云会计平台供应商，推动"中国云会计"的建设。政府还可以作为改革的领头羊，选择部分中小企业作为云会计改革的试点，借助这些企业通过云会计提升竞争力的成功案例，吸引更多企业参与。鉴于当前云会计服务市场中缺乏统一标准，产品质量良莠不齐，政府有责任制定一套完整的行业准入和产品标准，确保行业健康发展。同时，为了保障信息流通与协同工作，政府也应打破行业之间的壁垒，确保各种云会计系统之间的互通性。在国际上，尤其是欧盟，云会计法规已经相当严格，我国可以参考其经验，结合国内实际制定适应性的法律法规。此外，建立第三方监管机构，对云会计服务市场进行定期检查并对不规范行为进行惩罚，将是确保云会计行业健康、规范发展的重要措施。通过这些政府措施，将为中小企业提供一个更为放心、安全的云会计环境，使其能够更好地融入大数据时代，享受经济全球化与大数据带来的红利。

四、云会计服务模式的发展趋势与展望

随着技术的不断进步和全球经济的深度整合，云会计服务模式呈现出多元化、个性化和智能化的发展趋势。多元化体现在服务内容和形式上，满足各类企业的多样需求；个性化则意味着针对不同企业、不同行业的特定需求提供定制化的会计服务；而智能化则是借助人工智能、机器学习等先进技术，为企业提供更为高效、准确的会计处理与决策建议。此外，随着大数据、区块链等技术的广泛应用，数据安全和隐私保护成为行业的焦点，未来的云会计系统必将加强对数据的加密和备份，确保数据的完整性和安全性。同时，跨平台、跨设备的协同工作也将成为标准配置，为企业提供更为灵活的工作方式。在全球范围内，云会计服务模式还将深度融合各国的税务、法规和会计准则，为跨国企业提供一站式的会计服务。总体来看，云会计服务模式的未来将是一个融合、智能、安全的新时代，为企业带来更为高效和透明的会计处理与决策支持。

第六章 企业会计信息化发展的保障体系

随着时代的快速进步，企业会计信息化已经成为企业管理的重要组成部分，对于提高企业经营效率、增强市场竞争力具有至关重要的作用。然而，仅仅依靠技术手段很难确保会计信息化的成功实施。这需要一个完善的保障体系，涵盖组织、人才和制度三个层面，以确保信息化进程既符合会计原则，又满足企业的实际需求。本章将重点探讨这三个层面的保障策略，旨在为企业提供一个全面、系统的会计信息化发展的保障框架。

第一节 组织保障

一、会计组织概述

（一）会计组织的概念

组织是为实现一定目标，由两个或两个以上的人组成的，有意识、有目的地加以协调活动的系统。

会计组织既是一个相对独立的体系，又是企业组织结构的重要组成部分。对会计组织的典型定义主要有以下几种。

会计行为，有一定的方法与次序，此一定的方法与次序，就是会计组织，须于会计行为开始以前，先行制定，以资依据。但并不是仅凭抽象的会计学理论来制定，也不宜完全袭用他人现成的组织，必须以确定的事务组织为依据，然后参以会计学理论和经验，始能恰合实用。这一定义所指的会计组织侧重于会计方法与会计程序。

会计组织是为了充分实现会计目的，对会计的各个要素及主要方面所作的规定、选择、规划、协调、考核和信息反馈的一系列有关优化会计系统的管理工作。这一定义实质上指会计组织是一系列管理工作，目的是协调会计工作各个要素之间的关系，以保证会计系统的运行质量和效率，旨在使会计系统符合最佳会计信息、最佳会计沟通方式和最佳会计组合形式三方面要求，建成一个高效率运行的会计系统。

会计组织是指会计工作组织，包括会计人员的配备、会计机构的设置、会计制度的制定与执行，以及会计档案管理。该定义强调会计组织机构设置、人员配备，制度制定。

本书中会计组织作为名词使用，但强调会计组织的动态性。笔者认为，会计组织是关于会计信息加工与传递、成本管理、资金管理、财务风险管理及相关内部控制的组织机构、岗位及其职权。

（二）会计组织的功能

会计组织的功能如图 6-1 所示。

图 6-1 会计组织的功能

1. 计划功能

会计组织的计划功能是其核心职责之一，与传统的计划定义相似，它涉及为企业的未来发展设定明确的方向、目标和策略。在财务领域，计划功能通常涉及财务预测、预算制定和长期财务策略的建设。这需要会计组织深入研究和分析历史数据，从而预测未来的收入、支出、资产和负债的变化。有效的计划功能还需要考虑到市场的不确定性、经济的波动以及行业和公司的特定风险。因此，当会计组织进行计划时，不仅要基于历史数据和当前的经济环境，还需要对未来的各种可能性进行评估，以确保计划的实际性和适用性。预算制定是计划功能中的一个重要组成部分，它为企业提供了一个清晰的财务蓝图，明确了在给定的时间范围内企业应该如何分配其资源。在这一过程中，会计组织需要与各个部门紧密合作，确保预算能够满足公司的战略目标并符合实际的经营情况。而长期财务策略的建设则关乎企业的持续发展，会计组织在这方面的责任是确保企业拥有稳健的财务结构，并在未来可以持续获得资金。为了实现这一目标，会计组织需要对各种资金来源进行评估，选择最优的资金组合，同时确保企业的债务和资本结构保持在健康的水平。

2. 组织功能

组织功能确保所有会计任务和流程得以有序、高效地进行，并使企业能够满足日常运营和监管要求。它关注于如何为会计人员划分责任、建立工作流程、提供必要的资源以及与其他部门沟通和协作。

对于任何公司，确立清晰的责任划分和工作流程都是至关重要的，因为它们决定了工作的效率和质量。会计组织通过制定明确的职责划分、审批流程和工作标准来确保财务信息的准确性、完整性和及时性。资源分配也是组织功能的重要体现。会计组织需要评估其内部人员的能力和技能，以确保他们可以胜任工作并持续地提供高质量的财务信息。这可能涉及对员工进行培训、为他们提供必要的工具和技术以及确保他们在工作中具有足够的支持。此外，与其他部门的沟通和协作也是组织功能的关键。会计组织必须确保其他部门理解其财务目标和需求，并与之合作，以确保整个企业的财务流程得以顺畅进行。

3. 控制功能

会计组织的控制功能是确保企业的会计活动和流程都按照既定的规范和标准进行。这是通过对会计流程、数据和报告进行持续的监督和评估来实现的。控制功能确保所有会计事务都得到适当的处理，防止错误、欺诈和其他不合规行为，并确保企业的会计报告反映了其真实的经济状况。

为了有效地执行控制功能，会计组织通常会设立内部控制系统。这些系统包括一系列的政策、程序和技术，用于监测会计活动，确保数据的准确性和完整性，并提供对可能的问题或不合规行为的早期警告。例如，自动化的审计追踪工具可以用于监测和记录所有财务事务，确保它们都按照正确的流程进行，并及时发现任何异常。内部控制系统还包括对会计人员的培训和评估，以确保他们了解和遵循所有相关的规定和最佳实践。定期的内部审计和评估也是控制功能的关键组成部分，这有助于会计组织检测和纠正潜在的问题，并不断改进其流程和系统。

除了内部控制，会计组织还需要与外部审计师和监管机构合作，以确保其会计报告和流程符合所有法规要求。这通常涉及提供必要的数据和文件，以及对财务报告的准确性和完整性进行确认。

4. 协调功能

会计组织的协调功能是其核心功能之一，确保各个部门或单位间的会计工作流程和信息流得到有效整合，从而实现整体目标的高效达成。当涉及多个部门或团队的跨职能工作时，协调功能显得尤为重要。它确保了资源的合理分配，使得会计数据准确、及时地传输与处理，避免了信息冗余或重复。协调功能也确保了会计信息系统内部的各个组件之间的相互适应和平衡。通过有效的沟通机制，它帮助会计组织对外部变化做出迅速响应，如市场环境的变动、法规政策的调整或技术的更新。协调功能也有助于缩小或消除会计组织内部的信息鸿沟，使各层次的决策者都能基于统一和准确的数据来做出决策。

5. 绩效考评功能

绩效考评功能在会计组织中占据着至关重要的地位，它为组织提供了一个衡量和评估其运行效果的机制。通过这一功能，会计组织可以定期检查其各项业务活动是否达到了预定的目标，是否符合既定的标准和要求。有效的绩效考评不仅可以发现潜在的问题和不足，还可以为持续改进提供方向和动力。

为确保绩效考评的客观性和公正性，会计组织往往采用多种方法和工具，如平衡记分卡、KPI（关键绩效指标）等，以对业务活动和成果进行全面、深入的评估。绩效考评的结果直接影响到员工的激励和奖励机制，因此，它在驱动组织内部成员提高工作效率和努力创新方面发挥着不可或缺的作用。更进一步，绩效考评功能也有助于增强外部相关方对会计组织的信任和信赖。当组织能够公开、透明地展现其绩效结果，并据此采取相应的改进措施时，它将更易于获得股东、客户、合作伙伴等外部相关方的信任和支持。简而言之，绩效考评功能是会计组织持续优化、自我调整和赢得外部信任的关键手段，它对确保会计组织的长期健康发展起到了决定性的作用。

二、传统会计组织的不足

传统会计组织以垂直沟通为主，重视组织结构层次差别，横向沟通少，会计信息、经营信息集中于高层管理团队，信息拥有量不均衡，中层、基层财会人员及其他员工的积极性受影响；逐级汇报，效率下降，易失去获利机会。重视管理而忽视创新，强调企业稳定性、秩序、制度，降低了适应环境的能力。企业内部和会计组织机构内部过度分工，分工过细导致每个员工在企业中有自己的领地，形成众多的"利益中心"，整体利益淡化；分工过细增大了协调难度，会计组织运行效率降低。

多层次的金字塔会计组织结构，纵向管理为主要特征，从下而上是会计信息传递，自上而下是财务决策输送。成本管理、财务管理等职能管理人员被定位在以功能为核心的部门，其职责范围狭窄，职能人员只对功能部门领导负责，功能部门领导又只向上一级领导负责。这一组织结构的优点是每个人熟悉自己的职责，并且能较大限度发挥专业职责，而决策权掌握在企业的最高层。由于竞争加剧、多角化经营、经济全球化，以及由此造成不稳定因素的增加，以功能为核心的职责定位、逐级负责的模式，不能适应企业在变化的环境中发展。除了最高决策层，其他人极少了解企业整体目标、财务战略、发展战略；每个职能人员被严格定位，财会部门与各功能部门之间相对独立而缺乏紧密联系，造成目标分散；严重影响会计信息传递的及时性和准确性，高度集权则影响决策的及时性和正确性。当企业规模增大，容易出现机构臃肿，会计信息流动不畅，决策迟缓，权力过度集中等综合征。信息资源非常重要，但各自为政的组织结构，无法有效利用密集的会计信息；产品生命周期缩短与多层次交叉管理导致的时间浪费、成本增加等矛盾加剧。

三、信息化环境下会计组织的变革

（一）会计组织变革的特征

会计组织变革具有创新性、分散性、集中性、协作性、综合性等特征，如图 6-2 所示。

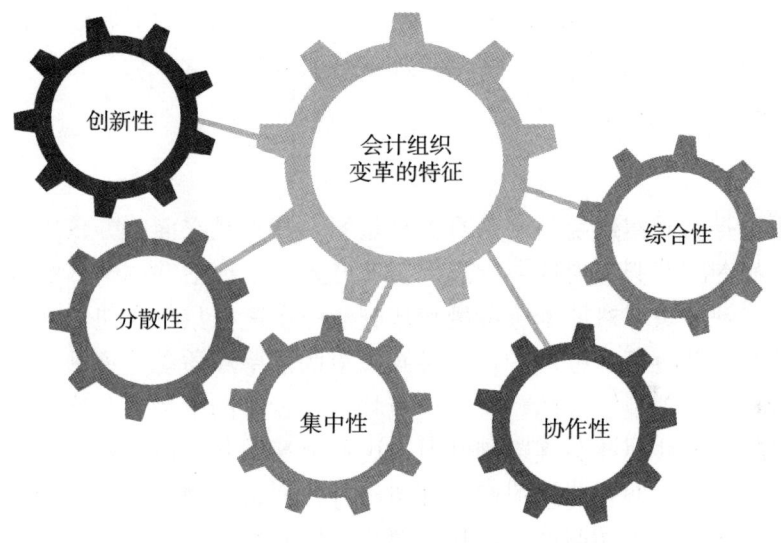

图 6-2　会计组织变革的特征

1. 创新性

创新性表现为，创新分布在会计组织的各个层次、各个领域。分权管理使基层权力、责任增大，需要增强基层经营者对绩效的责任。基层经理和财会人员从传统的决策、计划执行者变为会计创新的主要发起人；中层管理者和财务经理不再完全是担当控制角色，而要成为基层单位的资源提供者；高层财务管理人员致力于驱动会计创新。会计创新活动由传统的、少数高层管理者推动转变为基层经营者和财会人员的重要职责，会计创新活动分散在企业各个层次、各个领域。

2. 分散性

分散性是现代会计组织变革的鲜明特点，体现在由多个小规模经营单位组成的企业集合体中。这些经营单位具有显著的独立性，它们不再像传统模式那样严重依赖总部的财务资源。这种组织结构设计有助于更好地挖掘和利用各经营单位的创造力和积极性。与传统的严格的自上而下的管理模式相反，现代企业内部纵向组织间的管理关系变得更为灵活，以求将内部摩擦降至最低。这种转变意味着用于监督、控制和引导员工以取得成果的资源和力量被有意维持在最低水平。与此同时，会计组织的绩效考核和评价功能日益凸显。而成本管理，一个关键的会计活动，不再是总部的专属任务，而是分散到每一个小规模经营单位，使之更加接近实际的经营活动，更具针对性和效率。

3. 集中性

集中性在会计组织变革中占有关键位置，特别是在面临分权管理过度导致的失控局面时。为应对这一挑战，企业开始重新评估并调整其财务管理权力的布局。管理需要对原本分散的财务管理权力进行集中，使总部成为主导战略决策和经营决策的核心，旨在提高决策的效率和质量。这种变革并不仅限于决策权，还涉及业务的整合。企业将核心业务高度集中，确保其由总部严格控制，而非核心业务则适当分散，确保灵活性和响应速度。为实现这一变革，企业运用权变管理理论对会计组织进行再造，确保其在新的组织结构下能够更好地服务于企业的总体战略目标，同时保持对各个业务单元的适当监督和管理。

4. 协作性

协作性在会计组织变革中呈现出日益明显的趋势，尤其是在小规模经营单位中。因为这些单位所控制的资源相对有限，与规模较大的事业部相比，他们没有足够的资源自给自足。这种局限性迫使他们在生产经营和技术开发方面与其他单位展开广泛且密切的合作。这种合作不仅是单纯的资源共享，更为重要的是为企业内部的知识、信息和技能转移和整合创造条件，从而提高整体的竞争优势。随着信息技术的普及和成熟，中层财务管理人员得以从过去的纵向信息传递繁重工作中解脱，他们开始将更多的精力放在横向的沟通、协调及资源和能力的整合上。这种横向的整合和合作涉及多个层面，包括信息交流、人员流动以及人际交往，每一个方面都为企业创造了更大的协同效应，进一步推动了组织的高效运转。

5. 综合性

综合性表现在组织结构和功能的融合与交叉上。过去，各部门往往是依据其特定的职能进行划分，如制造部门专注于生产，营销部门负责推广。但现在，这些传统界限开始变得模糊。制造部门不仅要生产，还可能涉及营销、财务和成本控制等多个职能；同样，营销部门也可能涉及市场调查、广告策划、技术工程和财务等多方面的功能。这种综合性的出现，并非简单地是为了扁平化组织结构或削减中层管理，而是为了更好地适应市场的需求。传统的按职能划分的组织模式，难以满足当今快速变化的商业环境。信息技术的发展，使得企业可以围绕业务流程重新构建组织模式，这种模式往往是跨职能的，打破了销售、市场、制造、研发和财务等职能部门的传统界限。核心业务流程不仅涉及一个部门，而是连接起组织中的多个部门。这意味着不同专业背景、特长的员工需要集合在一起，共同完成某一项工作。

在这种综合性的背景下，会计组织的考核和评价方式也发生了改变。传统的考核模式往往是以职能部门为单位，对其绩效进行评价。但现在，重点已经转移到了如何评价一个跨职能的团队在执行某一特定任务时的绩效。这种评价方式更加注重团队协作、资源整合和流程优化，以满足市场的实际需求。

（二）会计组织结构的扁平化

1. 扁平化的原因

会计组织扁平化的原因多方面，但以下几点尤为关键。首先，分权管理成为一种普遍趋势。分权管理是扁平化结构中的核心理念，被视为当代组织结构的普遍趋势。在这种管理模式下，决策权被下放到较低层次，从而赋予基层管理者更大的自主性和决策空间。这不仅能够加速决策过程，还有助于将企业资源更加精准地对接市场需求，使企业更具敏捷性和灵活性。

此外，随着全球化和市场竞争加剧，企业面临的外部环境变得越来越不确定和多变。扁平化的会计组织更能迅速响应市场的变化，及时调整策略，确保企业在变革中始终保持竞争力。与之相伴的是，企业在寻求更高的运营效率和更低的运营成本，扁平化结构可以有效减少管理层次，简化流程，从而提高整体效率。

现代信息技术的发展是扁平化的又一重要驱动力。先进的信息技术使得信息传递更为迅速、准确，管理者能够实时掌握大量的数据和信息，对组织内部的各种活动进行有效监控和管理。同时，信息技术也为组织内部的跨部门、跨层次沟通和协作提供了方便，极大地提高了工作效率和决策质量。因此，信息技术为扁平化组织的实施和运作提供了有力的技术支撑。

2. 需要注意的问题

一般情况下，为了实现组织结构扁平化，需要管理者处理好三个问题：

第一，管理者首要考虑的是建立清晰有效的授权机制。随着管理层级的减少和管理幅度的扩大，传统的决策模式已不再适用，因此，将一部分决策权下放成为必然选择。但这样的下放并非随意，而需要基于一个完善的授权机制。这种机制应明确各层级的职责与权限，确保每个层次的决策都在授权范围内进行。同时，为保证决策的科学性和准确性，还需要配备相应的保障机制，如定期审计和反馈，以及为员工提供持续的培训和指导。

第二，实现信息共享是扁平化管理的另一关键要素。扁平化的管理模式赋予下属更多的决策权，这就要求做决策的员工能够掌握到更加全面和准确的信息。只有在充足、及时的信息支持下，员工才能做出科学的、有利于组织的决策。这要求组织在内部建立一个高效的信息交流和共享机制，确保各个部门和层级之间的信息流通畅通，减少信息孤岛和信息瓶颈。

第三，实现组织的信息化。随着管理层事务性管理活动的增加，会消耗大量的时间和精力，这对管理层来说是一大负担。通过办公自动化系统，可以将这些重复和事务性的工作自动化，从而释放管理层的时间和精力，让其更加集中于战略性的决策和管理。一个科学且高效的办公自动化系统不仅可以帮助管理层提高工作效率，还能够为整个组织带来更大的管理幅度和更好的业务效果。

（三）会计信息化部门的组织形式

会计信息化部门如何组织，应根据各单位的实际情况来设置。大中型企事业单位，一般都有信息中心，因此在进行会计信息化工作的组织时要统一考虑。组织过程中要注意两个问题：一是怎样处理与信息中心的关系，二是怎样处理会计部门内部的关系。一般地，会计信息化后，会计部门有如下几种组织形式可供选择：

1. 信息中心与会计部门并列的组织形式

在这种组织形式中，信息中心与会计部门均为独立的部门，两者在行政层级上并无上下之分。会计信息化工作在整个单位的计算机应用中，仅仅代表一块重要的内容。会计信息系统的购买、开发、增值和维护全部由信息中心承担，会计部门则装备有微机或终端设备，主要负责会计软件的运行及日常的基础维护。

此组织形式对会计部门的内部机构造成了一定的影响。会计部门的内部组织是否需要进行大的调整，是由计算机应用的深度所决定的。如果计算机处理的业务相对较少，那么会计部门的组织结构基本保持不变。但如果计算机在会计核算工作中发挥了主要作用，那么会计部门就需要进行必要的组织结构调整。这通常意味着在现有的业务团队中增加一个维护团队或相关岗位，并对不适合会计信息化工作的人员进行适当的调整。实施会计信息系统后，日常核算任务大幅度减少，通常需要新设一个会计管理组，这个组的职责包括但不限于：会计信息分析、预算编制、业务管理参与等。而信息中心的角色主要是为会计部门提供技术支持，助力于规划、执行以及解决关键技术问题。另一方面，会计管理组除了日常工作外，还应该参与会计信息化的规划和辅助系统分析。

这种组织形式的主要优势在于：它有助于对整个单位的计算机应用进行统一规划和管理。有了专门的机构来负责计算机应用，单位能按照总体要求组织工作，从而避免各个部门"各自为政"的情况，减少资源浪费，确保信息得到充分利用。这种模式在大中型单位中尤为常见。然而，这种模式也存在明显的缺点，即由两个部门共同负责会计信息化工作，这在实践中可能导致工作上的协调难题，很容易受到两个部门之间关系的影响，从而影响整体效率。

2. 信息中心和会计部门信息化组同时存在的组织形式

在此组织模式中，单位不仅拥有一个独立的信息中心，还在会计部门内部特设了一个会计信息化组。这种结构使得会计信息化工作成为信息中心与会计部门会计信息化组之间的共同任务。其中，会计信息化组深入致力于会计软件的增值开发和维护，而信息中心则更注重于集中式的开发和与其他系统的协调。

这种模式带来了明显的优势。第一，会计信息化组在长期致力于此工作后，能培养出懂技术、又通会计的复合型人才。这些人员因为身处会计部门，对业务流程非常熟悉，因此能够更快速、更精确地满足会计部门的特定需求，及时解决问题。此外，有了自己的增值开发和维护团队，会计部门能够更加积极、无后顾之忧地推进会计信息化进程，逐渐摆脱手工账务的束缚。第二，信息中心参与会计信息化工作，能够确保系统之间的协同和统一。它可以确保代码、接口、规范和制度等遵循统一的标准，从而避免会计部门独立操作可能导致的问题。更为重要的是，信息部门的参与不仅加深了对会计信息化的了解，还为其他相关系统的研发或协调运行铺设了基础，为会计数据的外部输出和资源共享创造了条件。第三，在资源配置上，此模式也更为高效。会计部门不需要长期保持大量的会计信息化专业人员，但在初期，为了确保项目的推进，确实需要更多的人员参与。此时，信息中心的人员可以协助会计部门完成相关工作，从而实现单位人力资源的最大化利用。

还有一种与这种模式近似的模式，那就是在信息中心中设立一个专门的小组，专为会计信息系统或管理信息系统服务。这同样是一个高效的组织模式，既能满足多方的需求，同时确保了服务的专业性。

3. 单位没有独立的信息中心的组织形式

在此种组织形式中，企业并未设立专门的信息中心。而是在会计部门内部配置了专职或兼职的维护人员、操作员和业务管理人员，由他们运行会计信息系统。为了达到会计信息化的目的，这些单位普遍选择采用通用的会计软件来构建其会计信息系统。这种组织形式往往更适合小型的企事业单位。特别是那些会计人员较为稀缺的单位，通常会选择一人多职的方式来满足会计信息化的需求。

实际上，会计信息化工作的组织形式并不是一成不变的，而是会随着单位的特殊情况和会计信息化的发展程度而有所不同。因此，每个单位在组织会计信息化工作时，都应该充分考虑其自身的特点和当前所处的发展阶段，以确保可以既满足会计信息化的需求，又能够实现人力和物力的节约。

（四）会计信息化的岗位设置及其职责

1. 岗位的具体设置与职责分配

随着会计信息化的推进，会计岗位也经历了相应的变革，大致可以划分为基本会计岗位与信息化会计岗位。

基本会计岗位涵盖了会计主管、出纳、会计核算、稽核以及会计档案管理等职位。这些岗位与传统手工会计的岗位有一定的对应关系。对于这类工作岗位的配置，单位可以根据实际情况进行调整，如实行一人一岗、一人多岗或一岗多人的模式，关键在于确保其设置能够满足内部控制制度的规定。而会计信息化岗位则专注于管理、操作和维护计算机及其上运行的会计信息系统。对于已经部署了会计信息系统的单位，需针对计算机系统的操作、维护和开发特性，以及会计业务的实际需求，对信息化会计岗位进行明确划分。大中型企业和使用大规模会计信息系统的单位，信息化后可设立如下岗位：

（1）电算主管。电算主管主要负责领导和管理整个会计信息系统的运行和维护，确保系统的高效、稳定和安全运行。他们还需确保团队成员具备所需的技能和资源，进行定期培训，以适应新技术和业务变革。此外，电算主管还要与高层管理团队沟通，确保系统与企业战略相一致，并对可能的技术和业务风险提供预警。

（2）软件操作岗。此岗位专注于操作和管理会计软件的日常工作，包括数据录入、处理、查询和生成报表。他们需确保数据的准确性，并根据业务需求进行软件操作，同时解决用户在使用过程中遇到的问题，确保软件流程的顺畅运行。

（3）审核记账岗。负责对已通过会计软件处理的数据进行复核和验证，确保数据的准确性和完整性。此外，他们还需要对数据进行初步分析，对异常数据进行处理，并确保所有数据均已按规定进行记账。

（4）电算维护岗。专门负责会计信息系统的日常维护和故障排查。他们确保系统的持续可用性，对出现的技术问题进行快速响应，并实施修复措施。此岗位还需要对系统进行定期更新和升级，确保系统与技术发展同步。

（5）电算审查岗。主要任务是对会计信息系统的操作和数据进行审核，确保所有过程符合企业和法规要求。他们还需要定期进行系统安全检查，确保数据不受外部和内部威胁的侵犯。

（6）数据分析岗。此岗位的主要任务是利用会计数据进行深入分析，为企业决策提供数据支持。他们利用统计和分析工具，对数据进行解读，从中挖掘业务洞察，并为高层提供报告。

（7）会计档案资料保管员。主要负责管理和保管会计相关的文件和数据资料。他们确保所有资料的完整性和可追溯性，并按照规定进行归档和存储，同时对外部请求提供所需资料。

（8）软件开发岗。专门负责会计信息系统的开发和优化。他们根据业务需求，对系统进行定制开发，同时对现有系统功能进行优化和更新，确保系统能够满足企业日益增长的业务需求。

基本会计岗位和会计信息化会计岗位，可在保证会计数据安全的前提下交叉设置，各岗位人员要保持相对稳定。中小型单位和使用小型会计软件的单位，可根据本单位的工作情况，设立一些必要的信息化岗位，许多岗位可以由一个人担任。

2. 设置会计信息化岗位的注意事项

在设立各种会计信息化岗位时，要注意以下两点。

（1）系统开发及软件维护人员与系统操作人员职务要分离。设置会计信息化岗位时，确保系统开发及软件维护人员与系统操作人员职务的分离是至关重要的。当开发人员也扮演系统操作员的角色时，它为非法窜改系统和程序带来了巨大风险。系统程序的分析、设计和编写都是由开发人员完成的，使他们对程序的内部逻辑和控制有深入的了解。如果这些人员同时还是操作员，他们可能会在系统验收并开始使用后修改程序，以满足某些隐秘的目的。这样的行为可能导致组织财产的损失，并使会计记录的准确性受到严重威胁。

因此，职责的明确划分是确保信息完整性和准确性的关键。操作人员不应了解系统的内部逻辑和程序，也不应接触系统程序和相关开发文档，因为他们的主要职责是数据输入和业务处理，而无需具备软件开发技能。相反，系统开发人员在完成系统的开发、调试并获得验收批准后，应被限制不得再操作或接触他们所开发的系统。任何对系统的后续维护和改进都应遵循特定的程序，并在获得正式批准后进行。此外，对于日常的业务处理和数据输入，应完全由操作人员来执行。这种岗位的明确划分不仅降低了系统被篡改的风险，还增强了会计信息的安全性和准确性，确保组织的资产和财务数据受到适当的保护。

（2）专职会计人员与系统操作使用人员职能的划分。对于专职会计人员与系统操作使用人员职能的划分，目前信息化单位中存在两种主要的处理方法。其中一种方法是不设置专职操作人员，这意味着会计人员除了自己的主要职责外，还要负责相关的计算机操作任务。例如，原先手工处理资金的人员，在信息化后，仍然负责资金，但同时需要将自己制作的凭证录入计算机。同样，那些原先负责手工成本计算的人员，在系统信息化后也要负责操作计算机进行成本计算。而另一种方法则是专门设立专职操作人员，这些人员负责将所有手工会计业务进行统一的电脑录入和处理。

不论采取哪种方法，关键在于根据各类人员的特点和优势，合理分配工作，从而最大化系统的效益。例如，很多单位中存在一批资深的会计人员，他们拥有丰富的实践经验，对企业的运营和决策具有深入的理解。这些老会计往往是企业领导在决策时的宝贵参谋。因此，随着会计信息化的推进，单位应当把握这一契机，让这些资深会计从日常琐碎的事务性处理工作中解放出来，更多地参与到企业的经营和管理中，发挥他们的经验和智慧，为企业带来更大的价值。

第二节　人才保障

企业要想实现会计信息化的持续发展，离不开人才的保障。会计信息化人才不仅需要掌握深厚的会计知识，还必须具备与时俱进的技术技能和前瞻性的视野。只有这样，他们才能够充分利用现代技术，为企业提供准确、及时、高效的会计信息服务。这种人才的培养，已经成为推动企业会计向前发展的关键因素，也是本节将要深入探讨的重点。

一、构建会计信息化人才队伍的必要性

数字经济的高速发展推动了产业结构的升级，同时也带来了人才就业市场的改变，对人才综合素质提出更高要求，催生出新的信息化人才需求。然而，我国信息化人才缺口已接近千万，而且伴随着全行业数字化的快速推进，信息化人才需求缺口还会持续加大。

会计行业在信息化转型的道路上一路高歌猛进，财会人员除了从传统的

会计、记账、编表向参与企业战略转变之外，还需要具备信息化能力。财政部《会计行业人才发展规划（2021–2025年）》（以下简称《发展规划》）提出，"以信息技术、数字技术、人工智能为代表的新一轮技术革命催生了新产业、新业态、新模式，对会计理论、会计职能、会计组织方式、会计工具手段等产生了重大而深远的影响"，"需要会计实务工作者深入应用新技术，推动会计审计工作数字化转型"。

但是，会计转型也面临着信息化人才缺口的问题，缺乏应用信息技术的专业人才成为在企业推进会计信息化面临的最重要挑战。会计信息化人才的培育面临多重困难，一是全面综合性人才少，特别是缺乏具有会计、信息技术、法律、金融、税务等多领域多元化知识体系的人才；二是会计人员虽然成天跟数据打交道，但对会计数据的敏感度不够，重核算轻分析，对数据背后问题挖掘少；三是对于会计信息化人才转型规划，多数企业的管理层也尚未制定具体的转型规划，大部分财务人员只能自行探索。

二、会计信息化人才的职业胜任能力框架

会计信息化人才职业胜任能力框架是由会计行业管理部门专门设计的，它是一种人造系统，目的是评价会计信息化从业人员工作所需具备的一些必要的能力。一般来说，会计信息化人才的职业胜任能力可以分为三部分：职业知识，即职业技能、职业价值观，如图6-3所示。

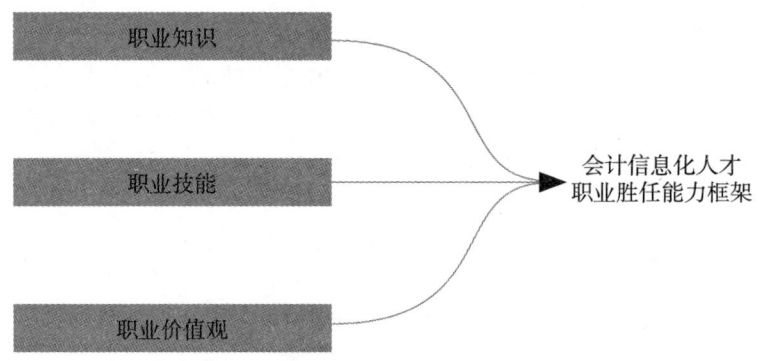

图6-3　会计信息化人才职业胜任能力框架

（一）职业知识

职业知识是进入某一职业的前提，不了解职业专业知识，就无法完成工作任务，也就无所谓长远的职业规划了。会计职业知识是会计信息化人才职业胜任能力的重要组成部分，它能够成为衡量会计信息化人才职业胜任能力的重要指标，会计职业知识随着会计学科的发展是不断更新的，也就是说，职业知识应该一直贯穿在会计人员的生涯里。

会计信息化人才需要掌握很多职业知识，通常有以下四类。

1. 一般基础知识

一般基础知识对于会计信息化人才是较为关键的，它为深入研究和掌握其他专业领域奠定了坚实的基础。此种知识不仅助于对全球各种历史背景和文化背景的深入理解，也为与各领域专家的有效沟通和交流提供了必要的工具。深厚的基础知识能够帮助会计信息化人才更好地领略各类信息，从而更精准地应对各种会计场景，同时也助其在会计专业学习中更为开阔地吸收知识。

一般基础知识包括人文科学知识、自然科学知识、艺术知识、外语等。人文科学知识帮助他们理解人类行为、社会变迁及其对经济和商业的影响；自然科学知识让他们从逻辑和方法论上强化分析和判断力；艺术知识则有助于培养审美和创新思维；外语知识更是在全球化背景下与各国合作伙伴沟通的关键。因此，对于致力于会计信息化的人才来说，打牢一般基础知识的基石是不可或缺的一步。

2. 专业基础知识

专业基础知识是会计人员提升职业素质、确保职业操作精准度和效率的关键支撑。这种知识范畴之广，深度之深，囊括了众多商学领域，如经济学、管理学、金融学、营销学和统计学等，这些学科提供了对商业运作的宏观和微观视角。更为细致的学科，如计量经济学、组织行为学、人力资源管理等，使会计信息化人才对组织的内部结构、行为和人力资源的动态有深入的了解。这些专业基础知识不仅为会计信息化工作提供了坚实的理论支撑，更为他们与各个部门和层面的沟通交流打下了坚实的桥梁。熟练掌握这些知识，可以使会计信息化人才更加游刃有余地应对复杂的经济、商业、法律和组织环境的挑战，从而达到更高的工作效能。

3. 信息技术知识

会计信息化明确标志着会计与信息技术的紧密结合。在信息技术的推进中，传统会计角色已从简单记账转变为更复杂、多元的任务，使得掌握信息技术成为当代会计人员不可或缺的技能。信息技术知识在多年的演变中已经构建出一套完整且深入的体系，涵盖了从基础的信息技术到网络应用技术、数据库管理，再到会计信息系统应用与管理。此外，如何在信息化环境下实施有效的内部控制、掌握电子商务的运作、熟悉信息获取分析检索技巧以及运用办公自动化工具，也是其重要内容。现代企业的财务管理与信息技术已经深度融合，它们之间的联系如此紧密，以至于缺乏信息技术知识的会计工作将难以展开。为适应这一发展趋势，会计人员不得不持续提高其信息技术素养，以应对日益复杂的会计环境。

4. 会计专业及相关知识

会计专业知识无疑是胜任会计岗位的核心。对于扎根于会计行业的专业人士，深入理解并掌握财务会计与对外报告、管理会计、财务管理、审计、税法等知识领域是至关重要的。这些知识构成了会计职业的基石，成为每位会计人员完成日常工作的工具和指南。但在动态的商业环境中，会计专业知识并不永远保持不变。随着政策、法规、技术及市场环境的演变，会计原则和实践也在不断调整。因此，对于会计信息化人才，除了具备丰富的专业知识储备外，更重要的是拥有高度的适应性和灵活性，以便迅速应对各种未预期的变革和挑战。这不仅要求会计人员定期更新其知识体系，还需要他们在实践中展现出解决复杂问题的能力，确保在各种情境中都能为企业提供准确、及时的财务信息和建议。

（二）职业技能

职业技能在职业胜任能力构成中占据重要位置。职业技能可以分为两类：团队职业技能和个人职业技能。

1. 团队职业技能

（1）沟通协调能力。企业内部存在多个部门，如销售部门、生产部门和人力资源部门等，这些部门各自执行其特定的职责，并在不同的方向努力以实现组织的目标。而位于这众多部门之间的会计部门则充当一个枢纽角色，连接和协调各部门，确保信息流畅和工作的高效进行。此外，会计部门还经常需要与外部实体如银行、工商、税务和审计单位进行交流。因此，对于会计人员来说，沟通协调能力不仅仅是简单地传递信息，更是能够理解、处理和中和各方的需求，达到共同目标的一种技能。一个拥有良好沟通协调能力的会计人员能够确保企业内外部的交流更为顺畅，帮助减少误解，提高工作效率，进而推动企业的整体发展。

（2）团队合作能力。团队合作能力在当前社会经济环境中越发显得至关重要。随着分工细化，个体很难独自完成所有任务，因为现代工作往往需要涉及多种知识和技能，这也使得跨部门合作成为日常工作的常态。明确的岗位职责与无缝的团队协同是达成财务及组织目标的核心。以一个独立运行的项目为例，财务不仅是其背后的支持力量，还与项目的每一个环节紧密相关。从预算分配、资金流动到最终的盈亏核算，都需要与其他部门如销售、采购、生产等紧密合作。因此，会计信息化人才不仅要具备专业技能，更应当具备出色的团队合作能力，这意味着他们要能与不同部门、不同层级的人员顺利合作，分享信息，学习新知识，共同探讨问题，以确保组织的目标得以顺利实现。

（3）表达能力。表达能力对于会计信息化人才来说，是其日常工作中必不可少的技能。无论是口头还是书面，准确、清晰地表达自己的观点和分析结果对于确保工作的顺利进行和提高工作效率至关重要。尤其在处理复杂的财务数据和分析结果时，条理清晰、逻辑严密的表达不仅能够更好地向他人展示其分析判断能力、认知能力和逻辑思维能力，还有助于确保接收者能够正确、快速地理解信息的真实含义。此外，由于会计工作涉及与企业内的多个部门以及外部的多方实体进行沟通交流，如供应商、审计师、税务机关等，良好的表达能力也意味着能够更好地建立和维护与他们的工作关系，确保信息的流畅传递和正确理解，从而使整个组织的工作流程更加顺畅。

（4）领导能力。领导能力对于财务主管或财务经理这类中高层管理人员而言，是实现其角色职责的关键能力。在企业中，这些管理人员不仅需要处理复杂的财务问题，还要指导和管理下属，确保整个团队高效、准确地完成任务。领导能力涉及对团队的引导、激励和管理，以及如何有效地与其他部门或团队协同合作。此外，作为企业的决策者，他们还需要对外部环境和内部情况有深入的了解，确保企业的财务战略与整体战略相匹配，这需要他们具备出色的决策能力。缺乏这种领导力，不仅会影响到财务部门的正常运作，还可能对整个企业的运营和战略目标产生不利影响。因此，对于那些有志于在会计领域进一步发展，尤其是想要担任中高层管理职位的人来说，培养和提高领导能力是非常必要的。

2. 个人职业技能

（1）数据挖掘能力。在大数据时代，企业积累了海量的信息和数据，其中蕴含着关于市场、消费者、运营等各个方面的宝贵信息。对于会计人员来说，不仅要能够熟练操作和管理这些数据，更要能从中提炼出有价值的信息和知识。这就需要深入的数据分析、建模以及利用专业工具对数据进行细致挖掘。通过对数据的深入研究，会计人员可以发现潜在的商业机会，预测市场趋势，以及为企业提供更为精确的财务分析和建议。这种能力不仅需要对数据有敏感的洞察力，还要求其熟练运用相关技术和工具，将分析转化为有益的策略建议。因此，对于那些希望在会计领域发展的人才，数据挖掘能力成为一个不可忽视的关键技能，它有助于为企业的战略决策提供强大的数据支撑。

（2）独立工作能力。由于会计涉及众多的财务数据和法规要求，其工作的准确性和完整性对企业的运营至关重要。会计人员不仅要掌握各种会计知识，还要具有敏锐的洞察力，能够迅速地定位问题并提出解决方案。在日常工作中，会计人员经常需要对一系列复杂的数据进行处理和分析，这往往需要高度的集中精力和细致的操作，任何小小的疏忽都可能导致重大的财务风险。因此，能够独立完成工作、确保工作的准确性和完整性，对于会计人员来说是一个基本要求。此外，独立工作能力还意味着会计人员能够自我管理，制定工作计划，高效地分配时间和资源，确保工作进度和质量。对于那些小型企业，由于资源有限，很多时候会计人员更像是一个"全能型"角色，需要处理从基础的账务记录到复杂的财务报表的所有工作，这就更加考验其独立工作的能力。

（3）执行力。会计工作的重要内容就是对日常业务的处理，在处理日常业务时，会计只需要按照企业会计准则以及企业的实际经营情况执行即可。另外，还需要说明的是，上级所下达的命令也需要执行，当然，不是所有的人员都要参与决策，但是所有的人员都必须要参与决策的执行。因此，会计信息化人才就必须具备相应的执行力，以保证企业决策的正常执行。

（4）应变能力。会计信息化人才面对的是一个充满变数和不确定性的经济环境，这里的信息流动迅速，市场情况随时可能发生翻天覆地的变化。在这样的背景下，仅仅依赖传统的工作方法和经验是难以应对的。头脑灵活，随机应变成为会计信息化人才的必备素质。他们需要时刻关注市场动态，根据最新的信息和数据，迅速调整工作策略和方法，确保企业在各种突发情况下都能够稳健运营。更重要的是，他们不仅要对外部环境敏感，还需要对内部的工作流程和制度有足够的了解，以便在必要时进行调整和优化。只有这样，会计信息化人才才能在快速变化的市场经济中立足，为企业创造持续的价值。

（5）学习能力。学习能力对会计信息化人才而言是不可缺少的核心能力。在这个日新月异的时代，无论是社会环境的变迁还是科学技术的进步，都对会计领域提出了新的要求。对于会计信息化人才，静止不前意味着被淘汰。面对知识的海洋，其无法涵盖所有，但至少应确保自身所掌握的财务知识始终处于行业前沿。这不仅需要对现有的知识体系进行不断地更新和完善，更需要具备敏锐的触觉，对新知识、新技术保持持续的兴趣和关注。而这一切，都离不开强烈的学习欲望和持续不断的学习能力。会计信息化人才通过不断学习，不仅能够为企业提供最前沿的财务策略建议，还能为自己的职业生涯打下坚实的基础，确保自己始终处于行业的前列。

（三）职业价值观

会计信息化人才职业胜任能力框架中职业价值观法内涵非常丰富，不仅包括工作态度与责任心、法律意识、客观公正，而且包括保守商业秘密、关注公众利益和社会责任、专业风范等内容。

1. 工作态度与责任心

会计工作涉及的内容复杂且对细节的要求极高，这使得会计人员必须具备极高的细心与耐心。每一个数字、每一笔账目背后都隐藏着企业的经济活动和财务情况，一个小小的疏忽可能导致严重的经济损失或法律风险。因此，对于会计人员来说，认真负责、周密细致不仅仅是工作要求，更是对自己职业的尊重与责任。这种责任感体现在会计人员对每一个数字的认真核对、对每一笔交易的仔细审核。而谨慎认真的工作态度则意味着，无论面对多么琐碎或者重复的任务，会计人员都会对其进行周全的考虑和判断，确保工作的每一个环节都得到了精细的处理，从而保障会计工作的高质量和高效率。这种工作态度与责任心是会计人员从业的坚实基石，也是确保财务数据真实、准确和完整的关键。

2. 法律意识

会计系统作为企业财务信息的核心载体，其设计和运作都受到诸多法律法规的约束和指导。而这些法律法规的目的正是确保会计信息的真实性、准确性和完整性。会计人员必须深知，离开了这些法律框架，所产生的会计信息可能会误导决策者，给企业带来巨大风险，甚至导致严重的法律后果。因此，持续的法律教育和培训对会计人员至关重要，这不仅仅是为了避免违法行为，更是为了确保每一个财务决策都建立在坚实、可靠的法律基础上。而在日常工作中，不仅仅是遵循法律，更要有前瞻性地关注相关法律法规的变化，以适应不断变化的业务环境，确保会计工作始终在合法合规的轨道上运行。这种深厚的法律意识，是会计人员专业素养的重要组成部分，也是其在复杂的商业环境中为企业创造价值的关键。

3. 客观公正

客观公正是会计人员的核心职业素养。在处理财务数据、编制财务报告以及进行财务分析时，任何的偏见或主观倾向都可能导致信息失真，从而误导决策者和其他信息使用者。会计信息作为企业经营决策的重要依据，其真实性、准确性和客观性对于企业的生存和发展至关重要。因此，会计人员必须确保其工作始终基于客观事实，而不受到任何外部因素的影响，包括但不限于管理层的压力、个人利益或其他利益相关者的干预。只有坚守客观公正的原则，会计人员才能赢得各方的信任，为企业的健康发展做出真实的、有价值的贡献。此外，客观公正的态度也是对会计职业道德的坚守和体现，它不仅代表了会计人员的个人修养，更代表了整个会计职业的公信力和形象。

4. 保守商业秘密

保守商业秘密对于会计人员至关重要。在日常工作中，会计人员经常接触到企业的核心财务数据、商业策略及其他敏感信息。这些信息若被泄露，可能对企业造成不可估量的经济损失，甚至影响企业的长期发展和竞争力。因此，会计人员必须有强烈的职业道德，确保这些信息不被外泄。任何时候，都不能因个人利益或其他诱惑而泄露商业秘密，即便是在离职后也要严格遵守这一原则。此外，保护商业秘密也是维护股东、投资者和其他利益相关者权益的重要手段。只有当他们相信企业能够有效地保护其商业秘密，他们才可能对企业保持长期的信心和投资意愿。

5.关注公众利益与社会责任

在进行财务报告和分析时，会计人员不仅仅是为了企业内部管理或股东服务，更是为了满足社会和公众的信息需求。公众依赖准确、真实的财务信息来进行投资、监管和其他经济决策。因此，为了保证信息的公正性和透明性，会计人员必须确保其工作既遵循专业标准，又满足公众的利益。同时，会计人员在其工作中也应该关注企业的社会责任，如环境保护、员工权益等，这不仅可以提升企业的社会形象，还可以为企业带来长期的经济利益。总的来说，关注公众利益与社会责任不仅是会计人员的职业道德要求，也是其实现职业价值和促进社会发展的重要手段。

6.专业风范

在日常工作中，会计人员不仅是为企业提供财务服务，更是代表着整个会计行业。每一个决策、每一个行为都可能影响到会计行业的形象。为了维护这一形象，会计人员应持续保持高度的职业道德和尽责的工作态度。不应追求短视的利益或采取不正当手段，而应始终坚持真实、公正、透明的会计原则。在与客户、上级和同事的互动中，要展现出大家的风范，对待每一个任务都要全心全意，确保工作的准确性和及时性。只有这样，才能真正做到为企业、为社会、为整个行业创造价值，同时也为自己赢得尊重和信任。

三、企业会计信息化人才的引进与培育

企业可以通过以下三种策略引进和培育会计信息化人才，具体如图6-4所示。

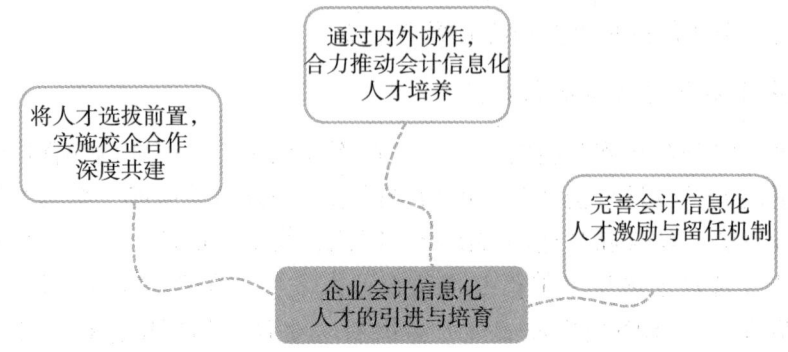

图 6-4　企业会计信息化人才的引进与培育

（一）将人才选拔前置，实施校企合作深度共建

在当前的数字化时代，高校的校园招聘逐渐成为企业进行会计信息化人才选拔的重要途径。学生们旺盛的求知欲、灵活的思维方式以及对新知识的高度敏感性，使他们在信息化人才培养中显现出了显著优势。目前，超过一半的企业会计信息化人才都是来自应届毕业生的校园招聘。因此，实施校企合作深度共建，构建人才培养生态体系成为企业引进会计信息化人才的有效手段。通过实施人才选拔前置，企业可以在早期就将具有潜力的学生引入到自己的视野中，从而有针对性地进行人才的培养和引导。这种方式可以帮助企业更早地发现并选拔出高质量的会计信息化人才，同时也可以为学生提供更为实际、更为深入的学习和实践机会。

企业可通过"1+X"制度、实训基地共建、校园人才选拔大赛等多种方式加深校企合作，构建人才培养生态体系。实施"1+X"制度，即学生在完成学校规定的专业课程学习后，还可以选择一个或多个与之相关的技能培训，这种制度可以有效地提高学生的专业素养和实践能力。它为学生提供了深化专业技能、扩宽知识领域的机会，使他们在完成专业学习的同时，也能够获得其他相关的技能证书，从而更好地满足企业对复合型人才的需求。共建实训基地是进一步加强校企合作的有效手段。它可以使企业有机会参与到学校的教学活动中，提供实际的工作场景给学生进行实践，使学生能在实际的工作环境中学习和成长，更好地理解和掌握专业知识和技能。通过校园人才选拔大赛，企业可以进一步发掘和认识优秀的学生，同时也可以通过比赛激发学生的学习热情和创新思维。此类比赛既可以提高学生的实践能力，又可以培养他们的团队合作精神和解决问题的能力。

（二）通过内外协作，合力推动会计信息化人才培养

对于会计信息化人才的培养，采取内部选拔、外部启蒙赋能的方式可以更好地实现目标。内部选拔培养指的是挖掘企业内部的潜力人才，让他们在实际的工作环境中进行学习和成长。在这个过程中，他们不仅可以熟练掌握各种会计实务技能，还能深入理解企业的业务和人员管理，这样就能更好地为企业服务。外部启蒙赋能则是从企业外部引入具有先进的信息化理念和领导力的专业人才，他们可以借力于企业的内部人才，激发他们的信息化意识。这样的过程既能提高内部人才的技能水平，又能引导他们的工作方向，使他们在自身发展的同时，也为企业的信息化组织架构和人才体系建设做出贡献。

（三）完善会计信息化人才激励与留任机制

1. 设计公正的薪酬与奖励制度

设计公正的薪酬与奖励制度是保持会计信息化人才留任的关键。薪酬与奖励制度应能体现出公平公正的原则，以满足员工的心理预期，并充分调动其工作积极性和创新性。在制度设计上，应考虑到行业标准、公司规模、员工能力及工作内容等多种因素，确保员工的工资待遇在同行业、同岗位中具有竞争力。奖励制度的设计也应尽可能多元化，除了传统的现金奖励，也可以设立各种激励机制，如晋升机会、学习机会、表彰、休假等。这些都能满足员工多元的需求，激发他们的工作热情。薪酬和奖励制度不应只局限于固定的工资和奖金，而应涵盖各种形式的激励，如股权激励、期权激励等。这些激励方式可以让员工看到自己与企业的利益是紧密相连的，从而更加积极地投入工作，也更愿意长期为企业服务。

2. 营造积极的工作环境与团队文化

营造积极的工作环境与团队文化是保持会计信息化人才稳定性的关键因素。工作环境的优越与否直接影响着员工的工作积极性和效率。物质环境，如良好的办公设备、安静的工作场所，可以提供最基础的工作需求；而

人文环境，包括领导风格、同事关系、工作氛围等，这些无形的元素在某种程度上更能激发员工的工作热情和投入感，从而使得他们愿意在企业中长期工作。此外，团队文化的独特性和积极性会极大地影响员工的行为和工作态度。一个积极、协作、公平的团队文化将会鼓励员工释放他们的潜力，激发他们的创新力，使他们在实现个人价值的同时，也为团队和企业的目标做出贡献。企业还可以通过举办团队活动、员工交流会等方式来弘扬和传播这种团队文化，使得每一个员工都深入理解和接受这种文化，形成共享的价值观和行为准则。

3. 提供充足的职业发展机会与平台

提供充足的职业发展机会与平台是促进会计信息化人才留任的又一关键策略。对于员工来说，仅仅拥有一个稳定的工作和满意的薪水可能并不足以满足他们对自我实现的需求。他们追求的是成长和进步，希望能够在职业生涯中不断提升自己，实现更高的成就。

在这个背景下，企业应当认识到职业发展机会与平台的价值，将其纳入人力资源管理的策略中。为员工提供各种培训和学习机会，使他们能够更新知识、技能和能力，是其中的关键手段。这包括内部培训、外部研讨会、行业会议以及进一步的学术教育。与此同时，通过实践机会，如项目管理、团队领导和跨部门合作，员工可以将所学应用于实践，进一步锻炼和提高。

除此之外，为员工提供一个可以分享和交流的平台也是至关重要的。这种平台可以是线上的，如内部社交网络、知识共享平台；也可以是线下的，如研讨会、分享会和工作坊。这样，员工可以分享他们的知识、经验和洞察，与同事建立更紧密的联系，并从中获得启发和激励。

然而，仅仅提供职业发展的机会和平台并不足够。企业还需要确保这些机会和平台是真实的、有意义的，并与员工的职业目标和期望相匹配。这需要企业与员工进行深入的沟通，了解他们的需求和愿望，并据此进行调整和完善。

第三节　制度保障

制度是规范、是准则，更是一种保障。它确保了会计信息化发展中的各种风险被有效控制，使得各项活动能够按照既定的规则和标准进行。这不仅关乎企业的日常运营，更是涉及企业长远的战略规划。一个完善的制度保障体系，可以帮助企业在会计信息化进程中减少摩擦，避免失误，确保其走在正确的道路上。本节将深入探讨制度保障在企业会计信息化发展中的重要作用及其具体实施策略。

一、会计信息化制度概述

（一）建立会计信息化制度的意义

会计信息化制度构建的重要性不可忽视，尤其在当今高度数字化的时代背景下。建议会计信息化制度的意义主要体现在以下几方面。

1. 确保信息质量

在会计领域，信息质量是工作的基石。信息的准确性、及时性和完整性决定了财务报告的信任度和对外部利益相关者的可信赖性。为了确保这三个核心要素，会计信息化制度起到了至关重要的作用。这种制度为会计操作提供了明确的指南，规定了哪些数据需要被纳入、怎样录入和验证。通过设定明确的数据录入标准，可以确保所有数据都是一致的，减少或消除由于个体解释差异而导致的数据偏差。此外，验证程序确保所有录入的数据都经过严格的检查和审计，从而排除了任何可能的错误或遗漏。这不仅确保了财务报告的真实性和公正性，还增加了外部审计和监管机构的信任，进一步强化了企业的声誉和公信力。

2. 强化内部控制

内部控制机制是任何企业的支柱，它不仅确保了财务信息的准确性，还为企业防范潜在风险提供了防线。健全的会计信息化制度是增强这一机制的关键组成部分。当制度明确规定每个职责的划分，它实际上在每个操作和决策点上设立了检查站，确保每一步都得到了适当的审核和验证。通过限制数据访问权限，企业可以确保只有那些真正需要这些信息的人员才能访问，从而降低数据泄露或误用的风险。此外，完整的审计轨迹记录为管理层提供了一个工具，以跟踪和回溯所有系统内的操作，使其在出现任何不寻常或可疑的活动时都能及时发现。这种监控和跟踪不仅增加了对潜在舞弊行为的防范，还为企业创造了一个更加安全、可靠的工作环境。

3. 满足法规要求

在全球化的商业环境中，遵循会计信息化的法规和标准已经成为企业日常运营的重要组成部分。各地的法规可能在具体要求上有所不同，但它们的核心目标都是确保数据的完整性、准确性和安全性。这意味着企业需要建立一个制度，以确保它们的会计实践始终符合最新的法规标准。这不仅有助于避免因违规而导致的高昂罚款和潜在的法律诉讼，还能增强外部利益相关者对企业的信任。当企业展现出对法规的遵从性和对财务透明度的承诺时，它为自己创造了一个更加可靠和稳定的商业形象，从而赢得了投资者、税务机关和其他监管机构的尊重和信赖。

4. 增强数据安全

在数字化时代，数据泄露或丢失可能对企业造成重大损失，从金钱损失到品牌声誉受损。因此，确保数据安全性至关重要。会计信息化制度明确规定了数据的处理、存储和传输标准，强调了备份的重要性，确保在系统故障或数据损坏时能够迅速恢复。通过数据加密技术，即使数据在传输过程中被拦截，也难以被解读，从而确保信息的保密性。同时，防护策略，如防火墙和侵入检测系统，可监控潜在的安全威胁，并在初期阶段予以阻止，确保财务数据不受外部或内部威胁的侵害。

5. 支持决策过程

决策通常基于可用的信息。会计信息化制度确保数据收集、处理和报告的标准化，从而提供了一致性和可靠性。这意味着管理层可以信赖这些数据，用它们制定策略和方向。当数据可靠，及时反映了实际业务状况时，企业领导就可以更加自信地进行预测、设置目标和评估风险，从而做出明智的商业决策。

6. 培育企业文化

制度不仅仅是一套规则和操作指南，它还是企业价值观和文化的体现。当企业设定明确的会计信息化制度，它实际上在向员工传达了一个关于诚信、透明度和专业精神的信息。员工不仅会遵循这些规则，还会将其视为自己工作的一部分，从而为整个组织塑造一个严谨、公正和专业的形象。随着时间的推移，这种职业道德和责任感将被深深植入企业文化中，形成一个自我强化的正反馈循环。这种文化不仅能够吸引和留住顶尖的才华，还能确保企业在面对挑战时始终保持稳健和可靠。

（二）会计信息化制度的建立原则

会计信息化制度是为了指导和规范企业在会计信息化进程中的操作和决策。随着科技的进步和商业环境的变化，会计信息化已经成为现代企业管理的重要组成部分。因此，建立一个健全、有效且与时俱进的会计信息化制度显得尤为关键。而为了确保这一制度真正为企业带来预期的效益，必须基于一系列明确且实用的原则来进行构建。以下几个原则为此提供了核心的指导和思路，如图 6-5 所示。

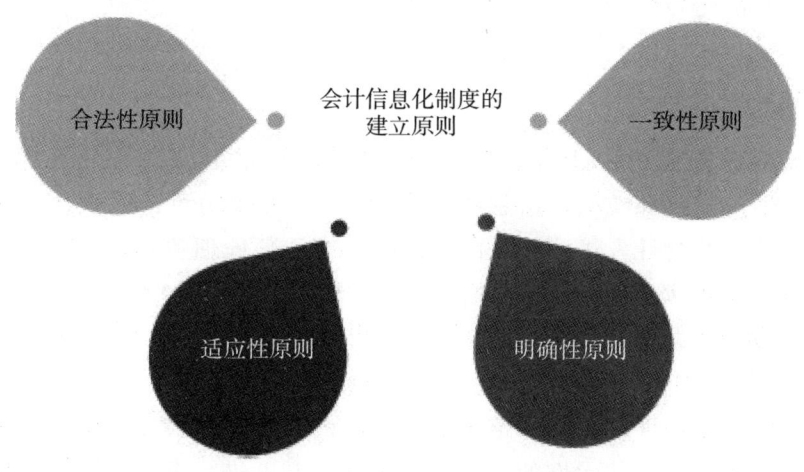

会计信息化制度的建立原则

合法性原则

一致性原则

适应性原则

明确性原则

图 6-5　会计信息化制度的建立原则

1. 合法性原则

合法性原则是会计信息化制度建立的基石，强调所有会计信息化的操作和流程必须符合相关的法律、法规和国家标准。这不仅意味着企业要遵循现有的会计和税务法规，还要确保信息的收集、存储和传输都遵循相关的数据保护和隐私法规。违反法律规定可能导致企业面临重大的法律风险，包括罚款、业务中断，甚至失去经营许可。而遵循合法性原则，不仅可以帮助企业规避这些风险，还可以增强其与外部利益相关者，如投资者、合作伙伴和客户的信任关系。此外，随着全球化的发展和跨国经营的日益频繁，合法性原则也要求企业熟悉并遵循各个运营地的法律法规，确保在各个市场都保持良好的合规状态。

2. 适应性原则

适应性原则则强调会计信息化制度必须具备足够的灵活性，以适应企业的变化和发展。随着市场环境、技术进步和企业战略的调整，会计业务和信息需求也会发生变化。适应性原则要求制度不仅要满足当前的需要，还要能够适应未来的变革。为实现这一原则，企业在制定制度时应采用模块化和可配置的设计思路，确保制度可以随着时间和环境的变化进行适当的调整和优化。此外，定期的制度评估和修订也是实现适应性的关键，它可以帮助企业及时发现和解决制度中的不足，确保制度始终与企业的实际情况和目标保持一致。

3. 明确性原则

明确性原则强调会计信息化制度在内容和要求上应当具有清晰、明确的表述，避免模糊和歧义。这意味着制度的每一个部分都应该表达得简洁明了，使得所有的会计人员和相关的利益方都能清晰地理解其内容和目的。明确性有助于确保所有涉及会计操作的员工都能够按照预期的方式执行其职责，从而避免因误解或不明确的指导而产生的错误。同时，明确的制度还为企业提供了一种有力的管理工具，可以确保会计信息的准确性、完整性和及时性。为实现明确性，制度制定者应用专业的语言和格式进行表述，避免使用复杂的术语和过于技术性的描述，并定期对制度进行审查和更新，确保其保持与时俱进。

4. 一致性原则

一致性原则要求会计信息化制度在整个企业内部应当保持统一的标准和流程。这确保了不同部门、团队或个人在执行相同的会计任务时，都遵循相同的规定和流程，确保信息的统一性和准确性。不一致的制度可能导致数据的重复、遗漏或不一致，从而影响到会计信息的质量和可靠性。为了实现一致性，企业应该制定统一的会计政策、准则和操作手册，并对所有会计人员进行统一的培训和考核。

（三）会计信息化制度的建立方式

会计信息化制度的建立要结合会计人员的业务素质、知识水平采用相应的建立方式。建立方式主要有自行建立、委托建立、联合建立三种。

1. 自行建立

会计信息化制度的自行建立方式为企业内部会计人员独立进行，具有其独特的优势和挑战。当企业的会计人员自主构建时，这种独立性确保了制度与企业的密切配合。由于他们对企业的运营、文化和内部流程有深入的了解，这种方法通常可以确保信息化制度与企业的实际需求高度匹配。这不仅有助于实现系统与业务流程的无缝衔接，还能够大大节约时间成本。更重要的是，制度一旦建立，由于是企业内部人员制定的，其在企业中的推广和实施会更为顺畅，因为它完全符合企业的文化和实际操作。然而，完全依赖内部会计人员来建立制度也会带来一些挑战。如果会计人员的专业知识或信息化技能不足，可能会导致制度设计存在疏漏或不完善，影响其质量和实用性。同时，过于依赖内部视角可能导致制度缺乏创新，因为会计人员容易受到现有流程和思维模式的限制。因此，自行建立会计信息化制度需要平衡内部专业能力和外部创新视角。

2. 委托建立

委托建立的方式是指企业将会计信息化制度的建立任务交给专业的中介机构。这些中介机构因为长期从事相关工作，对于国家的法律法规有深入的了解，因此能够确保制度的合规性。此外，这些机构的业务水平高、知识储备丰富且具有较强的创新意识，从而为企业提供专业、前沿的会计信息化制度，有利于推动企业会计的现代化和标准化进程。然而，这种方式也伴随着一定的风险。由于中介机构并不对委托企业的内部运营、文化和特点有深入了解，可能难以确保信息化制度与企业实际业务流程的高度匹配。这不仅可能导致实施难度增加，还可能影响制度的适用性和效果。因此，虽然委托建立可以借助外部专业力量快速构建会计信息化制度，但企业在选择此方式时应充分考虑如何确保制度与自身实际情况的匹配度。

3. 联合建立

联合建立融合了企业会计人员与外部专家的力量来共同打造会计信息

化制度。这种方式综合了自行建立与委托建立的特点，实现了各自优点的叠加与不足之处的互相补充。通过聘请专家为企业会计人员提供专业指导，既保留了企业内部对自身业务的深刻了解，又引入了外部的专业知识与新颖视角，从而确保制度的科学性与实用性。由于企业内部人员与外部专家的密切配合，制度的建立更加贴合企业的实际需求，同时也充分考虑了行业最佳实践和法规要求，使得会计信息化制度更加完善和高效。联合建立，因此，旨在最大限度地发挥会计信息化制度的潜力，确保其在企业中的长期稳定运作，为企业的持续发展和管理决策提供有力支持。

（四）会计信息化制度的建立程序

确定会计信息化建设的具体过程与步骤，有利于保障制度的建设平稳、有序地开展。会计信息化制度的建立程序如图 6-6 所示。

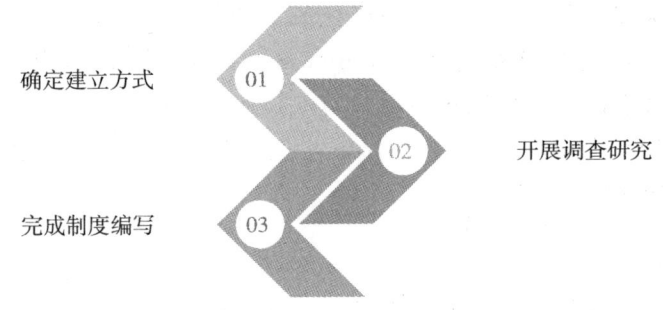

确定建立方式　01

开展调查研究　02

完成制度编写　03

图 6-6　会计信息化制度的建立程序

1. 确定建立方式

确定会计信息化制度的建立方式是整个制度建设过程的关键第一步。在确定建立方式时，企业需要权衡不同的方法，考虑自身的实际情况、资源、技术能力以及对会计信息化制度的期望和需求。选择可以是自行建立，利用企业内部的专业知识和资源，确保制度与企业文化和业务流程的高度匹配。或者，可以选择委托建立，利用外部专业机构的经验和技术力量，确保制度的专业性和先进性。此外，还可以考虑联合建立，将内外部资源融合，旨在最大化地利用各方的优势，实现制度的科学性与实用性。不论哪种方式，核心目的都是确保会计信息化制度能够满足企业的实际需求，提高会计工作的效率和准确性，并助力企业更好地应对市场变化和管理挑战。

2. 开展调查研究

开展调查研究是建立会计信息化制度过程中的重要环节，其目的是深入了解企业当前的会计管理状况、存在的问题以及未来的发展需求。通过调查研究，企业可以准确把握现有的会计流程，识别潜在的瓶颈或不足之处，从而为制度的优化提供明确的方向。

具体地说，调查内容涵盖了企业的会计业务流程、数据处理方式、报表生成机制及与其他部门的信息交流模式等。在这一过程中，调查团队会与各部门进行深入交流，以获取第一手的实际操作经验和需求信息。这种交流不仅有助于发现隐含的问题和需求，还能增强各部门对制度建立的参与感和认同感。

技术手段如问卷调查、深度访谈、工作坊等均可以被利用来收集数据。而这些数据在经过分析后，会为制度设计提供宝贵的信息，确保新制度既能解决现有问题，也能适应未来的变化。

更重要的是，调查研究还为制度的推广和实施铺设了基础。了解员工的态度和期望有助于企业制定更为有效的培训和宣传策略，确保新制度得到广泛的接受和有效的执行。因此，深入、细致的调查研究对于会计信息化制度的成功建立与运行至关重要。

3. 完成制度编写

完成制度编写是会计信息化制度建立的核心环节，它包括总体设计和具体建立两个步骤，决定着制度的结构与实用性。在总体设计中，关注会计信息化制度的宏观框架，这涉及财务事务的组织流程、财务部门的结构配置以及各个岗位间的职责划分。这一步为整个制度提供了清晰的轮廓和方向，确保制度在后续实施时的连贯性和逻辑性。

完成总体设计后，进入具体建立阶段，这一阶段的任务是将之前的设计细化并补充。具体建立不仅要注重文字描述，还要利用图表、流程图等形式进行直观展示，以便于员工更好地理解和遵循。这些细化的内容会针对具体的会计操作步骤、使用的软件工具、数据处理方法等方面进行明确规定，确保制度的可操作性。

为了使制度更加协调化、具体化，还需不断地对制度内容进行审查和调整，确保各部分内容之间的连贯性，避免出现矛盾或重复。这样，通过总体设计与具体建立的逐步完善，会计信息化制度得以成形，为企业提供了一个权威、科学的会计操作指南，促进了企业会计工作的高效、规范进行。

二、会计信息化制度的内容

（一）机房管理制度

随着会计信息化的深入推进，服务器成为会计数据的核心载体。尤其对于大中型单位，专门设立的服务器机房不仅方便数据管理，更是提高数据安全性的关键。设立机房的初衷，首先是为了为计算机和其他设备提供一个优越的运行环境，确保其持续稳定地工作。其次，通过严格的入室管理，可以防止非法人员进入，最大限度地保障机房内的设备、软件、程序和数据的完整与安全。

具体的机房管理制度举例如下：（1）机房内工作的人员必须严格遵循所有设定的规章制度，未经许可的非工作人员是禁止进入的；（2）为确保设备的长期稳定运行，必须保持机房的清洁，及时清除设备上的灰尘；（3）为了预防潜在的风险，机房内绝对禁止饮水和吸烟；（4）机房应装备完备的灭火工具，并严禁一切可能导致火灾的行为；（5）机房内的电器设备的安装和维修必须由专业电工完成；（6）未经授权，员工不得私自更改或移动任何设备和电缆；（7）机房的软件和数据是公司的资产，严禁未经授权的复制和使用，且引入的外部软件和存储介质都必须经过病毒检测；（8）不得在机房的计算机上安装或运行游戏或其他非工作相关的程序；（9）机房的使用必须经过授权，并防止病毒的侵入；（10）在机房无人时，必须确保门窗上锁，确保服务器和其他设备的安全。

（二）操作管理制度

操作管理涉及对计算机及系统运行的细致管理工作，旨在构建会计信息系统的稳定运行环境。操作管理确保根据规定录入数据、执行各子模块的运行、输出多种信息，并在需要时进行数据备份和故障恢复，从而保障计算机系统的安全、高效和正常运行。操作管理制度主要分为操作权限和操作规程两大部分。

1. 操作权限

操作权限明确了系统的各类操作人员能够进行的操作范围。主要包括以下内容。

（1）业务操作员在输入凭证数据时，需确保严格按照凭证进行。一旦发现误差，应在复核前及时更正或通报系统管理员。对于已经输入的数据，如发现误差，业务操作员有权在登账前进行更正。如果误差是在登账后发现的，需要另做冲账凭证并输入计算机。

（2）非软件维护人员不能直接操作数据库，禁止随机增删和修改数据、源代码和数据库结构。

（3）软件开发人员禁止进入实际的业务系统进行操作。

（4）系统的软件和开发文档都由系统管理员负责，由特定人员保管。除非得到系统管理员的允许，其他人员不能复制、修改或借出这些文档。

（5）所有存档的数据介质、账目、凭证等文档都应由档案管理员按规定复制、核对和保管。

（6）系统维护人员则必须按照相关的维护规定操作。

2. 操作规程

操作规程是对操作运行系统中的要点的指引，这些要点保证系统的正确和安全运行，是防止各种错误的强有力的手段。操作规程主要包括以下内容。

（1）所有操作使用人员在上机前后都应进行上机操作登记，记录姓名、上下机时间和操作内容，供系统管理员核查。

（2）操作人员应保密操作密码，避免泄露。

（3）操作人员必须严格遵循操作权限，不得超出权限或擅自进行操作。

（4）操作完毕后，必须及时完成所有必要的备份工作，以防数据被意外破坏。

（5）未经许可，操作人员不得使用如格式化、删除等命令或功能，更不应使用系统级工具来分析或修改系统参数。

（6）为了预防计算机病毒，操作人员应避免使用不明来源的存储介质，禁止进行任何非法复制操作。

（三）会计业务程序管理制度

（1）为确保输入会计数据的准确性与合法性，未经审核的会计数据不得输入计算机。

（2）当天发生的会计业务必须当天入账。

（3）期末需按规定时间记录账务、计算利息。

（4）期末时，资金报表需及时生成、打印，同时还应放置未记账的凭证及单据。

（5）资金原始单据、账簿、记账凭证、报表等需按相关规定装订。

（6）充分运用计算机的数据分析功能，以定期或不定期的形式向会计主管上报财务指标及数据分析结果。

（四）会计信息化档案管理制度

会计信息化档案管理涉及对打印输出的各类账簿、报表、凭证，以及存储的会计数据和程序的存储介质、系统开发运行中编制的各种文档及其他相关会计资料的整体管理。为确保档案的准确性、完整性和安全性，需要制定和执行严格的档案管理制度，主要内容如下。

（1）存档的手续。各种肾虚手续（如打印输出的账表）在存档之前，必须得到会计主管和系统管理员的签章认可。

（2）各种安全措施，如备份光盘应附有保护标签，并应存放在安全、清洁、防热、防潮的环境中，以确保数据的长期安全存储。

（3）档案管理员的职责和权限需被明确，确保每一份档案都得到妥善管理。

（4）档案的分类管理方法。根据档案的性质和用途，将档案分类并加以组织。如此，可以确保快速、准确地检索所需档案。分类通常考虑文件的来源、内容、用途或其他特定标准，使管理和检索过程更为简便。

（5）档案使用的各种审批手续。当有需求调用特定档案，如源程序时，必须得到相关负责人的批准。每次档案的调用都应有详细的记录，包括调用者姓名、调用内容及预期的归还日期，从而追踪档案的使用情况，减少失误或遗失的风险。

（6）各类文档的保存期限及销毁手续。每类文档都有其规定的保存期限，如打印输出的账簿根据《会计档案管理办法》需要按照特定期限进行保管。达到期限后，文档需经过严格的销毁流程，确保信息不被误用或泄露。

（7）档案的保密规定。为防止不当使用或滥用，规定中明确任何伪造、非法修改、故意破坏数据文件、账册或存储介质的行为，都会受到相应的处罚。

三、会计信息化制度的实施

（一）会计信息化制度的学习与培训

会计信息化制度的学习与培训是确保制度正确、高效实施的关键步骤。完成会计信息化制度的建立后，制度的公布与实际执行之间应该存在一段时间的间隔，这为制度的学习与培训留出了充足的时间。这期间，制度建立部门需要向相关部门提交预定接受学习与培训的人员名单，这主要涉及会计部门的工作人员以及相关的维护人员。这些人员在培训中不仅要深入理解制度的内容，还要掌握制度所涉及的各种操作技能。

制度一旦对接受学习与培训的人员公布，应组织适当的学习与培训活动，包括专题讲座、实操演练等。在学习与培训的过程中，培训者和学员之间的互动十分重要，学员的意见和建议是制度完善的重要参考。学员对制度的意见、疑问或建议应当反馈到制度建立部门。这种反馈不仅有助于发现制度的不足之处，也为制度的调整与修改提供了宝贵的指导。

在经过反馈调整后，制度最终可以正式发布给全企业，而且在发布时，对某些部门或个别人员，可能需要制定更为明确或特定的学习要求，确保他们能够准确、高效地执行新的会计信息化制度，从而确保企业会计工作的规范、高效进行。

（二）会计信息化制度的执行监督

会计信息化制度的执行监督是确保会计工作按照既定制度规范进行的关键环节。为了确保会计信息化制度的规范执行，企业需设置特定部门来进行定期检查与抽查。由于涉及的业务范围广泛，这也意味着监督的工作量极为庞大。为了确保监督工作的有效性，不被人员数量或人员素质所限制，企业可考虑在其内部设立专门的监督投诉专栏。这样，所有员工都可以针对监督管理部门在执行制度考核时的表现提出自己的意见或异议。这种机制不仅提高了监督的透明度，而且通过广泛的员工参与，也更容易及时发现和纠正潜在的问题。

当然，单纯的投诉机制并不足以保证制度的规范执行。监督管理部门对于投诉专栏中提出的所有意见都需要进行认真的调查与核实。这一过程中，需要与相关部门或员工进行沟通，了解具体的执行情况，进而做出必要的决策和调整。这样的机制既确保了会计信息化制度的有效执行，也维护了整个组织的公平性和公正性。

（三）会计信息化制度执行监督的监控

会计信息化制度执行监督的监控是一个进一步确保会计信息化制度得到规范执行的环节。通过设立考核执行监控组，可以有效地对执行监督进行二次监察。监控组的主要职责分为两方面。一方面，它需要对监控组自身的执行情况进行内部审查，确保其对投诉专栏中的意见都有详细跟踪和调查，并对存在的疏漏进行核查。这种自我监督确保了执行监督的公正性和全面性。另一方面，监控组还要负责对考核过程中的弹性问题进行核查，进而增强考核执行的准确性和到位率。这意味着监控组不仅要关注执行情况，还要关注执行的质量，确保考核结果真实、公正、准确。

为了确保监控组的公正性和独立性，组建的时候可选择员工中敢于挑战和质疑的人员。这些员工不仅对企业有高度的忠诚度，而且有独立、客观的审查能力。将这样的员工组织成一个虚拟的团队，不仅能够增强团队的凝聚力，还能够确保其工作的独立性和公正性。

（四）会计信息化制度的定期完善

会计信息化制度的定期完善是确保制度持续有效和与时俱进的关键。随着时间的推移和业务的发展，原有的会计信息化制度可能无法完全满足当前的操作和管理要求。通过执行过程中的监督和监控活动，企业可以及时发现并识别制度中的缺陷或不足之处。这些发现成为完善制度的重要参考。制度建立部门在收到相关的反馈后，需对现有制度进行深入的分析，并针对性地进行修订和优化，以确保制度能够满足当前会计信息化系统的操作和管理需求。因此，周期性的审查、修订和完善，不仅确保了制度的实际应用性和有效性，还有助于企业持续提高会计工作的水平，进一步确保会计信息的准确性和可靠性。

第七章 企业会计信息化发展的未来展望

随着全球经济的数字化转型加速，企业会计信息化已从简单的数字处理进化为深度整合与智能化运作。这种转变不仅改变了会计的数据处理方式，还为决策者提供了更加准确、及时的信息，从而更好地把握企业运营的脉搏。与此同时，财会人员的角色也正经历着从传统记录者到战略分析师的转型，面临前所未有的挑战和机遇。本章将深入探讨企业会计信息化发展的未来展望，从会计的智能化转型到财会人员的新角色定义，提供一个全面的视角，以期给读者带来深刻的启示和思考。

第一节 企业会计从信息化到智能化转型展望

在经济全球化和科技迅速发展的今天，企业会计的转型已从信息化向智能化迈进。这一转变不仅改变了会计行业的工作模式，更对企业决策、管理和经营模式带来深远的影响。

在过去，信息化已为会计行业带来了翻天覆地的变革。计算机技术和会计软件的引入，使得会计人员从烦琐的手工核算中解脱出来，极大提高了工作效率和准确性。数据的储存、检索和分析变得更为便捷，使得会计工作更加规范和精确。信息化不仅仅是技术的应用，更是一种工作方法和思维方式的转变，它为会计提供了更加科学、系统的管理方法。然而，随着技术的不断进步，信息化的局限性也日益显现。单纯的数据处理和分析已不能满足企业对会计信息的多元化、个性化需求。这时，智能化技术如人工智能、大数据、云计算等逐渐进入人们的视野，为会计行业带来了新的机遇。

、　在未来，会计智能化转型将继续推动创新，并产生以下几点趋势。

第一，数据驱动的决策将成为会计工作的核心。智能化技术能够实时收集、处理和分析大量的财务数据，从而为企业决策提供更准确的信息支持。未来，会计工作将更加注重数据的质量和准确性，通过深度学习和机器学习等技术，对数据进行更精细化的分析和挖掘，从而帮助企业管理者制定更明智的会计决策。

第二，人工智能将广泛应用于会计工作的各个环节。人工智能技术的迅猛发展将为会计智能化转型带来诸多机会。例如，自动化会计软件可以通过人工智能技术自动识别和归类会计数据，提高数据处理的效率和准确性；智能风险管理系统可以实时监测市场和财务风险，及时发出预警并提供应对方案；智能化税务管理系统可以自动计算和申报税款，减少人为错误和纳税风险。随着人工智能技术的进一步发展和应用，这些智能化工具将不断完善和扩展，为财务管理提供更多创新解决方案。

第三，区块链技术将为会计工作带来更高的透明度和安全性。区块链技术以其分布式、去中心化的特点，可以实现会计数据的不可篡改和实时共享，提高会计信息的透明度和可信度。未来，会计信息系统可能会采用区块链技术来确保交易的安全性和准确性，提高财务数据的可追溯性，减少潜在的欺诈和风险。

第二节　企业财会人员转型展望

在会计从信息化迈向智能化的转型进程中，企业财会人员的角色也正经历着深刻的变革。这一变化不仅涉及工作内容和方式的调整，更关乎于财会人员的核心价值与未来定位。

传统上，财会人员被视为企业的"数字守护者"。他们严谨、细致地核算每一笔业务，确保财务报表的准确性。但在智能化技术的冲击下，许多原本烦琐的会计任务都可以通过自动化工具来完成。这意味着，财会人员的职责不再仅限于传统的数字核算和财务报告，他们需要扩展自己的工作边界，进一步为企业创造价值。

第一，财会人员将从传统的数据录入和整理人员转变为数据分析师。在这一转变中，他们不再满足于单纯的数据录入和核对，而是深入挖掘数据背后的含义，提供更为深入的见解和解读。智能化技术为会计数据分析提供了强大的工具，从而使得财会人员能够更加准确、迅速地分析大量数据，找出潜在的经营趋势和风险，为企业决策提供有力的数据支撑。此外，数据分析的技能也使得财会人员在企业中的地位逐渐上升，他们更多地参与到企业的战略规划和决策中。

第二，财会人员将从被动的执行者转变为主动的决策者。传统上，会计部门常常被视为执行和核算的部门，而在智能化时代，这一定位已经发生了根本性的改变。财会人员不再仅仅是执行上级指令，或者为其他部门提供财务数据，他们更多地参与到企业的决策过程中，利用专业知识，为企业的发展方向、投资决策、成本控制等提供建议和方案。

第三，财会人员将从单一的财务知识掌握者转变为多元知识的掌握者。这意味着，他们不仅要熟悉会计、审计、税务等财务知识，还需要了解市场分析、供应链管理、人力资源等多个领域的知识。这样的跨领域知识为财会人员提供了更加宽广的视角，使得他们能够更好地理解企业的运营状况，为企业的整体发展提供有力的支持。

第四，财会人员将从封闭的财务部门成员转变为开放的企业全面参与者。这一转变意味着，财会人员不再仅仅局限于会计部门，他们更多地与其他部门合作，共同完成项目、解决问题。这不仅增强了财会人员的跨部门沟通和协作能力，还促进了企业内部的资源共享和知识传递。同时，财会人员也更加关注企业的外部环境，与外部供应商、客户、合作伙伴等建立良好的合作关系，为企业创造更多的价值。

从长远来看，财会人员的转型是一个不断学习和成长的过程。随着技术的进步和市场的变化，他们需要不断更新自己的知识和技能，适应新的工作环境。只有那些愿意拥抱变革，不断创新和进步的财会人员，才能在未来的竞争中保持领先地位，为企业创造更大的价值。

参考文献

[1] 周阅，黄菊英. 企业会计信息化 [M]. 北京：北京理工大学出版社， 2014.

[2] 朱竞. 会计信息化环境下的企业财务管理转型与对策 [M]. 北京：经济日报出版社， 2019.

[3] 柏思萍，唐振达，蒋昌军. 企业会计信息化 [M]. 大连：大连理工大学出版社， 2015.

[4] 张霞. 企业会计信息化内部控制问题研究 [M]. 山西经济出版社， 2016.

[5] 卡哈日曼. 企业会计信息化研究 [M]. 乌鲁木齐：新疆科学技术出版社， 2005.

[6] 张小红，龚美德. 中小企业会计信息化研究 [M]. 长春：东北师范大学出版社， 2016.

[7] 仲之祥，张美丽. 中小企业会计信息化建设理论与实践 [M]. 长春：吉林大学出版社， 2016.

[8] 侯培良. 会计信息化与中小企业财务管理研究 [M]. 青岛：中国海洋大学出版社， 2019.

[9] 程伟涛，董昕，李朋磊．会计信息化下企业内部审计分析研究 [M]．郑州：郑州大学出版社，2018．

[10] 黄微平，黄正瑞．会计信息系统 [M]．广州：暨南大学出版社，2010．

[11] 杨昆．会计信息化应用 [M]．北京：北京理工大学出版社，2018．

[12] 李雄平．信息化背景下会计领域的新发展 [M]．成都：四川大学出版社，2019．

[13] 许家林．现代会计科学理论研究 [M]．上海：立信会计出版社，2003．

[14] 孙彦丛，郭奕，扶冰清．数字化时代的财务中台：共享运营系统 [M]．北京：中国财政经济出版社，2021．

[15] 杨洁．企业财务管理与财务数字化研究 [M]．北京：群言出版社，2023．

[16] 周崇沂，蒋德启．数字化时代的财务数据价值挖掘 [M]．北京：机械工业出版社，2023．

[17] 鲍凯．数字化财务 技术赋能财务共享业财融合转型实践 [M]．北京：中国经济出版社，2023．

[18] 胡晓锋．数字经济时代智能财务人才的培养与实践研究 [M]．长春：吉林出版集团股份有限公司，2022．

[19] 王利萍，吉国梁，陈宁．数字化财务管理与企业运营 [M]．长春：吉林人民出版社，2022．

[20] 徐燕．财务数字化建设助力企业价值提升 [M]．广州：华南理工大学出版社，2021．

[21] 刘光强．基于"区块链+"的管理会计数字技能 [M]. 成都：西南交通大学出版社，2022.

[22] 吴践志，刘勤．智能财务及其建设研究 [M]. 上海：立信会计出版社，2020.

[23] 王雁滨，苏巧，陈晓丽．财务管理智能化与内部审计 [M]. 汕头：汕头大学出版社，2021.

[24] 常青，王坤，檀江云．智能化财务管理与内部控制 [M]. 长春：吉林人民出版社，2021.

[25] 刘赛，刘小海．智能时代财务管理转型研究 [M]. 长春：吉林人民出版社，2020.

[26] 王海林．智能财务与会计系列 大数据财务决策 [M]. 北京：电子工业出版社，2023.

[27] 陆秀芬．数字经济时代企业智能财务的构建与应用研究 [M]. 天津：天津科学技术出版社，2022.

[28] 吴践志．智能财务基础 数智化时代财务变革实践与趋势 [M]. 上海：立信会计出版社，2023.

[29] 王瑞元．企业会计信息化建设中的问题与对策研究 [J]. 中国市场，2023（17）：164-167.

[30] 陈玉婵．企业会计信息化构建问题与对策 [J]. 中国市场，2023（18）：111-114.

[31] 邵卓．管理会计信息化研究：以海尔集团为例 [J]. 老字号品牌营销，2023（11）：124-126.

[32] 朱德乐.大数据环境下企业会计信息化创新策略研究[J].商场现代化，2023（8）：186-188.

[33] 刘海燕.大数据背景下行政事业单位会计信息化建设探究[J].行政事业资产与财务，2023（6）：105-107.

[34] 孟庆贺.智慧环境下企业会计信息化高质量发展策略研究[J].环渤海经济瞭望，2023（3）：111-113.

[35] 王莹莹.大数据环境下政府会计信息化建设问题研究[J].中国乡镇企业会计，2023（3）：172-174.

[36] 叶春娥.企业会计信息化的风险因素及防范措施探析[J].商业经济，2023（4）：168-169.

[37] 李晓萍.财务共享背景下企业管理会计信息化建设的路径研究[J].纳税，2023，17（7）：100-102.

[38] 唐世娟.基于"大数据"技术影响下的中小企业会计信息化改革研究[J].商场现代化，2023（4）：153-155.

[39] 冯茜.大数据时代企业会计信息化风险及其防范措施探讨[J].企业改革与管理，2023（4）：135-136.

[40] 赵赫男.基于互联网的银行会计信息化建设问题与优化策略[J].时代金融，2023（2）：66-67+89.

[41] 肖欢，吴雅双.人工智能背景下会计信息化发展研究[J].太原城市职业技术学院学报，2023（1）：26-28.

[42] 刘晓伟. 国有企业会计信息化建设存在的问题及对策研究 [J]. 商场现代化，2023（1）：132–134.

[43] 杨旻. 基于会计信息化视角下的企业内部控制体系探析 [J]. 商业观察，2022(35)：16–18.

[44] 李宏彪，薛永琪. 数字化转型下企业会计面临的挑战 [J]. 合作经济与科技，2023（18）：159–161.

[45] 王晓丽. 大数据时代企业会计数字化转型问题与对策研究 [J]. 质量与市场，2023（4）：10–12.

[46] 刘兴梧. 数字化转型背景下对企业会计信息质量影响研究 [J]. 财经界，2023(5)：114–116.

[47] 路燕. 论数字化对企业会计管理信息化应用的影响及策略 [J]. 财会学习，2022（34）：76–78.

[48] 汪舟旸，程笑凡，黄杭捷等. 数字化智能背景下企业财务会计发展现状及对策研究 [J]. 经营与管理，2023（7）：97–102.

[49] 朱晓华. 数字化改革下企业会计管理风险防范 [J]. 经济研究导刊，2022（30）：106–108.

[50] 范洪汝. 数字化背景下企业会计转型的探究与思考 [J]. 中小企业管理与科技，2022（18）：187–189.

[51] 李立丛. 数字化背景下的企业会计档案研究 [J]. 采写编，2022（7）：184–186.

[52] 单赛男. 企业财务数字化转型的探讨：会计职能视角 [J]. 质量与市场，2022(12)：7–9.

[53] 朱曼云 . 数字化赋能管理会计在企业的应用 [J]. 会计师，2022（9）：21–23.

[54] 李洋，李洪峰 . 数字经济时代加强财会人员队伍建设的动力与对策 [J]. 中国管理信息化，2023，26（5）：141–144.

[55] 王媚 . 数字经济时代中小企业财务数字化转型研究 [J]. 上海商业，2022（8）：62–64.

[56] 夏维朝 . 财会智能化与财会人才职业能力培养 [J]. 深圳职业技术学院学报，2021，20（4）：9–14.

[57] 王义 . 数字化背景下的企业会计档案管理研究 [D]. 吉林：吉林大学，2012.